톨스토이 인생론

옮긴이 **박현석**
국어국문과 졸업. 전문 번역가, 에이전트.
역서로는 《오만과 편견》, 《위대한 인생》, 《조르주 상드 소설집》,
《쇼펜하우어 인생론》 등 다수가 있다.

톨스토이 인생론 사는 즐거움(生生之樂)
2012년 09월 05일 1판 1쇄 인쇄
2019년 02월 10일 1판 5쇄 펴냄

지은이 | 레프 리콜라예비치 톨스토이
옮긴이 | 박현석
기 획 | 김종찬
발행인 | 김정재

펴낸곳 | 나래북 · 예림북
등록 | 제 2016-000020호
주소 | 경기도 고양시 덕양구 지도로92, 55 다동 201호
전화 | (031) 914-6147
팩스 | (031) 914-6148
이메일 | naraeyearim@naver.com

ISBN 978-89-94134-18-5 03890
* 잘못 만들어진 책은 구입하신 서점에서 교환해 드립니다.
* 값은 뒤 표지에 있습니다.

레프 니콜라예비치 톨스토이 지음 | 박현섭 옮김

톨스토이
인생론

나래북

진실로 없어서는 안 될 유일한 학문은
'인간은 어떻게 살아야 하는가'에 대한 학문이다.
그리고 그것은 모든 사람들이 향유할 수 있는 학문이다.

자기완성은 내면적인 일이기도 하고 외면적인 일이기도 하다. 우리는 사람들과의 교섭 없이는, 그리고 사람들의 영향을 받지 않고서는 또 우리가 사람들에게 영향을 주지 않고서는 자기완성을 이룰 수 없다.

가능하면 모든 사람들에게 권하고 싶은
나의 신념이다.

옮긴이의 말

　음악 기법 중에 변주變奏 기법이라는 것이 있다는 소리를 들은 적이 있다. 음악에 대해서 무지하기에 잘은 모르겠지만 사전의 설명에 따르면 '주제·동기·음형音型을 여러 가지 방법으로 변형하는 기법을 변주' 라(두산동아 백과사전 인용) 한다는 것이다.
　그렇다면 자기만의 어떤 굳건한 사상(신념)을 가지고 있으며 또 그것을 바탕으로 여러 문학 작품을 생산해 낸, 혹은 생산해 내고 있는 작가가 있다면 우리는 그를 변주적 기법을 사용한(하는) 작가라 부를 수 있지 않을까? 또 그의 작품을 '변주적 작품' 이라고 부를 수 있지 않을까?

러시아의 대문호 톨스토이가 바로 그런 작가들 중에서도 대표적인 인물이 아닐까 생각한다. 그는 자신의 전 작품을 통해서, 그리고 자신의 모든 삶을 통해서도 자신의 사상(신념)을 끊임없이 피력해 왔다.

톨스토이의 사상이란 참으로 경쾌하고 명료한 것이다.

'동물적 법칙을 이성의 법칙에 따르게 하면 우리에게 죽음은 존재하지 않게 된다. 죽은 사람의 생명은 이 세상에서 사라져 버리는 것이 아니다.'

'사랑은 진실한 생명으로 넘쳐 나는 유일한 활동이다.'

톨스토이는 이 두 가지 사상을 가지고 작품 활동에 전념해 왔으며 자신의 삶을 살아왔다.

물론 이 《인생론》은 그가 말년(1886~1887)에 쓴 작품이기에 초기의 작품, 혹은 젊은 시절의 삶과는 차이를 보일지는 몰라도 그것 역시 톨스토이가 《인생론》에서 말한 사상에 도달하기까지의 한 과정이라 할 수 있을 것이다.

참된 인간의 생활, 이성적인 삶, 존재와 죽음에 대한 공포, 사랑의 활동. 이런 것들을 하나하나 되짚어 가며 '인생이란 무엇인가?', '사람은 왜 고통스러워하는가?'에 대한 답을 내리고 있는 톨스토이의 《인생론》은, 제목에서도 쉽게 알 수 있듯이 우리에게 인생에 대해서 다시 한 번 생각해 보게 해 줄 뿐만 아니라 우리의 삶을 죽음에 대한 공포가 없는, 고통이 없는 삶으로 인도해 준다. 물론 이는 독자가 톨스토이의 사상을 있는 그대로 받아들이고 실천할 때의 얘기이기는 하지만……

비록 우리가 톨스토이의 사상을 그대로 받아들이지 않는다 할지라도, 단지 하나의 사상으로만 인식한다 할지라도 그의 《인생론》은 우리에게 무익한 것이 아니다.

그의 수많은 작품들을 앞서 말한 바와 같이 '변주적 작품'이라고 본다면, 그 중심이 되는 '주제·동기·음형'이 바로 이 《인생론》한 권에 집약되어 있기 때문이다. 곧 이 《인생론》을 읽는다는 것은 그의 핵심 사상을 읽는다는 것이다. 이렇게 해서 핵심 사상을 알게 된 작가의 작품은 우리에게 더욱 친밀하게 다가오고 더욱 깊은 곳까지 스며들어, 더욱 커다란 감동을 줄 것이다.

그러니 모든 톨스토이의 작품을 읽기 전에 이 한 권을 읽는다면 세계적인 대문호 톨스토이는, 그의 말 그대로 지금 우리의 눈에는 보이지 않지만 틀림없이 살아 있는 생명으로 우리 곁에 다가와서 자신의 사상을 하나하나 들려줄 것이다. 그리고 그의 다른 작품을 읽을 때면 아름다운 변주곡을 들려주리라.

'인간의 생활은 끊임없이 행복을 추구하는 강한 욕구로 일관되어 있을 뿐만 아니라 그처럼 사람이 구하는 것은 반드시 주어지게 되어 있는 법이다. 결코 죽음으로 끝나는 법이 없는 생명과, 불행으로 끝나지 않는 행복이 바로 그것이다.' (본문 중에서)

-옮긴이

머리말

지금 여기에 물레방아를 생활의 유일한 수단으로 삼고 있는 한 사내가 있다고 하자. 이 사내는 할아버지 대부터 방앗간을 운영해 왔는데, 방아를 잘 찧으려면 물레방아의 어디를 어떻게 다뤄야 하는지 늘 보아 왔기 때문에 잘 알고 있다. 이 사내는 기계에 대한 지식은 전혀 갖고 있지 않지만 좋은 가루를 효율적으로 빻기 위해 물레방아의 부분 부분을 조정하는 일에는 상당히 능숙하다. 때문에 사내는 이 일로 생활을 하고 생계를 유지하고 있다.

그런데 하루는 문득 물레방아의 구조에 대해 궁금한 마음이 생겨 기계에 대해 잘 이해가 되지 않는 이야기를 들었고, 대체 물레방아의 어디가 어떻게 작용해서 돌아가는 것인지를 관찰하기 시작했다.

 그리고 가루가 나오는 구멍에서 곡식을 빻는 부분으로, 곡식을 빻는 부분에서 축으로, 축에서 수차로, 수차에서 방죽으로, 둑으로, 물로 관찰을 진전시켜 나아가면서 모든 근원은 둑과 강에 있다는 사실을 깨닫게 되었다. 사내는 이 발견을 너무나도 자랑스러워했다. 그래서 사내는 예전처럼 나오는 가루의 질을 살펴서 곡식을 빻는 부분을 올리기도 하고 내리기도 하고, 그것을 가다듬기도 하고, 조절의 끈을 당기기도 하고 느슨하게 하는 대신 강에 대해서 연구하기 시작했다. 때문에 그의 물레방아는 완전히 엉망이 되어 버리고 말았다. 그런 일은 그만두는 것이 낫지 않겠느냐고 말하면 그렇게 충고를 해 주는 사람들과 언쟁을 벌였으며, 변함없이 강에 대한 연구를 계속했다.

 이렇게 이 사내는 오랫동안 계속해서 강에 대해서만 생각하고 또 생각했을 뿐만 아니라 그의 생각 중 잘못된 점을 지적해 주는 사람들과도 열을 올리며 몇 번이고 언쟁을 벌였기 때문에, 결국에는 강이 곧 물레방아라고 믿게 되었다.

 그와 같은 생각은 잘못된 것이라고 말하는 모든 논증에 대해서 이 사내는 이렇게 대답할 것이다.

 "세상의 어떤 물레방아도 물이 없으면 곡식을 빻을 수 없다. 따라서 물레방아를 알려면 물을 어떻게 끌어 오면 좋을지에 대해서 알아야만 한다. 물이 작용하는 힘을, 물의 흐름을 알아야만 한다. 따라서 물레방아를 알려면 강에 대해서 알아야만 한다."

　이론상으로 이 사내의 이와 같은 생각에 반대한다는 것은 쉬운 일이 아니다. 이와 같은 혼돈을 깨우쳐 줄 수 있는 방법은 오직 한 가지밖에 없다. 그것은 다름 아니라, 무엇인가에 대해서 생각할 경우에 중요한 것은 언제나 생각하는 것 그 자체가 아니라 생각하는 순서라는 사실, 즉 처음에 무엇을 생각해야 하고 그 다음에는 무엇을 생각해야 하는지 그것을 알지 못하면 아무리 생각해 본다 한들 쓸데없는 것이라는 사실을 그에게 가르쳐 주는 것이다. 또한 합리적인 활동과 비합리적인 활동이 구분되는 것도 합리적인 활동의 경우에는 첫 번째로는 무엇, 두 번째, 세 번째, 혹은 열 번째로는 무엇이라는 식으로 중요한 생각을 순서대로 하나하나 정연하게 처리해 나가는 데 반해서, 비합리적인 활동은 정연함이라고는 조금도 찾아볼 수 없고 생각에 따라서 일을 진행시키기 때문이라는, 이 두 가지의 차이점을 잘 이해할 수 있도록 해 주어야 한다. 이와 같은 방법밖에 없다. 그리고 그 순서를 결정하는 것은 단순한 우연이 아니라 무엇을 위해서 생각하는가 하는 목적에 의한 것이라는 사실도 잊지 말고 가르쳐 주어야 할 것이다.

　무릇 생각하는 목적이 이 순서를 정하는 것이며, 이 순서에 따라서 하나하나의 생각을 합리적으로 배정해야만 하는 것이다.

목적을 잊은 생각은 설령 제아무리 논리 정연한 것이라 할지라도, 어딘가에서 사실과 어긋나고 마는 법이다.

방앗간 주인의 목적은 곡식을 잘 빻는 것이니 그가 그 사실을 잊지만 않는다면, 곡식을 빻는 부분과 수차와 둑과 물에 대해서 생각할 경우, 그 목적이 저절로 순서를 분명하게 결정해 줄 것임에 틀림없다.

이 가장 중요한 목적을 까맣게 잊는다면 방앗간 주인의 생각은 제아무리 정연하고 논리에 맞는 것이라 할지라도, 결국에는 옳다고 말할 수 없을 뿐만 아니라 무엇보다도 무익한 것이 되어 버리고 말 것이다. 키파 모키예비치(고골리의 《죽은 혼》에 등장하는 인물)가 생각한, 만약 코끼리가 새처럼 알에서 부화한다면 코끼리 알의 껍데기는 대체 어느 정도의 두께가 될까 하는 따위의 생각과 다를 바 없는 것이라고 말할 수밖에 없을 것이다.

내가 보기에는 인생에 대해 논하고 있는 현대의 학문도 역시 이와 다를 바 없는 것이다.

인생이란 그 사내가 연구하려 했던 물레방아다. 물레방아는 곡식을 잘 빻기 위해서 필요한 것이었다. 인생은 사람을 행복하게 하기 위해서 필요한 것이다. 단 한순간이라 할지라도 사람이 이 연구 목적을 버린다면 벌을 받지 않을 수 없을 것이다. 만약 그것을 버린다면 그 연구는 완전히 설 곳을 잃어, 코끼리 알을 깨는 데 어떤 화약이 필요할까를 생각했던 키파 모키예비치의 생각과 조금도 다를 바 없는 것이 되고 만다.

사람은 인생을 보다 좋은 것으로 만들고 싶기 때문에 그것을 연구하는 것이다. 인류의 지식을 진보시킨 사람들은 그 때문에 인생을 연구했다. 그러나 이러한 인류의 은인, 참된 교사들과 함께, 생각의 목적을 버리고 그 대신 생명은 왜 시작된 것일까, 물레방아는 왜 도는 것일까와 같은 문제에 몰두한 사상가는 어느 시대에나 있었으며 지금도 있다. 어떤 자는 물 때문이라고 주장하고, 또 다른 자는 구조 때문이라고 주장한다. 논의는 뜨겁게 펼쳐지지만 어느 사이엔가 가장 중요하게 생각해야 할 주제에서 점점 멀어지게 되고, 결국에는 전혀 다른 주제가 그것을 대신해 버리는 꼴이 되어 버리고 만다.

오래전부터 전해오던 이야기 중에, 기독교인과 유대교인의 다툼을 소재로 한 것이 있다. 유대교인이 물어 온 복잡하고 미묘한 문제에 대답할 때 기독교인이 상대방의 벗겨진 머리를 찰싹 때리면서 지금 난 소리는 어디에서 났는가? 손바닥에서 난 것인가, 대머리에서 난 것인가, 라고 되물었기에 신앙에 대한 논의가 어느 틈엔가 도무지 해결될 길이 없는 새로운 문제에 대한 논의로 바뀌었다는 이야기다.

인생에 대한 문제에 있어서도, 예전부터 인간의 참된 지식과 함께 이와 비슷한 일들이 일어났다.

생명의 기원이 정신적인 것에서 시작된 것인지, 혹은 물질의 다양한 조합에 의해서 시작된 것인지에 대한 문제를 놓고도, 옛날부터 여러 가지로 논의되어 왔다. 이 문제는 아직도 해결될 기미가 조금도 보이지 않으며, 지금도 논의가 계속되고 있다. 왜냐하면 생각의 목적은 완전히 잊혀졌으며, 그 목적과는 관계없이 생명이 논의되고 있기 때문이다. '생명'이라는 말로 이해되고 있는 것이 이제는 생명 그 자체가 아니라, 생명은 어디에서 시작되었는가, 생명에 수반되는 것은 무엇인가 하는 등의 문제로 바뀌었다.

요즘에는 과학 서적뿐만 아니라 대화에서조차, 생명을 이야기하면서 우리 모두가 알고 있는 그 생명 — 누구나 두려워하고 싫어하는 괴로움에 의해서, 누구나 원하는 기쁨이나 즐거움에 의해서 인식하고 있는 생명을 이야기하는 것이 아니라, 어떤 물리적 현상의 장난에 의해 우연히 일어난 것, 혹은 잘 알 수 없는 신비한 원인에 의해서 일어난 것에 대해서 이야기를 한다.

요즘에는 '생명'이라는 말이 생명의 주요한 특징 — 괴로움이나 즐거움에 대한 의식, 행복을 바라는 마음 등과는 아무런 관계도 없는, 일종의 어리석은 논의의 대상으로까지 추락해 버렸다.

'La vie est l'ensemble des fonctions, qui resistent a le mort. La vie est l'ensemble des phenomenes, qui se succedent pendant un temps limite dans un etre organise. (생명이란 죽음에 저항하는 여러 작용의 결합이다. 생명이란 어떤 한정된 시간 동안 유기체 내부에서 끊임없이 일어나는 여러 가지 현상의 결합이다.)'

'생명이란 일반적이고 동시에 연속적인 분해와 결합의 이중 프로세스다. 생명이란 연속해서 일어나는 각종 변화의 일정한 결합이다. 생명이란 활동하는 유기체다. 생명이란 유기체의 특수한 활동이다. 생명이란 외부에 대한 내부의 관계 적응이다.'

이런 정의에서 언제나 볼 수 있는 애매한 표현이나 같은 말의 의미 없는 반복에 대해서는 언급하지 않도록 하겠다. 이와 같은 정의의 본질을 이루고 있는 것은 언제나 변함없이 한 가지밖에 없다. 즉, 정의되어 있는 것은 모든 사람들이 한결같이 '생명'이라는 말로 분명하게 이해하고 있는 것이 아니라 생명이나 그 외의 현상에 수반되어 일어나는 어떤 과정에 지나지 않는다는 것이다.

이러한 정의의 대부분에 해당하는 것이 형성된 결정의 활동이며, 그 어떤 것에 해당하는 것이 발효와 부패의 작용이고, 또한 어떤 경우에나 해당하는 것이 선악을 전혀 알지 못하는, 인체를 이루고 있는 각 세포의 생명이다. 결정이나 원형질이나, 원형질의 핵이나, 내 몸과 다른 사람들의 몸에 있는 세포나, 그와 같은 것들 속에서 일어나는 어떤 과정이 내 속에서 행복을 추구하는 의식과 단단하게 결합되어 있는 하나의 말 — '생명'이라는 말과 완전히 똑같은 말로 불리고 있는 것이다.

  생명의 조건을 생명 자체라고 생각하는 것은, 강을 물레방아라고 생각하는 것과 조금도 다를 바가 없는 것이다. 이러한 생각이라 할지라도 틀림없이 어딘가에는 도움이 될 것이다. 그러나 이와 같은 생각은 그들이 원래 연구하려 했던 주제와는 전혀 다른 것이니, 거기에서 도출된 인생에 관한 결론은 전부 거짓된 것이 될 수밖에 없는 것이다.

  실제로 '생명'이라는 말은 매우 간단명료한 것으로, 그 말이 무엇을 의미하는지를 모르는 사람은 없다. 그리고 그것이 의미하는 바를 모든 사람들이 이처럼 이해하고 있으니, 그런 만큼 우리는 언제나 모든 사람들이 이해하고 있는 의미로 이 말을 써야만 한다. 즉, 그 말이 모든 사람들에게 이해되고 있는 것은 그것이 다른 말들이나 관념에 의해 정의되어 있기 때문이 아니라, 그와는 반대로 이 말이 설령 전부라고는 할 수 없더라도 거기에서 많은 다른 관념을 만들어 내는, 기초가 되는 관념이기 때문이다. 이 관념에서 여러 가지 결론을 이끌어 내려면 우리는 무엇보다도 먼저 모든 사람들이 분명하게 인식하고 있는 근본적인 의미로 이 관념을 이해해야만 하는 것이다. 그런데 이처럼 중요한 부분이, 생명이라는 관념을 논하는 사람들 사이에서 무시당하고 있는 것처럼 보인다. 생명이라는 기초가 되는 관념이 애초부터 근본적인 의미로 받아들여지지 않기 때문에 생명에 관한 여러 가지 논의의 결과는, 모든 사람들이 인식하고 있는 기초적인 근본 의미에서 더욱 멀어지게 되며, 심지어는 그 기초적인 의의를 완전히 잃고 그것과는 전혀 다른 의미를 갖게 되는 것이다. 하나의 도형을 그리다가 도중에 가장 중요한 그 도형의 중심을 버리고 다른 새로운 점으로 옮겨 가는 것과 같은 일이 행해지고 있는 것이다.

생명은 세포인지, 원형질인지, 혹은 더 낮은 것, 무기물 속에 있는 것인지 등과 같은 것이 논의되고 있지만 논의를 하기에 앞서 우리는 손을 가만히 가슴에 얹고 생각해 볼 필요가 있다. 우리에게는 정말로 생명이라는 관념을 세포에게 부여할 만한 권리가 있는 것일까?

예를 들어 우리는, 생명은 세포 속에 있다거나, 세포는 살아 있는 것이라고 말한다. 하지만 생명에 대한 인간의 관념과 세포 속에 있는 생명에 대한 관념은 전혀 다른 것이기 때문에 이 두 가지는 결코 하나로 연결될 수 없는, 전혀 다른, 대립하는 관념인 것이다. 한편의 관념은 또 다른 한편의 관념을 배척한다. 나라고 해서 내 몸이 단 한 군데도 남김없이 전부 세포로 이루어져 있다는 사실을 모르는 바는 아니다. 그리고 이 세포는 나와 같은 생명의 특징을 가진, 나와 똑같은 생명체라는 사실도 들은 바가 있다. 그러나 내가 살아 있다고 스스로 생각하는 것은, 수많은 세포로 이루어져 있는 나라는 것을 더 이상 나눌 수 없는 하나의 생명체로 내가 의식하고 있기 때문이다. 그럼에도 불구하고 이처럼 나의 몸 전체, 구석구석은 살아 있는 세포로 구성되어 있다고 일컬어지고 있다. 나는 대체 어디에다 생명의 특징을 물어야 하는 것일까, 세포 속에서 구하면 되는 것일까, 아니면 자신 속에서 구하면 되는 것일까?

만약 세포가 생명을 가지고 있다는 사실을 인정한다면, 그때에는 생명이라는 관념 때문에 나의 생명에 관한 중요한 표시— 자신을 하나의 생명체라고 보는 의식을, 나는 철회해야만 할 것이다. 만약 모든 생물이 느끼는 것과 마찬가지로 나도 역시 생명을 가지고 있다고 인정한다면, 나는 내 몸을 형성하고 있기는 하지만 그 의식까지는 알 리가 없는 세포에게 자신의 생명과 같은 특징을 인정해 줄 수는 결코 없을 것이다.

과연 내가 살아 있고 그런 내 속에 세포라 불리는, 생명이 없는 것이 모여 있는 것인지, 아니면 나라는 것은 생명이 있는 세포들의 집합에 지나지 않으며 나의 생명에 대한 의식이라는 것도 사실은 생명도 그 무엇도 아닌 그저 환상에 불과한 것인지, 둘 중 하나일 것이다.

우리는 세포 속에, 우리가 브루이스니(오래된 민간어로, '살아서 약동하는 것'이라는 뜻)라 부르는 것과 같은 것이 있다고 하지 않고, 생명이 있다고 말하고 있다. 우리는 '생명'이라고 말하고 있는 것이다. 왜냐하면 그 말에 의해 이해되고 있는 것은 X라는 어떤 확실하지 않은 관념이 아니라 충분히 한정되어 있는 관념 — 그것도 자신의 실감에 의해, 육체를 가진 내 자신을 더 이상 나눌 수 없는 유일한 것으로 보는 의식으로써, 우리 모두가 똑같이 알고 있는 관념이기 때문이다. 따라서 이러한 관념은 내 몸을 형성하고 있는 세포에는 해당되지 않는다.

가령 사람이 어떤 연구나 관찰을 할 경우, 그 관찰한 것을 표현할 때에는 모든 사람들이 똑같이 이해하고 있는 의미로 한마디 한마디를 사용하지 않으면 안 된다. 그것은 그 사람 자신에게만 통용되고, 모든 사람들에게 인정받은 기초적인 관념에서는 완전히 떨어져 있는 관념이어서는 안 된다. 만약 '생명'이라는 말이 세포로 구성되어 있는 동물과 세포 모두에 해당하는 것처럼, 어떤 것 전체의 본질과 그것을 형성하고 있는 부분 부분의 전혀 다른 본질도 함께 구별하지 않고 의미할 수 있는 것이라고 한다면, 다른 말도 역시 그런 식으로 사용할 수 있을 것이다. 예를 들어서 모든 사상은 언어로 표현되고, 언어는 문자로, 문자는 선으로 표현되니 선을 긋는 것은 그대로 사상을 표현하는 것이며, 따라서 선은 사상이라고 해도 상관없다고 말할 수도 있게 되는 것이다.

실제로 과학계에서는 물리적인 힘, 기계적인 힘의 장난에 의해 생명이 발생한 것이라는 논의가 일반적으로 통용되고 있기 때문에 그러한 논의를 읽거나 듣는 것은 조금도 진귀한 일이 아니다.

게다가 과학자의 대부분은 이…… 뭐라고 해야 할지 조금 말하기 어렵지만…… 의견 같지만 의견이 아닌, 역설 같지만 역설이 아닌, 그러니까 쉽게 말해서, 수수께끼라고나 해야 할 것에, 매우 중요한 것이라는 듯, 매달려 있다.

생명은 물리적인 힘, 기계적인 힘 — 우리가 오로지 생명이라는 관념과 반대되는 의미에서 물리적, 기계적이라고 말하고 있는, 물리적인 힘의 장난에서 발생한 것이라고 확신하고 있는 것이다.

이렇게 해서 원래의 관념과는 아무런 관계도 없이 잘못 사용되고 있는 '생명' 이라는 말은 원래의 의미에서 더욱더 멀어져, 우리가 통상적인 의미로 생각해 보면 생명 같은 것은 눈을 씻고 찾아봐도 있을 리가 없을 것처럼 여겨지는 곳에서 생명을 예상할 정도로 중요한 핵심 부분에서 멀어져 버리게 된 것이다. 원주 밖에 중심이 있는 원이나 球가 있다는 말과 다를 바 없는 것을 믿고 있는 것이다.

실제로 불행에서 행복으로 향하려는 욕구라고밖에는 달리 상상할 길이 없는 생명은, 내가 행복도 불행도 찾아볼 수 없는 곳으로 옮겨 가고 말았다. 생명이라는 관념의 중심이 완전히 바뀌어 버린 것이다. 뿐만 아니라 이 생명이라 불리는 무엇인가에 대해서 연구한 것을 여러 가지로 조사해 보니, 이러한 연구들은 내가 알고 있는 어떤 관념도, 전혀라고 해도 좋을 정도로, 다루고 있지 않다는 사실을 알 수 있었다. 나는 수많은 새로운 관념이나 말들을 보아 왔는데, 그것은 전부 과학 용어로써 어떤 조건에 의해 한정된 의미를 갖고 있기는 하지만 실제적으로 행해지고 있는 관념과는 조금도 일치하지 않는 것들뿐이었다.

내가 알게 된 이와 같은 생명에 대한 관념은 모든 사람들이 이해하고 있는 것과는 다르게 해석된 것이기 때문에 거기서 도출된 수많은 관념도 역시 보편적인 관념과 일치할 리가 없으며, 거기에 어울리는 우연히 떠오른 이름을 붙여 특정한 조건이 딸린 새로운 관념으로 나타나고 있는 것일 뿐이다.

즉, 과학적 연구에 있어서는, 인간다운 말은 점차 내몰리고 실제로 존재하는 사물이나 관념을 나타내는 수단으로써의 말 대신에 과학적 세계의 언어가 군림하고 있는 것이다. 그 세계의 언어가 진짜 세계의 언어와 다른 점은, 진짜 세계의 언어는 보편적인 언어로 실제 존재하는 사물이나 관념을 부르지만 과학적 세계의 언어는 실제로는 존재하지 않는 언어로, 실제로 존재하지 않는 관념을 부른다는 점에 있는 것이라고 말할 수 있을 것이다.

인간의 정신적 결합을 위한 유일한 수단이 바로 언어다. 이 결합을 가능하게 하기 위해서는 한마디 한마디가 모든 인간에게 적당하고 정확한 관념을 틀림없이 전달하도록 사용되어야만 한다. 만약 말을 아무렇게나 입에서 나오는 대로 사용하거나 거기에 제멋대로 떠오른 의미를 부여할 수 있는 것이라면, 차라리 입을 다물고 모든 것을 기호로 나타내는 편이 훨씬 더 나을 것이다.

아무런 관찰도 실험도 하지 않고 단지 의지에 의해서 도출해 낸 결론만으로 세계의 법칙을 정의하는 것은 잘못된, 비과학적인 방법이라는 사실, 즉 진실한 지식을 부여하는 방법이 아니라는 사실에는 나도 동의한다. 그러나 실험이나 관찰에 의해서 세계의 현상을 연구하지만, 동시에 그 실험이나 관찰을 일반적이지도 않고 근본적이지도 않은 조건이 딸린 관념에 의지하거나 그러한 실험의 결과를 여러 가지 의미로 받아들일 수 있는 말로 나타낸다면 오히려 그것이 더 좋지 않은 것 아닐까? 가령 약병의 라벨을, 내용물에 의하지 않고 약제사의 일방적인 형편만을 고려하여 적당히 붙인다면 그것이 제아무리 좋은 약국에서 한 일이라 할지라도 커다란 해독을 불러올 것임에 틀림없다.

그러나 나는 이런 말을 듣게 될지도 모른다.

"과학은 인생(의지나 행복에 대한 욕구나 정신세계와 같은 것을 포함한) 전체에 대한 연구를 그 과제로 삼고 있는 것이 아니다. 단지 인생이라는 관념 중에서 실험에 의해 연구할 수 있는 현상만을 다룰 뿐이다."

틀림없이 이는 훌륭하고 올바른 태도일 것이다. 하지만 우리가 알고 있는 바와 같이 현대 과학자들이 쓴 것을 읽어 보면 전혀 그렇지가 않다. 무엇보다도 만약 생명이라는 관념이 중심적 의미 — 모든 사람들이 이해하고 있는 의미로 인정받은 다음, 그 관념을 바탕으로 과학이 외면적으로 관찰 가능한 면을 들여다보고 온갖 면을 제거하여 과학 특유의 연구 방법을 자랑할 수 있을 만한 그 일면만을 가지고 현상을 음미하고 검토하는 것이라고 분명하게 정해져 있는 것이라고 한다면, 물론 얘기는 또 달라져서 굉장히 훌륭한 일이니 과학이 차지하는 위치도, 과학을 기초로 하여 우리가 도달하는 결과도 전혀 다른 것이 될 터이지만, 안타깝게도 그렇지가 않다. 실제로 있는 것은 이야기를 해야 하며, 모두가 알고 있는 것은 숨겨서는 안 된다. 생명 연구에 종사하고 있는 실험 과학자들의 대부분이 생명의 일면뿐만 아니라, 생명 전체를 연구하고 있는 것이라고 애초부터 스스로 믿고 있다는 사실을 우리가 모를 것이라고 생각하고 있는 걸까?

천문학이나 기계학, 물리학, 화학은 물론 그 외의 여러 과학은 모두 생명의 일반에 대해서는 아무런 연구 성과도 올리지 못하고 각각이 가지고 있는 범위 안에서 생명의 한 면만을 연구하고 있는 것에 지나지 않는다. 단 이러한 과학 중에서도 어떤 것은, 그것이 아직 야만스러웠던 시대, 즉 다른 것과 혼돈되어 이것인지 저것인지 분명하게 알 수 없었던 시대에는 생명의 온갖 현상을 자기 나름대로의 견해로 파악해 보려고 새로운 관념이나 말을 여러 가지로 궁리하다 스스로 혼란에 빠져 버리곤 했다. 천문학이 점성술이었던 때 바로 그와 같은 일이 일어났으며, 화학이 연금술이었을 때에도 역시 그랬다. 그런데 오늘날에도 역시 그와 같은 일이 실험적 진화론의 경우에서 일어나고 있는데, 이 과학은 생명의 한 면이나 기껏해야 두어 면밖에 검토하고 있지 않으면서 그것을 생명 전체에 대한 연구라고 주장하고 있는 것이다.

자신이 연구하고 있는 과학에 대해서 이처럼 잘못된 견해를 갖고 있는 사람들은 그 연구가 생명의 두어 면에만 미치고 있다는 사실을 결코 인정하려 들지 않을 뿐만 아니라 그 외면적 실험 방법에 의해서 생명 전체를, 그것에 수반되는 모든 현상까지도 포함해서 틀림없이 밝혀낼 수 있을 것이라고 확신하고 있다. "가령"이라고 그는 말한다. "사이키컬한 부분(그들은 이처럼 독특한 세계의 언어에 의한 애매한 표현을 즐긴다)이 아직 알려지지 않았다 할지라도 머지않아 우리는 그것도 밝혀내게 될 것입니다." 생명 현상의 한 면이나 두어 면을 연구함으로 해서 우리는 그 모든 면을 알 수 있게 된다. 그러니까 다시 말하자면 설사 한 면이라 할지라도 진득하니 앉아서 어떤 사물을 열심히 관찰하면 우리는 그것을 모든 면에서, 아니 내면까지도 볼 수 있게 될 것이라는 말이다.

미신 덩어리라고밖에는 달리 설명할 길이 없는 이와 같은 우스운 설이 참으로 기괴하게 보인다 할지라도 그것은 엄연하게 존재하고 있으며 모든 야만스러운 광신적 가르침과 마찬가지로 인간의 사상적인 활동을 잘못된, 어지러운 길로 끌어들여 파괴적인 영향을 주고 있다. 성실한 학도^{學徒}가 그 생애를 거의 아무런 필요도 없는 연구에 바치다 죽고, 인간의 물질적인 힘이 불필요한 방향으로 향했다가 사라지고, 인류에 대한 최고의 봉사라고 배웠기에 젊은 세대들이 키파 모키예비치처럼 가장 무익한 활동에 몰두하다 허무하게 가 버리고 마는 것이 현실이다.

일반적으로 과학은 모든 면에서 생명을 연구하고 있다고 알려져 있다. 그러나 어떤 것에도, 구에 무수한 반지름이 존재하는 것처럼 무수한 면이 있는 법이기에, 그것을 모든 면에서 연구하기란 도저히 불가능한 일이며 어떤 것이 훨씬 더 중요하고 필요한 면인지, 어떤 것이 그다지 중요하지 않고 필요하지도 않는 면인지, 그것을 결정하여 연구하는 것이 중요하다. 단번에 모든 면에 가까이 다가갈 수 없는 것처럼, 생명 현상도 역시 모든 면을 단번에 밝혀낼 수는 없는 법이다. 좋든 싫든 순서라는 것을 정하지 않으면 안 된다. 이 점이 중요하다. 게다가 이 순서는 생명을 이해해야만 비로소 정할 수 있는 것이다.

오직 생명에 대한 올바른 이해만이 과학 일반에게, 특히 개개의 과학에게 올바른 의의와 방향을 부여하고, 인생과 맞서는 그 의의의 중요성에 따라서 개개의 과학을 분류하게 되는 것이다. 따라서 만약 우리 모두가 납득할 수 있는 생명을 이해하고 있지 못하다면 과학 그 자체도 잘못된 것이 될 수밖에 없다.

 우리가 과학이라고 부르고 있는 것이 인생을 정의하는 것이 아니라, 우리의 인생관이 과학이라고 인정해야만 하는 것을 결정하는 것이다. 그렇기 때문에 과학이 과학이 되기 위해서는 우선 무엇이 과학이고 무엇이 과학이 아닌가 하는 문제를 해결해야 하는 법인데, 그러기 위해서는 확고한 인생관을 갖고 있어야만 한다.

 여기서 솔직한 나의 생각을 말하기로 하겠다. 다름 아니라 우리는 모두 이와 같은 잘못된 실험과학적 신앙을 지탱하고 있는 근본적인 도그마(기독교의 교리를 이르는 말)를 알고 있다는 사실이다.

 물질과 그 에너지가 있다. 에너지는 운동하며, 에너지의 기계적인 운동은 분자의 운동으로 바뀌고, 분자의 운동은 온도나 전기나 신경과 뇌의 운동이 되어 나타난다. 생명 현상도 예외는 아니어서 모든 것이 이 에너지의 다양한 관계로 설명된다. 이처럼 과학에 의하면 모든 것은 간단하고, 명료하고, 아름다우며, 그중에서도 특히 다루기가 쉽기 때문에, 만약 우리의 인생 전체를 이처럼 단순한 것으로 만들어 버리는 해결 — 우리가 이처럼 추구하고 있는 해결이 어디에도 없다면 어떻게 해서든 그와 같은 것을 반드시 생각해 내야만 한다.

즉, 나의 불손한 생각을 전부 쏟아내어 보자면, 실험과학적 활동을 지탱하고 있는 정열이나 에너지의 대부분은, 이처럼 다루기 쉬운 관념을 뒷받침하는 것이라면 무엇이든 생각해 내야겠다는 욕망에 의해서 생겨난 것일 뿐이다.

따라서 이와 같은 과학의 모든 활동에서는, 생명 현상을 연구해야겠다는 욕구보다는 근본적인 도그마의 정당성을 증명해야겠다는, 몸에 밴 평소의 마음가짐을 훨씬 더 분명하게 볼 수 있다. 무기질에서 유기질이 발생했다는 설, 유기물의 작용에 의해서 정신 활동이 발생하는 것이라는 설 ― 이와 같은 것들을 어떻게 해서든 설명하기 위해서 얼마나 많은 힘이 낭비되었는가? 무기물은 유기물로 바뀌지 않는다. 정 의심스럽다면 바다의 바닥을 살펴보기 바란다. 기껏해야 세포핵이나 모네라(Monera)라 불리는 것을 발견할 수 있을 뿐이리라.

그러나 거기에는 없지만 그런 현상이 언젠가는 틀림없이 발견될 것이라고 믿을 수는 있다. 특히 영원하고 무한한 시간을 마음껏 이용한다면 신념 속에는 분명히 존재하지만 실제로는 존재하지 않는 모든 것을 그 탓으로 돌릴 수 있으니, 더더욱 그렇다.

유기물의 활동에서 정신적인 활동이 발생한다고 하는 것도 역시 마찬가지다. 지금까지 그런 일은 일어난 적이 없었다! 그러나 틀림없이 그럴 것이라고 믿고, 하다못해 그 가능성이라도 증명하려고 지혜를 짜내고 있다.

대체 생명은 어디에서 시작된 것인지 — 그건 애니미즘이라거나 비타리즘이라거나, 아니 좀 더 다른 어떤 특수한 힘의 관념이라는 등의 논의, 다시 말하면 인생과는 관계가 없는 이런 논의가 인생의 중요한 문제 — 그것이 없으면 인생관도 의미를 잃고 마는 문제를 사람들의 눈에서 숨겼을 뿐만 아니라, 매우 바쁘게 길을 가는 동안 가야 할 곳을 잊어버린 사람과 같은 상태로 중요한 과학자를 — 사람을 인도해야만 하는 입장에 있는 과학자를 조금씩 조금씩 끌고 가 버린 것이다.

그런데 혹시 나는 과학이 현재 뜻하고 있는 방향에서 거둔 커다란 성과로부터 굳이 눈을 돌리려 하고 있는 것은 아닐까? 그러나 어떤 성과라 할지라도 잘못된 방향까지 바로잡지는 못한다. 가령 지금 생명에 대해서 현대 과학이 알려고 하는 것, 단언하고 있는 것(그것도 특별히 자신이 있어서 그러는 것은 아니지만), 그런 것 전부가 완벽하게 밝혀졌다는, 전혀 있을 것 같지도 않은 일을 여기서 일단 인정해 보기로 하자. 그러니까 모든 것들이 밝혀져 모든 것들이 백일하에 분명하게 드러났다고 가정해 보자. 어떻게 해서 무기질에서부터 순응이라는 길을 거쳐서 유기물이 생겨났는지도 밝혀졌으며, 어떻게 해서 생물적인 에너지가 감정이나 의지나 사상으로 변화되는지도 밝혀져서, 그런 것에 대해서는 중학생은 물론 시골의 초등학생들까지도 전부 알게 되었다고 가정해 보자.

나 역시도 이러이러한 사상이나 감정은 이러이러한 운동에 의해서 일어난다는 사실을 알고 있다고 상상해 보자. 그런데 그게 뭐 어쨌다는 말인가? 그럴 경우 나는 내 속에 이런저런 사상을 이래저래 일으키기 위해서 과연 나의 그와 같은 운동까지도 잘 지배할 수 있는 것일까, 없는 것일까? 그와 같은 경우라 할지라도, 나는 자신이나 타인 속에 어떤 사상이나 감정을 불러일으켜야만 하는 것인가 하는 중요한 문제는, 해결되기는커녕 거의 손도 대지 못한 채 남아 있을 것이다.

나는 이 문제의 답을 내는 데 과학자가 난처한 표정을 조금도 짓지 않는다는 사실을 알고 있다. 과학자의 입장에서 보자면 이 문제를 해결하는 것은 아주 간단한 일처럼 보이기 때문이다. 마치 제아무리 어려운 문제에 대한 해결이라도 그것을 이해하고 있지 못한 사람에게는 아주 간단한 일로 여겨지는 것과 같은 것이다. 인생을 어떻게 조절할 것인가 하는 문제도 인생이 우리의 손에 맡겨진 이상, 과학자의 생각에 의하면 아주 간단한 것에 불과하다. 과학자는 이렇게 말한다. 즉, "인생은 사람들이 각자의 요구를 만족시킬 수 있도록 조절되어야만 하는 것으로, 그것을 위해서 과학이 여러 가지 방법을 만들어 냈으니 머지않아 우선은 그와 같은 요구에 대한 만족이 올바로 분배될 것이며, 이어 모든 요구를 바로 만족시킬 수 있는 방법이 여러 가지로 쉽게 만들어지게 되어 사람들은 행복해질 것임에 틀림없을 것이다." 라고.

요구란 무엇인가, 요구의 한도를 어디에 둘 것인가 하는 등의 질문을 해도 과학자들은 그것에도 역시 간단하게 답할 뿐이다. "과학은 요구라는 것을 육체, 정신, 미 그리고 도덕이라는 면에서도 분류하여, 어떤 요구가 어느 정도로 옳으며 어떤 요구가 어느 정도로 옳지 않은가 하는 것을 분명하게 결정하기 위해 있는 것으로, 그렇기 때문에 과학은 과학인 것이다." 라고 답할 뿐이다.

결국 과학은 이러한 것까지 결정하게 될 것이다. 만약 누군가가 '올바른 요구와 그렇지 않은 요구를 결정하는 데 무엇이 기준이 되어야 하는가?' 라고 묻는다 할지라도 과학자는 조금도 망설이지 않고 즉석에서 요구의 연구라고 대답할 것이다. 그런데 여기서 미리 말해 두겠는데, 이 요구라는 말에는 오로지 두 가지 의미밖에 없다. 즉, 하나는 생존의 조건이라는 것인데, 한 사람 한 사람의 생존 조건은 각각 무한하게 존재하는 것이기 때문에 그 조건을 하나도 남김없이 연구한다는 것은 도저히 불가능한 일이며, 또 다른 하나는 생물에게 있어서 행복의 욕구는 각각의 의식에 의해서 비로소 인정되며 결정되는 것이기 때문에 실험과학에 의해서 연구될 가능성은 더욱 적어지게 되는 것이다.

물론 일반적인 사람들이나 세상의 학자들에 의해서 조직된 회의

나 단체나 기관 등과 같은 것 중에서 흠잡을 데라고는 조금도 찾아 볼 수 없는, 그야말로 과학이라 부를 수 있는 것이 결코 없는 것은 아니다. 이와 같은 참된 과학이 결국에는 필요한 모든 것을 점차 밝혀 나갈 것이다.

그러나 말할 필요도 없는 사실이지만, 이와 같은 문제의 해결이라는 것은 전부 형태를 바꾼 메시아의 왕국과 같은 것으로, 여기서는 메시아의 역할을 과학이 대신 수행하고 있는 것에 불과한 것이다. 참으로 이러한 과학적 설명에게 조금이라도 어떤 것에 대해서 설명하도록 하기 위해서는, 유태인들이 메시아를 믿은 것처럼 역시 과학의 도그마라는 것을 맹신하지 않으면 안 되는데, 참으로 신통하게도 정통파 과학자들은 바로 그 방법으로 해내고 있는 것이다. 단 메시아를 신의 사자로 보는 정통 유대교 신자들은 메시아가 그 힘으로 모든 것을 올바로 조절할 것이라고 믿을 수 있을 테지만, 정통파 과학자들은 사물의 본질이라는 입장에서 봐도, 여러 가지 요구에 대한 표면적인 연구에 의해서 생명이라는 단 하나의 중요한 문제가 해명되리라고는 믿지 못할 것이기 때문에, 이 점에서 다소간의 차이를 볼 수 있을 뿐이다.

차례

옮긴이의 말 | 9

제1장 인생의 교훈

인간 생활의 근본 모순 | 43
먼 옛날부터 인생의 모순은 인류에 의해서 의식되어 왔다. | 50
학자들의 과오 | 57
학자들은 인간의 생명이라는 관념을 | 61
바리새인들과 학자들의 거짓된 가르침은 참된 생활의 의미도, 생활의 지침도 보여 주지는 못한다 | 66
현대인의 의식 분열 | 76
의식의 분열은 인간 생활과 동물 생활을 혼동하는 데서 일어난다 | 82
분열과 모순은 없다. 그와 같은 것은 잘못된 가르침에 사로잡혀 있을 때만 나타나는 것에 지나지 않는다 | 88
인간 속에 숨겨져 있는 참된 생명의 탄생 | 93
이성이란 인간들에 의해 인정받고 있는 법칙으로, 인생은 그것 위에서 완성되어야 한다 | 98
지식의 잘못된 방향 | 102

제2장 마음의 교훈

잘못된 지식의 원인은 잘못된 원근법으로 사물을 보는 데 있다 | 113

우리가 여러 가지 사물을 무엇인지 인식할 수 있는 것은 | 120

참된 인간 생활은 공간이나 시간 속에서 생겨나는 것이 아니다 | 129

동물적인 자아의 행복에 대한 부정이야말로 인간 생활의 법칙이다 | 137

동물적인 자아는 인생의 도구다 | 143

영靈의 탄생 | 149

이성의 의식은 무엇을 요구하는가 | 152

이성의 의식의 요구는 전부 올바른 것으로 인정받고 있다 | 159

자아의 요구와 이성의 의식의 요구는 양립할 수 없는 것처럼 보인다 | 167

요구되는 것은 자아를 부정하는 것이 아니라 자아를 이성의 의식에 종속시키는 것이다 | 173

사랑의 감정은 이성의 의식에 따르는 자아의 활동의 발현이다 | 181

제3장 진리의 교훈

인생의 의미를 충분히 이해하지 못한 사람은 사랑의 감정도 충분히 발휘하지 못한다 | 191

참된 사랑은 개인적인 행복을 부정하고 버린 결과에 지나지 않는다 | 205

사랑은 진실한 생명으로 넘쳐 나는 유일한 활동이다 | 213

보다 좋은 생활을 바란다며 | 219

죽음에 대한 공포라는 것 | 225

육체의 죽음은 틀림없이 공간에 얽매인다 | 234

죽음의 공포는 | 246

생명의 본질은 이 세계에 대한 관계다 | 252
죽은 사람들의 생명은 이 세상에서 사라져 버리는 것이 아니다 | 258
죽음에 대한 미신은 사람이 세계에 대한 그 다양한 관계를 혼동하는 데서 일어난다 | 269
우리 눈에 보이는 이 인생은, 생명의 무한한 운동의 일부분에 지나지 않는다 | 278
지상의 생활에서 맛보는 고통의 | 288
육체의 고통은 사람들의 생활과 행복을 위해서 없어서는 안 될 하나의 조건이다 | 304
맺음말 | 313
부록 | 313

자선은 내 집에서 시작된다. 만일 자선을 행하기 위해 어딘가로 갈 필요가 있다면, 네가 하려는 자선은 진정한 자선이라고 할 수 없다.

제1장
인생의 교훈

인간 생활의 근본 모순

　　사람은 누구나 자신의 이익을 위해서, 행복을 위해서만 생활하고 있다. 자신 속에서 이와 같은 행복에 대한 욕구를 느끼지 못하는 사람이 있다면 그 사람은 자신을 살아 있는 존재라고도 느끼지 못할 것이다. 사람은 자신의 행복을 바라지 않고는 도저히 인생을 생각할 수가 없다. 산다는 것은 누구에게 있어서나 무엇보다도 행복을 바라고 그것을 손에 넣으려 하는 것이기 때문에, 행복을 바라고 그것을 손에 넣는 것이 결국에는 삶이 되는 셈이다.

　사람은 자신 속에서만, 자신이라는 개인 속에서만 생명을 느낀다. 그렇기 때문에 처음에는 자신이 바라는 행복이 단지 자기 혼자만의 행복에 지나지 않는 것이라고 생각한다. 자기 혼자만이 살아 있다, 참으로 살아 있는 것이라는 생각이 든다. 타인의 생명은 자신의 생명과 전혀 다른 것이라는 생각이 든다. 그것은 단지 생명과 비슷한 것에 지나지 않는다는 생각이 드는 것이다. 사람은 그저 타인의 생명을 겉으로만 보고 그에 의해서 비로소 그것이 살아 있다는 사실을 알게 될 뿐, 타인의 생명에 대해서는 특별히 생각하려고 들지 않는 한 끝내 알지 못하는 법이지만, 자신의 생명에 대해서는 단 한순간이라도 살아 있다는 의식이 멈출 때가 없을 정도로 잘 알고 있는 법이다. 그렇기 때문에 자신의 생명만이 참된 생명이고, 자신을 둘러싼 다른 자들의 생명은 자신이 생존하기 위한 하나의 조건에 지나지 않는 것처럼 여겨지는 것이다. 설령 타인이 불행해지기를 바라지 않는다 할지라도, 그것은 타인의 괴로움을 보는 것이 자신의 행복을 해하기 때문에 타인의 불행을 바라지 않는 것일 뿐이다. 또한 타인이 행복해지기를 바란다 할지라도, 그것은 자신의 행복을 바랄 때와는 전혀 다른 것으로, 행복해지기를 바라는 사람을 특별히 진지하게 생각하고 있기 때문이 아니라 타인이 행복한 것을 보고 자기 인생의 행복을 더욱 커다란 것으로 만들고 싶기 때문에 타인의 행복을 바라는 것일 뿐이다. 인간에게 있어서 참으로 중요하고 필요한 것은 오직 자신의 것이라고밖에는 느껴지지 않는 생명의 기쁨, 즉 자신의 행복이다.

그런데 인간은 이처럼 자신의 행복을 손에 넣고 싶어 하는 동안 머지않아 그 행복이 타인에 의해서 좌우되기 쉽다는 사실을 알게 된다. 그래서 타인을 잘 살펴서 관찰해 보면 그것 또한 모두 — 사람뿐만 아니라 동물조차도 — 자신과 똑같은 생명의 관념을 갖고 있지 않은가? 타인도 역시 자신과 같이 자기 자신의 생명과 자기 자신의 행복만을 느끼고 자기 자신의 생명만을 중요하고 진실한 것이라 생각하고 있으며, 타인의 생명 따위는 자신의 행복을 위한 단순한 수단 정도로밖에는 생각지 않는다. 따라서 사람은 이런 생각을 하게 된다. 즉, 무릇 살아 있는 모든 것은 아주 사소한 행복을 얻기 위해서라도 다른 것들의 훨씬 더 커다란 행복은 물론 생명까지도 빼앗을 각오를 하지 않으면 안 되는데, 이렇게 생각하고 있는 자신도 역시 예외일 수는 없으니, 그렇게 하지 않으면 당장에라도 당하게 될 것임에 틀림없다는 생각이다. 이 사실을 분명하게 알게 되면 사람은 결국 다음과 같은 상상을 하지 않을 수 없게 된다. 만약 이와 같은 것이 사실이라고 한다면(이렇게 생각하면서도 그것이 사실이라는 점을 아주 잘 알고 있다) 그야말로 참으로 간단한 문제가 아니어서, 이 세상에 살아 있는 모든 것이 제각각 그 목적을 달성하기 위해 한시도 쉬지 않고 나를 — 참된 생명을 가진 유일한 인간이라 생각하고 있는 나를 없애려 들 것임에 틀림없다고 상상하지 않을 수 없게 되는 것이다. 그리고 이 사실을 알게 되면 사람은 자신의 행복이라는 것 — 그것이 없으면 인생도 의미를 잃고 마는 혼자만의 행복이라는 것이 그렇게 간단하게 손에 들어오지 않는 것일 뿐만 아니라 언젠가는 완전히 빼앗겨 버리고 말 것임에 틀림없다고 깨닫게 된다.

 사람은 오래 살면 살수록 이 생각을 경험에 의해서 더욱 분명히 알게 된다. 따라서 사람은 서로가 서로를 잡아먹고 서로가 서로를 망하게 하는 개개인이 연결되어 있는 이 세상의 생활 — 자신도 한몫 거들고 있는 이런 생활이 결코 자신의 행복이 되지는 않을 뿐만 아니라 심지어는 커다란 재앙을 가져다주는 것이라는 사실까지 깨닫게 되는 것이다.

 아니, 그것뿐만 아니라 만약 사람이 자기 혼자만을 위해서 아무런 방해도 받지 않고 타인과 순조롭게 싸울 수 있는 유리한 조건에 놓여 있다 할지라도 이성과 경험이 곧 이런 사실을 그 사람에게 가르쳐 줄 것이다. 즉, 인생으로부터 이렇게 해서 빼앗은 자기 혼자만의 향락이라는 것이 제아무리 행복으로 보인다 할지라도, 사실은 행복이 아니라 기껏해야 행복의 모형에 지나지 않는 것으로, 향락에 늘 따라다니기 마련인 괴로움이나 번뇌를 한층 더 생생히 느끼게 해 주는 것 외에는 아무런 도움도 되지 않는다는 사실을 가르쳐 준다. 사람은 오래 살면 살수록 향락은 적으며 권태, 포만, 노고, 고통과 같은 느낌만이 커져 간다는 사실을 더욱 확실히 알게 된다. 그러나 그것뿐만이 아니다. 병에 걸리거나 힘이 떨어져 가는 것을 느낄 때마다, 혹은 타인의 병이나 노쇠, 죽음을 볼 때마다 사람은 거기서만 참으로 충실한 생명을 느끼던 자신의 존재 그 자체가 시시각각으로, 한번 움직일 때마다 쇠약과 노쇠와 죽음에 다가가고 있다는 사실을 알게 된다. 게다가 자신의 생명이 끊임없이 다른 것들로부터 도전을 받아 사라져 갈 수밖에 없는 수많은 기회에 노출되어 고통을 받고 있다는 사실은 염두에 두지 않는다 할지라도, 생명 그 자체가 원래부터 가지고 있는 특성 때문에 어쩔 수 없이 죽음이라는, 즉 어떤 행복의 가능성도, 개인의 생명까지도 송두리째 뽑아 버리는 상태로 끊임없이 다가갈 수밖에 없다는 사실을 알게 되는 것이다. 그리고 사람은 거기서만 생명을 느끼고 있는 더할 나위 없이 소중한 자신이라는 것이, 절대 적으로 삼아 싸워서는 안 되는 것 — 세상 전체를 상대로 싸우고 있을 뿐만 아니라 언제나 행복의 모조품을 잡게 할 뿐이며, 결국에는 고통으로 끝나 버리고 마는 향락을 찾아, 유지할 방법이 없는 생명을 어떻게 해서든 유지하려 발버둥치고 있다는 사실을 깨닫지 않을 수 없게 된다. 사람은 오로지 자기 혼자만을 위해서 행복을 바라며, 생명을 빌고 있지만, 정작 중요한 자신은 행복도 생명도 전혀 손에 넣지 못할 것이라는 사실을 알고 있는 것이다. 사람이 손에 넣기를 간절히 바라고 있는 이 행복과 생명 — 그런 것은 자신이 느끼지도 못하고 느낄 수도 없는, 자신과는 아무런 관계도 없는 존재, 아니 정말로 존재하는 것인지 어떤 것인지조차도 알 방도가 없으며 알아야겠다고 생각지도 않는 존재밖에 가지고 있지 않은 것이다.

결국 자신에게 있어서 무엇보다도 소중한 것, 오직 그것만이 필요하며 그것만이 참으로 살아 있는 것처럼 여겨지는 것, 즉 자신이라는 개인은 머지않아 죽어 구더기가 되고 뼈가 되어 자신이 아닌 것이 되어 버림에도 불구하고, 자신에게는 필요하지도 않고 소중하지도 않고 그것이 살아 있다고는 느껴지지 않는 것, 즉 끊임없이 싸움을 거듭해 교체되어 가는 이 세상의 생물 — 생물의 세계는 자신이 죽은 뒤에도 남아 영원히 살아 있는 것이다. 이와 같은 것이야말로 참된 생명인 것이다. 따라서 자신에게 있어서는 무엇과도 바꿀 수 없는, 하나밖에 없는 것이라 느껴지는 생명 — 자신의 모든 활동의 원동력이 되는 이 생명은 아무래도 믿을 만한 것이 되지 못하는 거짓된 것, 실제로는 있을 것 같지 않은 것에 지나지 않으며, 자신 밖에 있어서 사랑하지도 않고 느끼지도 못하는, 어떤 애매한 생명이 실제로는 유일하게 참된 생명이 되는 셈이다.

자신은 느끼지도 못하는 것이, 자신만이 갖고 싶어 하던 여러 가지 성질을 독차지하고 있는 것이다. 그런데 이와 같은 생각은 사람이 우울한 기분에 빠져 있는 좋지 않을 때에만 일어나는 것이라고는 말할 수 없다. 그것은 따로 생각지 않아도 상관없는, 아무래도 좋은 생각이 아닐 뿐만 아니라, 반대로 의심할 여지도 없이 분명한 진리이기 때문에, 만약 이 사상이 단 한 번이라도 사람의 마음에 떠오르거나, 혹은 한 번이라도 다른 사람에 의해 설명되면 마음에 단단히 뿌리를 내려 무슨 수를 써도 자신의 의식에서 내몰 수 없게 되는 것이다.

먼 옛날부터 인생의 모순은
인류에 의해서 의식되어 왔다

●○●

인류의 교사들은 인생의 정의를 사람들에게 보이고 이 내면의 모순을 해결했지만, 바리새인들과 학자들은 그것을 사람들에게 숨기고 있다

사람이 무엇보다도 가장 먼저 생각하는 인생의 유일한 목적은 자신이라는 한 개인의 행복이다. 그러나 개인에게 있어서 행복은 있을 수 없다. 혹시 인생에 어떤 행복과 비슷한 것이 있다 할지라도 거기에서밖에 행복을 생각하지 못하는 인생 — 개인의 인생은 한 동작 한 동작, 숨을 들이쉬고 내쉴 때마다 점점 더 고통과 재난과 죽음과 파멸 쪽으로 끌려가 어떻게 막아 볼 도리가 없는 것이다.

이러한 사실은 생각할 줄 아는 사람이라면, 젊은이든 늙은이든, 교육을 받은 사람이든 받지 못한 사람이든 누구나 깨닫고 있는 사실로, 그만큼 깨닫기 쉽고 알기 쉬운 사실이다. 이러한 생각은 이처럼 매우 간단하고 자연스러운 것이기 때문에 생각이 있는 사람

이라면 누구나 바로 알 수 있는 것으로, 아주 먼 옛날부터 인류에게 알려져 왔다. '서로 죽이거나 스스로 죽어 가는 똑같은 무수한 개성 속에 섞여서, 사람이 자신의 행복만을 추구하는 개인으로서 생활한다는 것은 불행이자 무의미한 것이다. 참된 생활은 그런 것이 아닐 터이다.' 먼 옛날부터 사람들은 스스로에게 이렇게 말해 왔다. 인도나 중국, 이집트, 그리스의 현자들도 인간 생활의 이 내면적인 모순을 참으로 힘차고 분명하게 이야기했다. 인간의 이성은 먼 옛날부터 생존경쟁이나 고통, 죽음에 의해서도 없어지지 않는 인간의 행복을 탐구하는 데 바쳐져 왔다. 그리고 이 생존경쟁이나 고통이나 죽음에 의해서도 없어지지 않는, 의심할 여지가 없는 인간의 행복을 밝혀내는 것에 유사 이래의 인류의 진보가 있었던 것이다.

매우 오래된 시대부터, 그야말로 수많은 민족 속에서 인류의 위대한 교사들이 인생의 내면적 모순을 분명하게 해결하는 여러 가지 정의를 사람들에게 계시하고 인간에게 어울리는 참된 행복과 참된 생활을 가르쳐 왔다. 하지만 결국 모든 사람들의 이 세상에서의 입장이라는 것은 전부 한 가지에 지나지 않으며, 따라서 개인의 행복을 바라는 마음과 그것을 불가능한 것으로 보는 의식 사이의 모순도 모든 사람들이 똑같이 느끼고 있는 것이기 때문에, 인류의 가장 위대한 두뇌에 의해 계시된 이 참된 행복, 그리고 참된 생활에 대한 수많은 정의도 본질적으로는 똑같은 것으로 아무런 차이도 없는 것이다.

'인생이란 사람들의 행복을 위해 하늘에서 사람들에게로 내려온 빛이 두루 퍼지는 것이다.' 기원전 6세기에 공자는 이렇게 말했다.

'인생이란 더욱 커다란 행복에 끊임없이 도달하려고 하는 영혼의 편력이자, 완성이다.' 같은 시대의 바라문들은 이렇게 말했다.

'인생이란 행복한 열반에 도달하기 위해 자신을 버리는 것이다.' 공자와 같은 시대 사람인 부처는 이렇게 말했다.

'인생이란 행복해지기 위해 철저하게 겸손하고 비하하는 길이다.' 역시 공자와 같은 시대 사람인 노자는 이렇게 말했다.

'인생이란 신의 규율을 지키며 사람이 행복해질 수 있도록 신이 인간 속에 불어넣은 생명의 기운이다.' 한 유태인 현자는 이렇게 말했다.

'인생이란 사람을 행복하게 해 주는 이성에 따르는 것이다.' 스토아학파 사람들은 이렇게 말했다.

'인생이란 사람을 행복하게 하는 사랑 — 신과 이웃에 대한 사랑에 다름 아니다.' 모든 선인들의 가르침을 하나로 묶어 그리스도는 이렇게 말했다.

먼 옛날부터 오늘날에 이르는 수천 년 동안 거짓에 불과한, 불가능한 개인의 행복 대신 참으로 사라지지 않는 행복을 사람들에게 가르쳐, 인간 생활의 모순을 해결하고 거기에 합리적인 의미를 부여한 인생의 정의는 이와 같은 것이다. 이와 같은 인생의 정의는 인정하지 않을 수도 있으며, 좀 더 정확하고 명료한 표현 방법이 있을 것이라고도 생각할 수 있지만 이러한 정의를 승인하는 것이 인생의 모순을 없애고 자기 혼자만의 손에는 도저히 넣을 수 없는 행복에 대한 욕구를, 고통이나 죽음에 의해서도 사라지지 않는 행복에 대한 또 다른 욕구로 바꿔 인생에 합리적인 의미를 부여하게 한다는 사실만은 인정하지 않을 수 없다. 이러한 정의가 이론적으로 올바를 뿐만 아니라 인생의 경험에 의해서 확인되고 있다는 사실, 즉 예나 지금이나 그러한 인생의 정의를 인정한 수백, 수천만이 넘는 사람들이 자기 혼자만의 행복에 대한 욕구를 고통이나 죽음에 의해 깨지지 않는 다른 행복에 대한 욕구로 바꿀 수 있다는 사실을 몸소, 끊임없이 제시했다는 사실은 인정하지 않을 수 없다.

그러나 인류의 위대한 교사들에 의해 계시된 인생의 정의를 이해하고 그에 따라서 생활하고 있는 이런 사람들 외에, 생애의 어떤 시기, 아니 때로는 평생을 통해서 단지 동물적인 생활밖에 염두에 없으며 인간 생활의 모순을 해결하는 데 도움이 되는 인생의 정의를 이해하고 있지 못할 뿐만 아니라 그것이 해결하고 있는 인생의 모순조차도 모르는 채 생활하고 있는, 참으로 많은 사람들이 언제나 존재해 왔으며, 지금도 존재하고 있다. 그리고 이와 같은 사람들 속에 섞여서 표면적인 특별한 지위 때문에 자신을 인류의 지도자인 양 착각하고, 인간 생활의 의미는 알지도 못하면서, 자신도 알지 못하는 인생을, 인간 생활은 개인적인 생존에 다름 아니라는 둥 타인에게 가르치려 하는 사람들이 언제나 있었으며 또한 지금도 있다.

이와 같은 거짓 교사들은 어느 시대에나 있는 법으로, 현대에도 여전히 뒤를 잇고 있다. 어떤 자들은 자신들이 그 전통을 받으며 자란 인류의 교사들의 가르침을 말하기는 하지만, 실제로 그 합리적인 의미는 알지도 못하기 때문에 그러한 가르침을 사람들의 과거와 미래의 생활에 관한 초자연적인 계시로 여기고, 심지어는 의례의 실행만을 중히 여기고 있다. 이는 아주 넓은 의미에서의 바리새인들 — 즉, 불합리한 이 인생을 바로잡기 위해서는 형식적인 의례를 열심히 실행하고 내세를 믿으면 된다고 말하는 사람들의 가르침이다.

그리고 어떤 자는 눈에 보이는 이 인생 외에 내세 같은 건 조금도 인정하지 않고, 기적이나 초자연적인 것은 애초부터 부정하고 인간의 생활이란 태어나서 죽을 때까지의 동물적인 생존 이외에는 아무것도 아니라고 단언하고 있다. 이것은 학자들 — 즉, 동물로서의 인간의 생활에 불합리한 점은 어디에도 없다고 말하는 사람들의 가르침이다.

이 두 개의 가르침은 모두 인생의 근본 모순이라는 것을 제대로 이해하지 못한 곳에 뿌리를 내린 것인데, 그럼에도 불구하고 이 두 파의 거짓 교사들은 언제나 서로에게 적의를 품고 반목해 왔다. 현대에 와서 이 두 가지 가르침은 세계를 지배함에 있어서 여전히 서로 반목하고, 서로의 싸움으로 세계를 가득 채우고 있기 때문에 벌써 천 년도 훨씬 넘는 그 이전부터 인류에게 참된 행복의 길을 계시한 인생의 정의도 이와 같은 싸움의 그늘에 가려서 사람들의 눈에 보이지 않게 되어 버렸다.

바리새인들은 자신들의 조상이라고 우러르는 교사들이 사람들에게 보인 인생의 정의를 이해하고 있지 못할 뿐만 아니라 그것을 자신들 나름대로의 거짓된 내세에 대한 해석으로 왜곡시키고, 그것으로도 부족해 심지어는 자기 해석의 근본이 된 가르침의 절대적인 권위를 유지해야겠다는 일념으로 인류의 다른 뛰어난 교사들의 인생에 대한 정의까지도 제멋대로 난폭하게 왜곡하여 제자들에게 보여 주고, 그 참된 모습은 사람들에게 숨기려 노력하고 있다. 인류의 다른 뛰어난 교사들이 내린 인생에 대한 정의에서도 볼 수 있는 공통된 하나의 합리적인 의미가, 그와 같은 가르침의 진실성을 증명하는 둘도 없는 근거가 된다는 사실을 그들은 전혀 생각지도 못하는 것이다. 왜냐하면 그런 사실들이 정말로 증명되면 원래의 가르침의 본질을 왜곡한 자신들의 그 불합리한 거짓 해석에 대한 신용이 단번에 땅에 떨어지기 때문이다.

  그런데 학자들은 이와 같은 바리새인들의 가르침도, 근본을 파고들면 합리적인 근거가 있다는 사실은 제대로 확인하려 들지도 않고 내세에 관한 모든 가르침을 애초부터 부정한다. 그리고 그런 종류의 가르침 따위는 아무런 근거도 없는 것으로 무지한 시대의 야만스러운 습관의 잔재에 불과하다고 보고, 인간의 동물적 생존의 한계를 조금이라도 넘어서는 인생의 문제 따위를 과제로조차 삼지 않는다면 인류는 전진할 것이라고까지 단언하고 있다.

학자들의 과오

참으로 우스운 일 아닌가? 인류의 위대한 현자들의 가르침이 그 위대함으로 사람들을 너무나도 강하게 흔들어 놓았기 때문에 뒤에 잘 알지도 못하는 사람들이 그 가르침에 초자연적인 성격을 한껏 부여하고 창시자들을 반쯤은 신으로 여겨 버렸다는 사실과, 또한 이러한 가르침의 주요한 표시가 되는 것들이, 바로 이 모든 것들이 학자들이 보기에는 이와 같은 가르침의 불합리성이나 뒤떨어진 시대성을 나타내는 더할 나위 없이 좋은 증거인 것처럼 여겨지고 있으니 말이다. 아리스토텔레스나, 베이컨이나, 콩트나 그 외 여러 사람들의 그다지 중요하지도 않은 학설은 참으로 얼마 되지 않는 독자나 숭배자의 재산으로 언제나 남아 있으며, 지금도 남아 있을 뿐, 그 근본정신이 잘못됐기 때문에 대중에게는 조금도 영향을 주지 못했으며, 따라서 미신처럼 여겨져 상처를 받거나 혹을 달게 되는 일도 없었기 때문에 아무리 봐도 거기서 중요성 같은 건 찾아볼 수 없다. 하지만 바로 그러한 점이 오히려 그 진실성을 증명하는 것이라 여겨지고 있으며, 바라문이나 부처나 조로아스터나 노자나 공자나 이사야나 그리스도의 가르침은 그것이 단지 많은 사람들의 생활 방식에 커다란 변혁을 주었다는 이유만으로 미신에 지나지 않으며 과오에 지나지 않는다고 여겨지고 있다.

그러나 몇 십억이나 되는 사람들이 옛날부터 이 미신에 따라서 생활해 왔으며, 실제로 지금까지도 생활하고 있는 것은, 이러한 가르침이 상당히 왜곡되기는 했지만 그래도 인생의 참된 행복에 관한 문제에 진지하게 답하고 있기 때문이다. 실제로 이러한 가르침은 많은 사람들에게서 동감을 얻었을 뿐만 아니라 어느 시대에 있어서나 뛰어난 사람들의 사상적 근본으로 반드시 도움을 주었지만, 학자들에 의해서 인정받은 이론은 단지 그들 사이에서만 공감하고 있는 것일 뿐, 언제나 몇 되지 않는 동료들 속에서 서로 비난하고, 서로 반박하고, 때로는 그 수명도 채 10년을 넘기지 못해 태어났는가 싶으면 바로 잊혀지곤 했다. 그러나 이와 같은 사실을 말해 주어도 학자들은 조금도 동요하지 않는 듯하다.

인생의 위대한 교사들의 가르침 — 옛날부터 지금에 이르기까지 인류가 그것에 의해서 교육을 받고 생활해 온 가르침이 이 사회에 놓인 상태인 만큼, 현대 사회를 지배하고 있는 이와 같은 잘못된 지식 경향을 노골적으로 드러내고 있는 것도 없다. 현재 지구상의 주민들에 의해서 믿어지고 있는 종교는, 연감의 통계에 의하면 천 종류나 된다고 한다. 그 종교 속에는 불교와 바라문교와 유대교와 도교와 기독교도 포함되어 있다. 이에 현대인들은 종교가 천 종류나 된다는 것을 참된 사실로 받아들인다. 그렇기 때문에 천 종류나 되는 이와 같은 종교도 결국은 모두 무의미하고 하찮은 것이니 연구할 만한 가치가 없는 것이라고 결정해 버린다. 그리고 현대인들은 스펜서나 헬름홀츠 등과 같은 사람들의 새롭고 세련된 경구를 모르는 것은 수치로 생각하면서도 바라문이나 부처나 공자나 맹자나 노자나 에픽테토스나 이사야에 대해서는 완전히 무지하며, 때로는 이름 정도만 알고 있는 사람도 있기는 하지만 대부분은 그것조차도 모른다. 이런 사람들은 상상도 못할 일이지만, 현재 믿고 있는 종교는 오로지 세 가지뿐, 다시 말해서 중국의 종교와 인도의 종교와 유태교·기독교(마호메트교라는 파생도 포함해서)밖에 없다. 게다가 이런 종교에 관한 책은 5루블만 주면 살 수 있으며, 2주일이면 읽을 수 있는데, 예나 지금이나 인류 전체의 생활 규범이 되고 있는 이와 같은 책 속에는 눈에 거의 띄지도 않는 7% 정도의 예외를 제외한다면 인류의 온갖 지혜, 인류를 오늘날까지 존재하게 한 것처럼 만들어 온 모든 것이 담겨 있다. 현대인들은 이런 사실을 꿈에도 생각지 못할 것이다.

일반 민중은 이와 같은 가르침을 모르고 있을 뿐만 아니라, 학자라 할지라도 특별한 전문가가 아닌 이상, 아무런 지식도 갖고 있지 않다. 철학을 직업으로 삼고 있는 자가 그와 같은 책을 읽을 필요가 있다는 사실을 전혀 인정하려 들지 않는 것이다. 실제로 이성적인 사람에 의해서 의식된 인생의 모순을 해결하고 인간의 참된 행복과 생활을 결정한 이와 같은 사람들의 연구가 대체 무엇 때문에 필요한 것인지, 아무래도 학자들은 모르고 있는 듯하다. 학자들은 합리적인 생활 방식을 제공해 주는 인생의 모순을 이해하지도 못하고, 자신의 눈으로 확인해 본 적도 없기 때문에 그런 모순이 있을 리가 없다, 인간의 생활은 단지 동물적 생존에 지나지 않는다고 거침없이 단언하고 마는 것이다.

눈이 보이는 사람은 자기 앞에 있는 것을 눈으로 직접 보며 이해하고 판단하지만, 장님은 자기 앞을 지팡이로 더듬어 지팡이에 닿은 것 이외에는 아무것도 없다고 단언하기 쉬운 법이다.

학자들은 인간의 생명이라는 관념을

●○○

인간의 동물적 생존이라는 눈에 보이는 현상이라고 잘못 알고 있으며, 인생의 목적에 대해서도 그와 같은 잘못된 관점에서 결론을 내리고 있다

'생명이란 탄생할 때부터 죽음에 이를 때까지, 끊임없이 생물 속에서 일어나는 현상이다. 사람이든 개든 말이든 각자 모두 특별한 육체를 가지고 태어나는 법이다. 그 특별한 육체가 살아가는 것으로, 죽으면 결국 육체는 분해되고 다른 물질로 바뀌어 원래의 생물로는 존재하지 않게 된다. 생명이 있었지만 그 생명이 끝난 것이다. 심장이 뛰고 폐가 숨을 쉬고 육체가 부패하지 않는다는 것은 곧 사람이나 개나 말이 살아 있다는 것을 의미하며, 심장이 멎고 호흡이 사라지고 육체가 부패하기 시작했다는 것은 그야말로 죽어서 생명이 없어졌다는 것을 의미한다. 이처럼 인간의 생명도 동물과 차이가 없는 것으로, 탄생과 죽음 사이에 육체 속에서 일어나는 현상에 지나지 않는 것이다. 이보다 더 명료한 것이 또 있을까?

동물과도 같은 상태에서 간신히 벗어났을 뿐인, 교육 받지 못한 거친 사람들은 생명에 대해서 언제나 이와 같은 견해를 보여 왔다. 그런데 현대에도, 과학자라 자칭하는 학자들의 학설은 생명에 대한 이와 같은 조잡하기 짝이 없는 야만스러운 관념을 실로 유일한 진리로 인정하고 있는 것이다. 이 잘못된 학설은 인류가 체득한 물질적 지식을 총동원하여, 수천 년에 걸쳐서 인류가 무시무시한 수고와 노력으로 간신히 빠져나온 원래의 무지의 어둠 속으로 사람들을 다시 되돌리려 하고 있는 것이다.

이 학설이 말하는 바에 의하면, 우리는 자신의 생명을 자신의 의식에 따라서 판단할 수 없는 셈이 된다. 자신 속의 생명을 관찰할 때 우리는 자칫 잘못을 범하기 쉽기 때문이라는 것이다. 우리의 의식 속에서는 행복에 대한 욕구가 생명관의 근본을 이루고 있지만, 학자들 입장에서 보자면 그와 같은 행복에 대한 관념은 믿을 만한 것이 되지 못하는 환상으로, 생명은 그런 의식으로 이해될 수 있는 것이 아니다. 생명을 이해하려면, 오직 물질의 운동으로써 겉으로 드러나는 현상적 측면에만 관찰을 한정시켜야 하며, 이러한 관찰과 거기에서 이끌어 낸 법칙만을 근거로 하면 생명 그 자체의 법칙은 물론 인간의 생명의 법칙까지도 반드시 발견해 낼 수 있으리라는 것이다.

이처럼 이 잘못된 학설은 개개인의 의식에 의해서만 비로소 인정받을 수 있는 인간의 생명이라는 복잡한 관념에, 생명의 눈에 보이는 극히 일부분에 지나지 않는 동물적인 생존이라는 면만을 적용하여, 그 눈에 보이는 현상의 연구를 우선 동물로서의 인간에서부터 시작하여 나아가서는 동물 일반, 식물, 물질로 점차 진전시키고 있는 것인데, 그뿐만 아니라 그렇게 편중된 견해를 갖고 있으면서도 연구하고 있는 것은 생명의 두어 현상이 아니라 생명 그 자체라고 또한 주장하고 있는 것이다. 게다가 실제로 이 관찰은 매우 복잡하고 잡다하고 어지럽게 얽혀 있을 뿐만 아니라 엄청난 시간과 노력을 들였기 때문에 대상의 일부를 대상 전체라고 인정했다는 근본적인 잘못을 점차 모두가 잊게 되었고, 결국에는 물질이나

---

† 참된 과학은 과학 본래의 위치를 알고 있기 때문에 그 참된 연구 대상에 대해서도 잘 알고 있으며, 겸허하기 때문에 한층 더 강한 힘도 가지고 있어서 이와 같은 말은 결코 한 적이 없으며 실제로 말하고 있지도 않다. 물리학은 힘의 법칙이나 관계에 대해서는 말하지만 힘이란 무엇인가 하는 문제에는 답하려 하지 않으며 힘의 본질을 설명하려 들지도 않는다. 화학은 물질의 여러 관계에 대해서는 말하지만 물질이란 무엇인가 하는 문제에는 답하려 하지 않으며 물질의 본질을 설명하려고도 하지 않는다. 생물학은 생명의 형태에 대해서는 말하지만 생명이란 무엇인가 하는 문제에는 답하려 들지 않으며 생명의 본질을 설명하려고도 하지 않는다. 참된 과학에게 있어서 힘이나 물질이나 생명은 모두 연구 대상 그 자체가 아니라 지식의 다른 분야에서 공리公理로써 취해 온 기초 개념 — 그리고 각자 다른 과학의 전당을 세우기 위한 기초가 되는 것이다. 참된 과학은 연구 대상을 이처럼 보고 있기 때문에, 이와 같은 과학이 일반 민중을 무지의 어둠으로 되돌리는 유해한 영향을 줄 리가 없다. 그러나 잘못된 과학의 일그러진 지혜는 연구 대상을 이렇게 보지 않는다. '우리는 물질과 힘과 생명 모두를 연구한다. 우리가 연구하면 그러한 것 모두가 분명하게 밝혀질 것이다.' 잘못된 과학의 사도들은 자신들이 연구하고 있는 것이 물질도 힘도 생명도 아니라 단지 그 관계나 형태에 지나지 않는다는 사실을 생각지도 않고 이런 말을 하는 것이다.(원주)

식물이나 동물의 눈에 보이는 특징의 연구가 생명 그 자체 — 의식에 의해서 비로소 사람에게 인정받을 수 있는 생명 그 자체에 대한 연구라 착각하고, 의심조차도 하지 않게 되었을 정도다.

비유컨대 이는, 어떤 그림자를 본 사람이 속아서 잘못 알게 된 것을 보고, 보여 준 사람이 어떻게 해서든 그대로 계속 속이고 싶다며 부산을 떨고 있는 것과 같은 것이다.

"그림자가 있는 곳만 봐 주십시오."라고 보여 주는 사람은 말한다. "지금부터는 특히 그림자의 본체 같은 건 찾지 말도록 해 주십시오. 왜냐하면 본체라는 건 원래부터 없었으며, 있는 것이라고는 거기에 비춰져 있는 그림자뿐이기 때문입니다."

이와 똑같은 일을 하고 있는 것이, 인생의 중요한 정의나 인간 의식 속의 행복에 대한 욕구는 완전히 무시한 채 인생을 연구하는 현대 과학자들의 잘못된 과학이다[††]. 그러나 우매한 일반 민중들은 그런 사실을 깨닫지 못한다. 그렇기 때문에 이 잘못된 과학은 행복에 대한 욕구와는 아무런 관계도 없는 인생의 정의를 출발점으로 삼아 생물의 목적을 관찰하고, 거기서 인간과는 아무런 연관도 없는 목적을 찾아내서는 그런 것을 억지로 인간에게 강요하고 있는

[††] 잘못된 인생의 정의에 대해 이야기한 책 뒤의 '부록 1'을 참조하기 바란다.(원주)
[†††] '부록 2' 참조.(원주)

것이다.

 이 외면적인 관찰이 인정하는 생물의 목적이란 자신의 보존·종의 보존·생식·생존경쟁 등과 같은 것으로, 그런 말도 안 되는 목적을 인간에게 억지로 강요하고 있는 것이다.

 인생의 주요한 특질인 모순을 인정하지 않는 낮은 인생관을 출발점으로 삼고 있는 잘못된 과학 — 이 거짓된 과학은 마지막 결론으로 우매한 일반 민중이 요구하는 대로 개인적인 생활의 행복을 가능한 것이라 인정하고 동물적 생존의 행복이 인간에게는 필요하다고 인정하게 된 것이다.

 뿐만 아니라 지금 이 거짓된 과학은 거기서 결론의 증거를 찾으려 했던 우매한 일반 민중들의 요구 이상으로 앞으로 나아가 있다. 그 결론에 의하면 인간 이성의 의식은 완전히 부정되고 있고 한 치도 인정받고 있지 못할 뿐만 아니라 인간의 생활은 동물의 생활과 조금도 다를 바 없이 개인과 종족 간의 생존경쟁에 지나지 않는다는 것이다[†††].

바리새인들과 학자들의 거짓된 가르침은 참된 생활의 의미도, 생활의 지침도 보여 주지는 못한다

●○●

인류의 교사들은 인생의 정의를 사람들에게 보이고 이 내면의 모순을 해결했지만, 바리새인들과 학자들은 그것을 사람들에게 숨기고 있다

"굳이 인생을 정의할 필요가 어디에도 없지 않은가? 인생이 어떤 것인가 하는 것 정도는 누구나 알고 있으니 그것만으로도 충분하다. 그보다는 살아가는 게 중요하지 않은가!" 잘못된 가르침을 근거로 삼고 있는 사람들은 자신이 과오를 범하고 있다는 사실은 알지도 못하고 이렇게 말한다. 인생이 무엇인지, 인생의 행복이 무엇인지 알지도 못하면서, 이런 사람들은 자신이 열심히 살아가고 있는 것이라고 생각한다. 갈 곳이라고는 전혀 정해 놓지도 않고 파도가 치는 대로 떠 있는 사람이, 틀림없이 목적지를 향해서 헤엄치고 있는 것이라고 혼자 결정하고 믿는 것과 같은 것이다.

한 아이가 가난한 자의 집안이든 부자의 집안이든 어느 한 곳에서 태어나 바리새인식이나 학자처럼 교육을 받았다고 생각해 보

자. 대체로 인생의 모순이라거나 인생 문제 등과 같은 것도 아이들이나 청년에게 있어서는 아직 그렇게 깊이는 느끼지 못하는 것이기 때문에 애초부터 바리새인들의 가르침이나 학자들의 가르침은 아무런 필요도 없는 것으로, 그 생활을 지도할 힘조차도 갖고 있지 못하다. 그러나 아이들은 주위에 있는 사람들을 본보기로 배우며 성장한다. 그런데 그 본보기라는 것이 바리새인이든 학자든 모두 똑같은 것으로, 한결같이 개인적인 생활의 행복만을 추구하기 위해 발버둥치고 그런 것밖에 가르치지 않는 본보기인 것이다.

만약 부모가 가난하다면 그 아이는 부모로부터 이런 사실을 배우게 될 것이다. '인생의 목적은 가능한 한 적게 일하고 조금이라도 많은 빵과 돈을 손에 넣어 동물적인 자아에게 가능한 한 많은 만족을 주는 것이다.' 그리고 그 아이가 만약 유복한 집에서 태어났다면 이렇게 깨닫게 될 것이다. '인생의 목적은 가능한 한 유쾌하고 즐겁게 시간을 보내기 위해 부와 명예를 획득하는 것이다.'

가난한 사람의 입장에서 보자면 자신이 익힌 모든 지식은 자기 자신의 행복을 더하는 데만 필요한 것이다. 부자의 입장에서 보자면 자신이 익힌 과학이나 예술과 같은 모든 지식도, 제아무리 과학이나 예술의 의의에 대해서 고상한 척 말한다 할지라도 단순한 심심풀이, 기분 좋은 소일거리로 필요한 것일 뿐이다. 따라서 어떤 경우라 할지라도 오래 살면 살수록 세상 사람들을 지배하고 있는 비속한 관념이 더욱 강하게 마음속에 뿌리 내릴 뿐이다. 두 사람 모두 각각 결혼하여 가정을 꾸리고 가족에 짓눌려 아등바등 피투성이가 되어 동물적인 생활의 행복을 예전보다 더욱 강하게 추구하는 동안, 타인과의 투쟁도 한층 더 치열해져 갈 뿐, 오로지 개인적인 행복만을 바라며 생활하는 습관(타성)도 어느 틈엔가 완전히 몸에 배어 떨어지지 않게 되어 버리고 마는 것이다.

만약 이 두 사람 중 가난한 사람이든 부자든 어느 한쪽이 이런 생활의 합리성에 문득 의문을 품었다 할지라도, 더 나아가 아들 세대에도 틀림없이 계속될 이와 같은 목적 없는 생존경쟁은 무엇 때문에 있는 것인가, 자신이나 아들 모두 결국에는 고통으로 끝나 버리고 말 허울 좋은 향락을 끊임없이 추구하는 것은 무슨 이유에서인가 하는 문제를 뼈저리게 느꼈다 할지라도, 실제로는 먼 옛날에, 수천 년도 더 전에 나타나서 그와 같은 의문을 해결한 인류의 위대한 교사들에 관한 일이나 그들이 남긴 인생의 정의 등을 그들이 알 수 있는 기회는 거의 주어지지 않을 것임에 틀림없다. 바리새인들이나 학자들의 가르침이 곳곳에서 판을 치고 있어 올바른 가르침의 빛을 가리고 있기 때문에 그런 기회를 만나기란 참으로 어렵다.

"이런 불행한 인생은 무엇 때문에 있는 것입니까?" 이렇게 물으면, 그 질문을 받은 사람이 바리새인인 경우에는 "인생이란 불행한 것이다. 언제나 그랬으며 앞으로도 그 사실에는 변함이 없을 것이다. 지금 살아 있는 현재에 인간의 행복은 없다. 행복이 있는 곳은 태어나기 전의 과거와 죽은 후의 미래다."라고 판에 박힌 듯이 대답한다. 바라문교 신자들도 그렇고, 불교 신자들도 그렇고, 도교 신자들도 그리고 유태교 신자들이나 기독교 신자들도 모두 언제나 이와 비슷한 말을 한다. 이런 사람들의 말에 의하면 현재의 생활은 악이다. 그 악의 원인은 과거에 — 이 세상과 인간의 출현에 있다. 현세의 악에 대한 보상은 미래에 — 사후의 세계에 있다. 이 세상에서가 아닌 내세에서의 행복을 손에 넣기 위해서 인간이 할 수 있는 일이란, 오로지 자신들이 말하는 가르침을 믿고 자신들이 명하는 의식을 실행하는 것뿐이라고 말한다.

그러나 세상 사람들이 모두 개인적인 행복을 추구하며 살아가고 있을 뿐만 아니라, 그렇게 말한 바리새인들 자신도 그와 조금도 다를 바 없는 생활을 하고 있는 것을 보고 그 설명의 진실성에 의심을 품은 사람은 더 이상은 바리새인을 믿지 못하고 그 답의 의미도 깊이 생각해 보려 하지도 않은 채 이번에는 학자들에게 의문을 던져 보려 한다.

"우리가 동물에게서 볼 수 있는 것과 같은 생활 외에, 저승이나 내세 등과 같은 것의 존재를 말하는 가르침은 모두 무지의 소산이라고밖에 달리 표현할 길이 없다." 학자들은 학자들대로 또 이렇게 말한다. "생활의 합리성에 의심을 품은 당신의 생각이라는 것도 확실히 말하자면 하찮은 공상에 불과한 것이다. 우주에도, 지구에도, 인간에게도, 동물·식물에게도 그 생활에는 각각의 법칙이라는 것이 있다. 우리가 연구하고 있는 것은 그 법칙이다. 우리는 우주와 인간과 동식물과 모든 물질의 기원을 연구하고 있다. 앞으로 우주에 어떤 일이 일어날지 태양은 어떻게 식어 갈지에 대해서도 연구하고 있으며, 옛날부터 지금에 이르는 인간과 모든 동물의 변천, 그리고 그 미래의 운명에 대해서도 연구하고 있다. 실제로 우리는 이 우주의 만물이 과거에 우리가 말한 것 그대로였음을 주장할 수 있을 뿐만 아니라 미래에 있어서도 우리가 말한 대로 될 것이라고 자신 있게 단언할 수 있다. 뿐만 아니라 우리의 연구는 인간 생활의 행복에도 크게 기여하고 있다. 하지만 당신의 생활에 관한 것이나 행복을 바라는 당신의 마음에 대해서 대답할 수 있는 것은 아무것도 없다. 어쨌든 당신도 잘 알고 있겠지만, 살아 있는 이상 멋지게 살아가야 한다."

이처럼 인생에 의문을 품었던 사람은 바리새인으로부터도 학자들로부터도 만족할 만한 해답을 전혀 듣지 못했기 때문에 원래대로 아무런 생활의 지침도 없이 그때그때의 충동에 따라서 살아가게 되는 것이다.

이런 사람들 중 어떤 이들은 파스칼의 옛 지식에서 배워 '바리새파 사람들은 그들이 명하는 바를 행하지 않으면 대가를 치르게 된다고 겁을 주고 있는데 그게 정말 사실일까?'라고 생각하고, 틈을 봐서 그러한 바리새인들의 명령을 철저하게 실행해 본다(특별히 손해 볼 것은 없으며, 어쩌면 뜻밖의 이익을 얻게 될지도 모른다). 또 어떤 자는 학자들의 의견에 동의하여 현세 이외의 생활이나 종교적인 의식과 같은 것은 애초부터 부정해 버리고 '나만 이런 게 아니다. 예나 지금이나 모든 사람들이 이런 식으로 살아왔다. 이러나저러나 어차피 마찬가지다.'라고 생각한다. 이 두 가지 잘못된 길은 이쪽이나 저쪽이나 그다지 감탄할 만한 것이 되지 못한다. 양쪽 모두 현재 살아가고 있는 생활의 의미에 대해서는 조금도 설명을 해 주지 못한다.

하지만 그렇다 할지라도 살아가야만 한다.

그런데 살아가려 하면, 인간의 생활은 아침에 일어나서부터 밤에 잠자리에 들 때까지 여러 가지 수많은 행동들로 가득 차 있기 때문에 사람들은 매일매일 자신이 할 일을, 그 외에도 하려고만 들면 못할 것도 없는 참으로 많은 행동들 중에서 끊임없이 선택해 나아가야만 한다. 그런 행동의 지침에 관해서 말하자면, 천상의 생활의 신비를 말하는 바리새인의 가르침도, 우주와 인간의 기원을 연구하고 그 미래의 운명까지도 밝혀내는 학자들의 가르침도 전혀 도움이 되지 않는다. 하지만 사람은 자신의 행동을 선택하는 데 어떤 지침이 될 만한 것을 갖고 있지 않으면 살아갈 수 없는 법이다.

따라서 하는 수 없이 인간 사회에 언제나 존재해 왔던 표면적인 생활의 지침에 따르게 되기 때문에 이성적인 판단에서 더욱 멀어지게 되는 것이다.

  이러한 지침은 합리적인 설명이 완전히 결여되어 있는 것이지만 이 세상 모든 사람들의 행동 대부분을 지배하고 있다. 다시 말해서 이 지침이라는 것은 인간 사회에서의 단순한 생활의 습관이기 때문에 그 지배가 강하면 강할수록 사람들은 자기 생활의 의미를 더욱 이해할 수 없게 된다. 따라서 이 지침은 바로 이렇다고 확실하게 설명할 수 있게 정해진 것이 아니라 때와 장소에 따라서 다양한 모습으로 나타나는 것이다. 중국인들이 조상의 위패에 바치는 초, 마호메트교 신자들의 성지순례, 인도인들이 되풀이 하는 기도, 군인들이 명예로 생각하는 군복 — 충성을 바치는 군기, 사교계 인사들의 결투, 코카서스 사람들의 복수, 그리고 정해진 날이면 반드시 먹어야만 하는 식사, 아이들에게 가르치는 어떤 종류의 교육, 그리고 방문이나, 집 안의 너무나도 뻔한 장식이나, 장례·출산·결혼의 상투적인 축하 행사나 제사, 인간의 생활을 가득 메우고 있는 헤아릴 수도 없는 사건이나 행동은 모두 그러한 지침의 발로에 지나지 않는다. 보통 예의나 관례라고 불리는 것들, 아니 흔히들 의무나 신성한 책무라고 일컫고 있는 것조차도 전부 거기서 벗어나지 않는 것들이다.

그리고 대부분의 세상 사람들은 학자나 바리새인들의 가르침 외에 실제로 이와 같은 지침에 따라서 생활을 하고 있다. 한 사람이 어렸을 때부터 자기 주위에서 보는 것이라고는 어디를 가나 잘난 척하는 얼굴로 아무런 의심도 품지 않고 이런 일을 하며 살아가는 사람들뿐이기 때문에 인생의 이성적인 해석 같은 건 생각지도 못한 채 자신도 보고 배운 것과 똑같은 일을 시작할 뿐만 아니라, 그런 여러 가지 일에 합리적인 의미를 억지로 부여하려 혈안이 되기도 하는 것이다. 이 사람 입장에서 보자면, 그와 같은 일을 하며 살아가고 있는 사람들이 어째서 그렇게 하는 것인지 적어도 그 사람들 자신에게는 설명할 수 있을 것이라고 믿지 않으면 견딜 수 없는 기분이 된다. 따라서 그와 같은 일은 어쨌든 합리적인 의미를 갖고 있는 것이니 설사 자신은 그 의미를 잘 해석하지 못한다 할지라도 다른 사람들은 잘 알고 있을 것이라고 믿으려 한다. 그러나 다른 사람들도 역시 대부분은 인생의 합리적인 해석은 불가능하며 이 사람과 똑같은 상태에 빠져 있는 것이다. 이런 사람들이 그런 식으로 살아가고 있는 것도 주위 사람들이 모두 그렇게 하고 있기 때문으로, 똑같이 하지 않으면 안 될 것 같은 생각이 들기 때문이다. 이처럼 사람들은 마음에도 없이 서로를 비웃으면서 합리적인 의미라고는 조금도 찾아볼 수 없는 이런 생활에 완전히 익숙해졌을 뿐만 아니라, 그와 같은 일에 자신도 알지 못하는, 신비하게 보이는 의미를 덧붙이는 데도 점점 익숙해져 가는 것이다. 자신들이 하고 있는 일에 어떤 의미가 있는 것인지 납득할 수 없으면 없을수록, 의심스러우면 의심스러울수록 그러한 일을 더욱 중요시하여 거드름을 피우며 실행한다. 가난한 사람이나 부자나 주위 사람들이 하는 일을 역시 그대로 실행하면서, 정말로 중요한 일이 아니라면 저렇게 많은 사람들이 옛날부터 실행하고 타인에게도 권할 리가 없다고 생각하여 완전히 안심하고 그것을 자신의 의무라거나 신성한 책무라고 부르고 있는 형편이다. 그리고 사람들은 설령 자신이 무엇 때문에 그런 식으로 살아가고 있는 것인지 모른다 할지라도, 다른 사람들은 분명히 알고 있을 것이라고 억지로라도 믿으려 하며 나이를 많이 먹어 죽을 때까지 살아가고 있는 것이다. 하지만 그런 다른 사람들도 역시 사실은 그런 것 따위 제대로 알지 못하기 때문에 똑같은 것을 똑같이 생각하며 생활하고 있는 것일 뿐이다.

새로운 세대가 이 세상에 태어나 성장하면서 가장 먼저 보는 것이 보통 인생이라 불리는, 이와 같은 생활의 혼잡함이다. 게다가 존경을 한 몸에 받고 있으며, 흠잡을 데 없는 백발노인의 모습까지 거기서 볼 수 있기 때문에 이처럼 아무런 의미도 없는 단순한 혼잡이 바로 인생이며 다른 생활 방법은 없는 것이라고 굳게 믿고 인생의 문턱에서 서로 밀고 당기고 하다 이 세상을 떠나 버리고 마는 것이다. 마치 집회라는 것을 본 적이 없는 사람이, 입구에서 밀고 당기며 떠들어대고 있는 사람들을 본 것만으로 그것이 집회라고 지레짐작하고, 문턱에서 잠깐 밀고 당기고 했을 뿐이면서 집회에 참석한 것이라 굳게 믿고 사람들에게 찔린 옆구리를 부여잡고 집으로 돌아가는 것과 같은 것이다.

사람은 산에 터널을 뚫기도 하고 세계를 날아 돌아다니기도 한다. 전기, 현미경, 전화, 전쟁, 회의, 박애, 당파 싸움, 대학, 학회, 박물관…… 여러 가지 것들을 사용하여 여러 가지 활동을 한다. 하지만 과연 이런 것들을 인생이라고 할 수 있을까?

무역이나 전쟁, 교통, 과학, 예술 등과 같은 것에 수반되는 인간의 격렬하고 복잡한 활동은 대부분 인생의 문턱에서 법석을 떨고 있는 어리석은 군중의 혼잡에 지나지 않는다.

현대인의 의식 분열

'진실로 진실로 너희에게 이르노니 죽은 자들이 하나님의 아들의 음성을 들을 때가 오나니 곧 이때라, 듣는 자는 살아나리라.' (요한복음 5장 25절)

그때는 정말로 올 것이다. 실제로 죽은 뒤에야 비로소 생활은 행복해지며 이성에 부합하는 것이 된다거나, 개인적인 생활만이 행복이자 이성에 부합하는 것이라고 제아무리 믿어 보려 해도, 제아무리 설명되어진다 해도 사람은 그런 것을 믿고 싶은 마음이 생기지 않는다. 사람은 그 마음속 깊은 곳에 자신의 생활을 행복한 것으로 만들고 싶다, 합리적인 의미를 가진 것으로 만들고 싶다는 억제할 수 없는 욕구를 가지고 있지만 실제로는 그러한 사후의 생활이라거나 불가능한 개인의 생활 등과 같은 것을 제외하면 앞길에 목적다운 목적이 아무것도 없기 때문에 생활이 불행하고 무의미한 것이다.

내세를 위해서 사는 것이 좋은 것일까? 사람은 이렇게 생각한다. 그러나 자신에게 있어서 인생의 유일한 본보기라고 해야 할 이런 생활 — 자신의 지금의 생활이 아무리 봐도 무의미하다고밖에 생각되지 않으면 사람은 그 외에 합리적인 생활이 있다고는 도저히 믿지 못할 뿐만 아니라 오히려 더 나아가서 인생이란 본질적으로 무의미한 것으로, 무의미한 인생 이외에는 어떤 생활도 생각할 수 없다고 단언하지 않고는 견디지 못하게 되는 것이다.

자신을 위해서 사는 것이 좋은 것일까? 그러나 생각해 볼 필요도 없이 자신의 개인적인 생활은 불행하고 무의미한 것이다. 그렇다면 가족들을 위해서 사는 것이 좋은 것일까, 친구들을 위해서일까? 아니면 조국, 인류를 위해서일까? 그러나 자신의 개인 생활이 불행하고 무의미한 것이라면 다른 모든 사람들의 개인 생활 또한 무의미한 것이니, 그러한 무의미하고 불합리한 개인 생활을 아무리 무수하게 끌어 모은다 할지라도 통합된 하나의 행복하고 합리적인 생활이 될 리가 없다. 그렇다면 자기 스스로 아무것도 모른 채, 타인들이 하고 있는 것을 그대로 흉내 내어 살아가면 되는 것일까? 그러나 알고 있는 바와 같이, 다른 사람들도 역시 마찬가지로 자신이 지금 하고 있는 것을 대체 무엇을 위해서 하고 있는 것인지 스스로도 전혀 모르고 있는 형편이다.

그러나 이성적인 의식이 잘못된 가르침을 뛰어넘어 성장하여, 사람이 인생의 한가운데 서서 설명을 요구할 그때가 벌써 코앞에 닥쳐 왔다(부록2 참조, 원주).

생활 방식이 자신과 다른 사람과는 사귀려고도 하지 않는 괴팍한 사람이나, 먹고 살기 위해 자연을 상대로 하는 고된 일에 끊임없이 쫓기면서도 간신히 연명해 가는 사람이 아닌 이상은, 앞서 말한 의무라거나 책무라 불리고 있기는 하지만 참으로 쓸데없고 무의미한 일을 실행하며 그것이 자신의 참된 의무라고 진심으로는 생각지 않을 것이다.

내세의 행복을 위해서 현세의 생활을 부정(말뿐이지만)하라고 말하고, 자기 혼자만의 동물적인 생존을 인생이라고 보고, 앞서 말한 소위 의무라는 것을 인생의 일이라고 거침없이 말하는 거짓 — 이러한 기만을 대부분의 사람들이 한눈에 꿰뚫어 볼 수 있게 될 뿐만 아니라, 개인적인 생존의 무의미함과 불행함도 깨닫지 못하고 멍하니 살아갈 수 있는 것은 단지 너무나도 극심한 가난에 시달리는 사람들이나 너무나도 방탕한 생활을 해서 얼간이가 되어 버린 사람들뿐인 그런 날이 가까이 다가왔을 뿐만 아니라 이미 와 있다.

사람들은 이성적인 의식에 점점 더 눈을 떠서 자신을 매장한 어두운 무지의 무덤 속에서 차례차례로 되살아나고 있는 것이다. 그리고 인간 생활의 근본 모순은, 그것을 보지 않으려고 멈춰 선 사람들의 발밑에서 굉장히 강하고 분명하게 모두의 눈앞으로 그 모습을 드러내기 시작한 것이다.

'자신의 생활은 결국 자신이 행복해지고 싶다는 소망 이외에 아무것도 아니다.' 깨달은 사람은 생각한다. '그러나 이성의 속삭임에 잠시라도 귀를 기울이면 이런 자기 혼자만의 행복이라는 생각은 완전히 망상에 지나지 않으며, 자신이 무엇을 하든 무엇을 손에 넣든 결국에는 반드시 고통이나 죽음, 파멸에 이르게 되어 있다는 사실을 알 수 있다. 행복해지고 싶다, 생명을 맛보고 싶다, 이성에 합당한 삶을 살고 싶다고 스스로는 생각하고 있지만, 그런 자신을 봐도 또한 자기 주위를 둘러봐도 존재하는 것이라고는 불행과 무의미뿐이다. 어떻게 하면 되는 것일까? 어떻게 살아가면 되는 것일까? 무엇을 하면 되는 것일까?' — 그러나 답은 없다.

사람은 자기 주위를 둘러보며 답을 구하지만 구하지 못한다. 자신과 아무런 관계도 없는 의문에 대해서는 답을 해 주는 가르침이 여러 가지로 있지만, 정작 중요한 자신이 품고 있는 의문에 대해서는 어디를 둘러봐도 아무런 답도 없는 형편, 눈에 띄는 것이라고는 그저 타인이 왜 그렇게 해야 하는지도 모르고 하는 것을, 자신도 역시 이유를 알지 못한 채 하고 있는 이 세상 사람들의 덧없는 생활상뿐이다.

누구를 봐도 모두가, 자신이 지금 처해 있는 상태의 비참함도 자신이 하고 있는 일의 무의미함도 전혀 느끼지 못하고 있다는 듯한 얼굴로 살아가고 있다. '저 사람들이나 나, 둘 중에 하나는 틀림없이 이성을 잃어버린 것이다.'라고 깨달은 사람은 생각한다. '그런데 사람들이 전부 이성을 잃었다고는 도저히 생각할 수 없으니 이상한 것은 역시 나일 것이다. 그러나 절대로 그럴 리가 없다. 이런 생각을 할수록 이성적인 나 자신이 이상해진다는 건 있을 수 없는 일이다. 설사 세상 사람들 모두가 이단이라고 생각한다 할지라도, 홀로 된다 할지라도 나 자신을 믿지 않을 수 없다.'

이렇게 해서 사람은 그 영혼을 찢어 놓을 것 같은 무시무시한 의문에 휩싸인 채 자신의 고독을 뼈저리게 느끼게 되는 것이다. 그러나 그래도 살아가야만 한다.

'살아야 한다.'라고 자신 속에서, 하나의 목소리 — 본능의 강한 지시가 들려온다.

'살아갈 수 없다.'라고 역시 자신의 마음속에서 또 다른 목소리 — 이성의 목소리가 들려온다.

사람은 자신이 두 개로 분열되는 것을 느낀다. 그리고 그 분열이 사람의 마음을 괴롭힌다.

이와 같은 분열과 고통의 원인은 이성에 있다고 사람들은 생각하지 않을 수 없게 된다.

이성, 인간 최고의 능력이자 살아가는 데 없어서는 안 될 이성, 생존 방법과 향락의 방법을 자연의 폭력에 그대로 노출시키고 있는 알몸뚱이의 의지할 곳 없는 인간에게 가르치는 이성 — 그 이성이 인간의 생활을 더할 나위 없이 괴롭고 불쾌한 것으로 만들어 버리는 것이다.

생물의 세계에서 각각 타고난 능력이라는 것은 어떤 생물의 경우라 할지라도 생존에 반드시 필요한 것일 뿐만 아니라 실제로 그 행복을 위해서 도움이 되는 것이다. 식물이든, 곤충이든, 동물이든 각자의 법칙에 따라서 평온하고 즐겁고 행복한 생활을 보내고 있다. 그런데 인간은, 자연으로부터 받은 이와 같은 최고의 능력도 결국에는 인간을 고통스럽기 짝이 없는 상태로 몰고 갈 뿐이기 때문에, 최근에는 이처럼 이성이 인식한 내면의 모순에서 오는 불안 — 현대에 와서 한층 더 아슬아슬한 곳에까지 이르러 심각함을 더해 가고 있는 그 불안에서 어떻게 해서든 벗어나려고, 복잡하게 얽혀 버린 자기 인생의 문제를 단번에 해결하는 길 — 자살을 택하는 자들이 하루가 다르게 늘어 가고 있는 형편이다.

의식의 분열은 인간 생활과
동물 생활을 혼동하는 데서 일어난다

사람은 마음속에서 눈뜬 이성적인 의식이 자신의 생활을 갈가리 찢어 놓아 생활의 흐름을 막아 버린 것이라고 생각하지만, 그런 식으로 생각하게 되는 것은 단지 사람이 인생도 그 무엇도 아닌 것을 자신의 생활이라 생각하고 있기 때문이다.

인생이란 태어나자마자 바로 시작되는 개인적인 생활에 다름 아니라고 말하는 현대의 잘못된 가르침을 받으며 자란 사람들 입장에서 보자면 자신이 갓난아기나 어린아이였을 때도 생활을 한 것이라고 생각하게 되기 때문에, 곧 청년이 되고 어른이 될 때까지 끊임없이 계속해서 자신이 생활해 온 것처럼 생각하게 된다. 따라서 이런 사람들은 '생활의 흐름이 어디선가 갑자기 흐트러져 멈춰버려 아무리 생각해 봐도 예전처럼은 살아갈 수 없게 되었다, 이렇게 되기 전까지는 평범하게 일상을 끊김 없이 잘 살아 왔었다, 아주 오랫동안 그렇게 잘 생활해 왔는데.' 라고 생각하게 된다.

그리고 잘못된 가르침이, 인생이란 사람이 태어나서 죽을 때까지를 말하는 것이라는 관념을 사람들 마음속에 깊이 심어 놓았기 때문에, 그러한 머리로 동물적인 생활을 보는 동안 사람들은 눈에 보이는 생활의 관념과 자신의 의식을 혼동하여 자신의 눈에 보이는 이 생활이 다름 아닌 자신의 인생이라고 완전히 믿어 버리게 되는 것이다.

그러나 인간 속에서 눈뜬 이성적인 의식은 동물적인 생활을 위한, 채워지지 않는 여러 가지 요구를 제시하여, 그와 같은 인생관의 과오를 가르쳐 주려 하지만, 뼛속까지 스며들어 사람들 마음속에 남아 있는 잘못된 가르침이 그 과오를 인정하지 못하도록 한다. 그렇기 때문에 사람은 동물적인 생존을 인생이라고 보는 견해를 버리지 못하고 오히려 자기 생활의 흐름이 이성의 눈뜸으로 인해서 멈춘 것이라고 생각하게 되는 것이다. 그러나 이처럼 사람이 자신의 생활이라고 부르는 것, 지금 그 흐름이 멈춰 버렸다고 생각하고 있는 것은, 실제로는 지금까지 단 한 번도 존재한 적이 없었던 것이다. 사람이 자신의 생활이라고 부르는 것, 즉 태어날 때부터 자신의 생존은 결코 자신의 생활이라 부를 수 있는 것이 아니었다. 태어난 순간부터 지금에 이르기까지 계속해서 자신이 생활해 왔다고 사람들이 착각하는 것은, 마치 꿈을 꿀 때의 착각과 비슷한 의식의 방황에 지나지 않는 것이다. 즉, 눈을 뜨기 전까지는 아무런 꿈도 없었기 때문에 그와 같은 꿈은 전부 눈을 뜬 순간에 만들어진 것이다. 이성적인 의식이 눈뜨기 전까지는 아무런 생활도 없었기 때문에 과거의 생활에 대한 관념은 이성적인 의식이 눈을 뜬 순간에 만들어진 것이다.

사람은 어렸을 때에는 동물과 그다지 다를 바 없는 생활을 보내기 때문에 인생에 대해서는 무엇 하나 알지 못한다. 만약 사람이 10개월밖에 살지 못한다면 자신의 생활에 대해서도 타인의 생활에 대해서도 전혀 알지 못할 것이다. 마치 어머니의 태 속에서 죽어 버린 것과 거의 차이가 없을 정도로 인생에 대해서는 거의 아무것도 모른 채 끝나 버렸을 것임에 틀림없다. 아니 어린아이뿐만 아니라 이성이 발달하지 못한 어른이나 완전한 백치도 역시 자신이 살아 있는 것, 남들이 살아 있는 것에 대한 의미를 알 수가 없다. 따라서 이런 사람들은 인간으로서 생활하고 있는 것이라고 볼 수가 없다.

이성적인 의식이 없는 곳에는 인간으로서의 생활도 없는 것이다. 이성적인 의식 — 과거, 현재의 자신의 생활과 타인의 생활을 동시에 사람에게 보여주고 그러한 생활에서 당연히 발생하는 모든 것, 고통이나 죽음과 같은 것도 분명하게 보여주는 이 의식, 즉 인간 속에서 개인적인 생활의 행복을 부정하는 마음과 생활의 흐름을 끊어 놓는 것처럼 보일 정도의 모순을 불러일으키는 이와 같은 의식이 출현해야만 비로소 인간으로서의 생활이 시작되는 것이다.

사람은 자기 외부에 있는 눈에 보이는 것을 정의할 때처럼, 자칫 자신의 생활까지도 시간에 의해서 정의하려 들기 쉬운 법이다. 그런데 육체 탄생의 순간과 일치하지 않는 순간이 자신 속에서 갑자기 의식되기 때문에 시간에 의해 정의되지 않는 생활이 이렇게 분명하게 있음에도 불구하고 사실은 그것을 아무래도 믿지 못하게 되는 것이다. 그리고 사람이 제아무리 시간의 흐름 속에서 자신의 이성적인 생활이 시작된 것이라고 여겨지는 한 점을 찾으려 한다

† 인간의 생활 내지 생활 일반의 발생과 발달을 시간의 관념으로 설명하려 하는 논의만큼 흔히 들을 수 있는 논의도 없을 것이다. 이런 논의를 하는 사람들은 자신이 현실의 대지에 단단히 발을 붙이고 있는 것이라고 생각하지만 실상, 생활의 발달을 시간의 관념으로 설명하려는 이와 같은 논의만큼 공상적인 것도 없다. 이와 같은 논의는 비유를 들자면 마치 선의 길이를 재려는 사람이 자신이 서 있는 움직이지 않는 확실한 한 점에서부터 자를 대고 나아가려고는 하지 않고 자신에게서 떨어져 있는 분명하지 않은 애매한 한 점을 무한대로 뻗어 있는 선의 어딘가에 적당히 설정해 두고 거기서부터 자신이 있는 곳까지의 공간을 재려 하는 것과 같은 것이다. 인간 생활의 발생이나 발달을 논할 때, 지금 말한 것과 같은 사람들은 이와 같은 일을 하고 있는 것이 아닐까? 실제로 인간 생활의 ― 과거에서부터의 ― 발달을 상징하는 무한한 선의 어딘가에 최초의 한 점을 ― 한낱 문득 떠오른 생각에 지나지 않는 이와 같은 한 점을 두면 되는 것일까? 어느 한 점에서부터 이와 같은 인간 생활의 공상적인 발달사를 설명하기 시작하면 되는 것일까? 아이의 수태 내지 출산으로 보면 되는 것일까? 부모님의 그것이라 보면 되는 것일까, 혹은 더욱 거슬러 올라가 원생동물인가, 원형질인가, 혹은 태양에서 처음으로 갈라져나온 그 조각으로 보면 되는 것일까? 이런 점을 생각해본다면 이와 같은 모든 논의는 더할 나위 없이 임의적인 공상론 ― 아무런 잣대도 갖고 있지 않은 거친 이론이라고 할 수밖에 없을 것이다.(원주)

해도 그것은 결코 찾아내지 못할 것이다†.

  사람은 추억 속에서 이 한 점, 이처럼 이성의 의식이 시작된 점을 결코 찾아내지 못할 것이 뻔하다. 그렇기 때문에 사람들은, 이성적인 의식은 언제나 자신 속에 있었던 것이라고 상상한다. 가령 사람이 이와 같은 의식의 시작과 비슷한 어떤 것을 발견했다 할지라도 그것은 결코 육체의 탄생이라는 점에서는 찾지 못할 것이며, 육체의 탄생과는 아무런 관계도 없는 곳에서 발견하게 될 것이다. 자신의 이성적인 의식의 발생이 그 육체의 탄생과는 전혀 다른 것으로 자각되는 것이다. 즉, 자신의 이성적인 의식의 발생에 대해서 생각할 때 사람은, 이성적인 존재인 자신은 몇 년 몇 월 며칠에 태어난 부모님의 아들이자 조부모님의 손자라는 식으로는 생각지 않으며, 언제나 자신을 그런 누군가의 아들로서가 아니라 시간도 장소도 떨어져 있고 아무런 관계도 없는 인간 — 때에 따라서는 수천 년도 더 전에 이 세계의 전혀 다른 곳에서 살고 있었을지도 모르는 이성적인 인간의 의식과 하나로 녹아드는 것과 같은 존재로 자각하게 되는 것이다. 사람은 이처럼 이성적인 의식 속에서 자신의 출신 따위는 문제 삼지 않고 다른 이성적인 의식과 시간, 공간을 초월하여 하나로 녹아드는 것을 자각하게 된다. 이렇게 해서 타인은 내 속으로 들어오고, 나는 타인 속으로 들어가는 것이다. 인간 속에서 눈 뜬 이와 같은 이성적인 의식이 보통 인생이라 여겨지고 있는, 참으로 그럴 듯하게 보이는 생활의 흐름을 멈추게 하는 작용을 하기 때문에, 헷갈리기 쉬운 사람들은 이 의식이 눈뜬 순간부터 생활의 움직임을 취할 수 없게 되어 앞으로도 뒤로도 움직일 수 없게 된 것이라고 생각하게 되는 것이다.

분열과 모순은 없다. 그와 같은 것은
잘못된 가르침에 사로잡혀 있을 때만
나타나는 것에 지나지 않는다

현재 사람들을 교육하고 있으며 그것의 기반이 되고 있는 가르침 ― 즉, 인간의 생활은 태어날 때부터 죽을 때까지의 동물적인 생존에 지나지 않는다고 말하는 잘못된 가르침이 바로 이성적인 의식에 눈을 뜨자마자 사람들이 느끼는 그 괴로운 분열을 일으키는 것이다.

그와 같은 상태 속에서 방황하고 있는 사람에게는 인생이 자신 속에서 두 개로 분열된 것처럼 느껴지는 법이다.

사람은 자신의 인생이 하나라는 사실을 알고 있기는 하지만, 두 개인 것 같다는 느낌이 들어 견딜 수가 없게 된다. 손가락 두 개를 묶어 그 사이에서 조그만 구슬을 굴리면 구슬이 하나라는 사실을 알면서도 두 개인 것처럼 느껴지는 법인데, 마치 그와 같은 일이 잘못된 인생관을 품고 있는 사람들에게서도 일어나는 것이다.

이와 같은 사람의 이성은 잘못된 방향으로 향하고 있는 것이다. 인생도 아무것도 아닌 자기 혼자만의 육체적인 생존을 인생으로 인정하라고 배운다.

단순한 공상에 지나지 않는 이와 같은 잘못된 인생관으로 인생을 보기 때문에 사람은, 자신이 공상했던 것과 실제로 있는 것, 이 두 가지의 인생을 거기서 보게 된다.

이와 같은 사람에게 이성의 의식에 의해서 개인적인 생존의 행복을 부정하는 것이나, 타인의 행복을 열심히 바라는 것은 왠지 병적이고 부자연스러운 것처럼 보인다.

그러나 이성적인 존재인 인간에게 있어서 개인의 행복이나 생활을 부정하는 것은 개인적인 생활 그 자체의 본질에서 보더라도, 그것과는 반대가 되는 이성적인 의식의 본질에서 보더라도 참으로 당연한 귀결, 결과에 지나지 않는 것이다. 이성적인 인간의 입장에서 보자면 개인의 행복이나 생활을 부정하는 것은 그 생명의 자연스러운 본질로, 마치 새가 날개로 나는 것이 발로 뒤뚱뒤뚱 달리는 것보다 자연스러운 것과 같은 이치다. 가령 이제 막 날개가 돋기 시작한 어린 새가 뒤뚱뒤뚱 달린다 할지라도 그것은 특별히 나는 것이 그 새의 본성이 아니라는 것을 증명하는 것은 아니다. 그리고 가령 우리가 주위에서 인생의 목적은 개인의 행복에 있다며 아직 눈뜨지 못한 의식으로 생각하는 사람들을 본다 할지라도 그것은 특별히 이성의 의식에 의해서 살아가는 것이 인간의 본성이 아니라는 것을 증명하는 것은 아니다. 사람이 자신의 본성을 살리는 참된 생명에 눈뜰 뿐인, 단지 그와 같은 일이 오늘날의 세상에서 이처럼 지독하게 병적인 긴장을 불러일으키는 것도 사실은 생명의 환영이 생명 그 자체이며, 참된 생활의 출현에 의해서 생명이 파괴되는 것이라고 사람들을 구슬리는 데 여념이 없는, 잘못돼도 한참 잘못된 가르침이 지금 세상에서 행해지고 있기 때문이다.

이런 세계에서 참된 생활로 들어가려 하는 사람들에게서는, 여자의 본성이 아직 숨겨져 있는 처녀에게서 일어나는 것과 같은 일이 일어난다. 성의 성숙을 나타내는 표시를 느끼게 되면 그러한 처녀들은 그 상태가 미래의 가정 생활 — 어머니로서의 의무와 기쁨을 약속하는 미래의 생활에 대한 전조임을 알지 못하고 오로지 병적이고 부자연스러운 상태라고 착각하여 곧잘 절망에 빠져 버리곤 하는 법이다.

현대인들도 참된 인간 생활에 눈뜬 첫 번째 징표를 느낄 때 이와 같은 경험을 하게 된다.

이성적인 의식이 눈을 떴음에도 불구하고 여전히 개인의 생활로밖에는 자신의 생활을 이해하지 못하고 있는 사람 — 이와 같은 사람이 놓여 있는 상태는 틀림없이 매우 괴로운 것일 터이다. 비유컨대 물질의 운동이야말로 자신의 생활에 다름 아니라며 자기 본래의 생활 법칙은 완전히 방기放棄한 채 뒤돌아보지도 않고, 아무런 노력을 하지 않아도 저절로 일어나는 물질의 법칙을 따르는 것에서만 자기 생활의 의미를 보려 하는 동물 ― 그런 동물이 놓인 상태에 가까운 것이라고 할 수 있을 것이다. 이러한 동물이라 할지라도 괴로운 내면의 모순과 분열은 틀림없이 경험했을 것이다. 오로지 물질의 법칙만을 따르는 것이라면 누워서 숨을 쉬는 것 외에는 생활의 방법이 달리 없을 테지만, 본능은 그와는 전혀 다른 일 ― 자신의 몸을 유지하고 종족이 끊이지 않게 해야 한다고 요구한다. 그렇게 되면 이 동물도 틀림없이 자신이 분열과 모순을 느끼고 있는 것 같다는 느낌을 받게 될 것이다. '생활의 목적'에 대해서 생각하지 않을 수 없게 된다. '중력의 법칙에 따르려면 어떻게 하면 되는 걸까. 그저 움직이지 않고 가만히 누워, 육체에서 일어나는 화학작용에 따르기만 하면 된다. 실제로 나는 그렇게 하고 있지만 아무래도 그것만이 전부는 아닌 듯하다. 역시 움직이지 않으면 안 되는 모양이다. 먹지 않으면 안 되는 모양이다. 그리고 암컷도 찾아보지 않으면 안 되는 모양이다.'

이 동물은 이러한 상태 때문에 한없이 고민하며 거기서 괴로운 모순과 분열을 느끼게 될 것이다. 이와 같은 일이 인생의 낮은 법칙 — 동물적인 본능을 자기 생활의 법칙이라 인정하도록 교육받아 온 사람들에게서도 일어나는 것이다. 인생 최고의 법칙 — 이성의 의식의 법칙은 다른 것을 요구하고 있지만, 주위 모든 사람들의 생활이나 잘못된 가르침이 그 의식을 흐려 놓으려 하기 때문에 사람은 모순과 분열을 느끼지 않을 수 없는 것이다.

그러나 그것은 아무짝에도 쓸모없는 괴로움이다. 마치 앞서 예로 든 동물이 그 괴로움에서 해방되기 위해서는, 물질의 낮은 법칙이 아니라 본능이라는 참된 생활 법칙을 자신의 법칙으로 인정하고 그것을 기준으로 삼아 물질의 법칙도 잘 이용하여 생활의 목적을 만족시키면 되는 것과 마찬가지로, 인간도 역시 자신의 생활을 본능이라는 낮은 법칙 속에서가 아니라 그 법칙까지도 포함한 최고의 법칙 — 이성의 의식에 의해서 게시된 법칙 속에서 발견하기만 하면 모순은 곧 사라져 버리고, 본능도 뜻한 바대로 이성의 의식에 따를 뿐만 아니라 그것에 봉사도 하게 될 것이다.

인간 속에 숨겨져 있는
참된 생명의 탄생

인간이라는 존재 속에서 참된 생명이 나타나는 과정을 관찰하고 조사해 보면 쉽게 알 수 있는 일이지만, 참된 생명이라는 것은, 곡식 알갱이 안에 생명이 숨겨져 있는 것처럼 인간 속에 언제나 숨겨져 있으며 때가 오면 그 모습을 드러내는 법이다. 사람이 동물적인 본능에 짓눌려 있으면서도 이성의 목소리에 귀를 기울여, 그런 자기 혼자만의 행복은 애초부터 불가능한 것이며, 그 외에 다른 행복이 있다고 알게 되었을 때 참된 생명은 이미 그 모습을 드러낸 것이다. 그런데 사람은 그 다른 행복 — 멀리 있어서 흐릿하게 보이는 행복을 가만히 응시하지만 그것을 알아볼 만한 힘이 없기 때문에 처음에는 그런 행복을 믿지 않고 예전의 개인적인 행복으로 돌아가 버린다. 그러나 다른 행복에 대해서는 이렇게 애매한 방법으로밖에 가르쳐 주지 않던 이성적인 의식도 개인적인 행복이 불가능하다는 사실을 말할 때는 애매한 부분이라고는 조금도 찾아볼 수 없으며, 확신에 넘친 모습을 보이기 때문에 사람들은 다시 개인적인 행복을 부정하고 이 새로운 또 다른 행복으로 눈을 돌리게 된다. 이성에 합당한 행복은 아직 보이지 않지만, 개인적인 행복을 이처럼 분명하게 버렸으니 더 이상 개인적인 생존을 계속해 나갈 수는 없는 법이다. 이렇게 해서 사람의 마음속에서는 이성적인 의식과 동물적인 의식의 새로운 관계가 생겨나기 시작한다. 사람은 참으로 인간다운 생활에 눈 뜨기 시작한다. 인간 속에서 참된 생명이 탄생하는 것이다.

물질계에서 어떤 사물이 발생할 때 일어나는 것과 같은 일이 여기서도 일어나는 것이다. 태아가 태어나는 것은 특별히 태어나고 싶다거나 태어나는 편이 좋다고 생각했기 때문도, 태어나는 것이 좋은 것이라고 알고 있기 때문도 아니라 단지 지금까지 완전히 성숙해 버려서 원래 그대로는 살아 있을 수 없게 되었기 때문에 태어나는 것일 뿐이다. 새로운 생활 쪽에서 불러들인 것이 아니라 원래의 상태로는 살아갈 가능성이 없어졌기 때문에 새로운 생활로 들어간 것일 뿐이다.

이성의 의식도 어느 틈엔가 인간의 자아 속에서 자라나, 결국에는 좁은 자아 속에서 살아갈 수 없을 때까지 성장하는 것이다.

여기서 모든 사물이 태어날 때 일어나는 것과 똑같은 일이 일어나는 것이다. 생명의 원래 모양을 한 곡식 알갱이가 깨지고 새로운 싹이 나는 것도, 곡식 알갱이가 썩어서 원래 모양이 조금씩 허물어져 감에 따라 싹이 쑥쑥 자라는 것도, 썩어 가는 곡식 알갱이가 그럼에도 여전히 새싹의 영양분이 되는 것도 모두 똑같은 것으로, 이성의 의식의 성장도 역시 이것과 조금도 다를 바 없는 것이다. 우리의 관점에서 보자면, 이성의 의식의 발생과 눈에 보이는 육체의 탄생의 차이점은 다음과 같은 점이다. 즉, 육체가 탄생하는 경우 우리는 언제, 어디서부터, 어떤 식으로 무엇이 태어나는가 하는 것을 시간과 공간 속에서 분명히 인식할 수 있는데 곡식의 씨앗, 즉 곡물의 열매를 놓고 보더라도 일정한 조건만 갖춰 주면 그 열매에서 식물이 싹을 내고 꽃을 피우고 결국에는 씨앗과 똑같은 열매를 맺는다(이렇게 해서 생명의 순환은 우리의 눈앞에서 완전히 완성되는 것이다)는 사실을 분명하게 알 수 있지만, 이성의 의식의 성장은 시간 속에서 인식할 수도 없고, 그 순환을 눈으로 볼 수도 없다. 이런 점에 차이가 있다. 그러나 우리가 이성의 의식의 성장과 그 순환을 볼 수 없는 것은 다름 아니라 우리 자신이 그것을 행하고 있기 때문이다. 즉, 우리 속에서 이성의 의식이라는 눈에 보이지 않는 것이 생겨나기 때문에 그 탄생은, 다시 말해서 우리의 생활에 다름 아니며 따라서 우리는 아무래도 그것을 볼 수가 없는 것이다.

 우리가 이 새로운 것의 탄생, 동물적인 의식에 대한 이성의 의식의 새로운 관계를 볼 수 없는 것은, 마치 씨앗이 그 줄기의 성장을 볼 수 없는 것과 같은 것이다. 그리고 이성의 의식이 숨겨져 있던 상태에서 벗어나 모습을 드러낼 때 우리는, 모순이 느껴진다고 생각되지만 그런 모순은 어디에도 존재하지 않는다는 것은, 싹을 틔운 씨앗에 모순이 없는 것과 똑같은 것이다. 싹을 틔운 씨앗에서 볼 수 있는 것은 원래 씨앗 안에 있던 생명으로, 지금은 그것이 싹 속에 있는 것일 뿐이다. 이성의 의식에 눈뜬 사람의 경우도 이것과 마찬가지로 거기에는 아무런 모순도 없으며, 있는 것은 오직 새로운 것의 탄생, 동물적인 의식과 이성적인 의식과의 새로운 관계의 발생에 지나지 않는 것이다.

 만약 사람이 타인이 살아 있다는 사실도 모르고, 향락의 덧없음도 모르고, 자신이 언젠가는 죽어야만 한다는 사실도 모르고, 그저 생존하고만 있다면, 사람은 자신이 살아 있다는 사실도, 자신 속에 모순 따위 없다는 사실도 끝내 알지 못할 것임에 틀림없다. 그렇지 않고 만약 사람이 타인도 자신과 마찬가지라는 사실을 깨닫고, 자신의 존재가 고통에 위협받고 있을 뿐만 아니라 조금씩 죽음에 다가가고 있는 것일 뿐이라는 사실을 안다면, 그리고 자신 속에서 이성의 의식이 사로잡혀 있던 자아의 벽을 무너뜨리기 시작한 것을 분명하게 느낀다면, 사람은 더 이상은 그 무너져 가는 자아에 자신의 생활을 맡겨 둘 수 없게 되어, 눈앞에 펼쳐진 새로운 생활 속으로 뛰어 들어가게 될 것이다. 그리고 거기에도 역시 모순 같은 건 없다는 사실은, 마치 싹이 터서 점점 썩어 가는 씨앗에 모순이 없는 것과 같은 것이다.

이성이란 인간들에 의해 인정받고 있는 법칙으로, 인생은 그것 위에서 완성되어야 한다

인간의 참된 생활은 동물적인 자아를 제어하려는 이성의 의식으로 나타난다. 따라서 동물적인 자아가 추구하는 행복이 부정될 때에 비로소 참된 생활이 시작되는 것이다. 이성의 의식이 눈뜰 때, 동물적 자아의 행복은 부정 당하게 된다.

그렇다면 이성의 의식이란 대체 무엇일까? 요한복음은 다음과 같은 구절로 시작된다. '태초에 말씀, Logos(로고스란 이성, 예지, 말을 뜻한다)가 계시니라' 모든 것이 그 안에 있었으며, 그 안에서 모든 것이 태어났다. 즉, 이성은 다른 모든 것을 정의하지만 다른 어떤 것에 의해서도 결코 정의되지 않는 것이라는 뜻이다.

이성은 정의하려 해도 정의할 수 없는 것이다. 우리가 정의할 필요도 없는 것이다. 왜냐하면 우리 모두가 이성이라는 것을 알고 있을 뿐만 아니라, 오직 그것만이 우리의 판단의 근본이 되고 있기 때문이다. 사람들이 서로 접촉하면서 가장 먼저 통감하는 것은 다른 것이 아니라, 모든 사람들이 누구나 납득할 수 있는 이와 같은 이성에 따라서 살아가야만 한다는 것이다. 이성이야 말로 이 세상에 살아 있는 모든 사람들을 하나로 묶는 유일한 기초라는 사실을 우리는 믿지 않을 수 없다. 사람이 무엇보다도, 확실하게 무엇보다도 먼저 아는 것이 바로 이성이다. 따라서 우리가 이 세상에서 알고 있는 것은 전부 이처럼 의심할 여지도 없는 이성의 법칙에 꼭 들어맞는 것으로, 바로 그렇기 때문에 우리도 그것을 아는 것이다. 우리는 이성을 알고 있을 뿐만 아니라 모를 수가 없는 것이다. 모를 수 없다고 한 이유는, 다시 말해서 이성이야말로 이성적인 존재인 인간들이 생활하는 데 있어서 무슨 일이 있어도 따라야만 하는 법칙이기 때문이다. 인간에게 있어서 이성이란 그것에 따라서 생활하지 않으면 안 되는 법칙이다. 그것은 동물에게 있어서는 먹이를 구하고 자식을 늘리는 것이, 식물에게 있어서는 풀이나 나무로 성장하여 꽃을 피우는 것이, 천체에게 있어서는 지구와 별처럼 운행하는 것이 각각의 법칙인 것과 같은 것이다. 우리가 생활 법칙으로 자신 속에서 인정하고 있는 법칙은 세계의 모든 외면 현상을 지배하고 있는 법칙과 같은 것으로, 단지 다른 점은 우리가 자신 속에서는 이 법칙을 자신이 행해야 하는 것으로 인식하고 있는 데 반해서, 외면의 현상에서는 자신과는 관계없이 이 법칙이 행해지는 것이라 인식하고 있다는 점뿐이다. 천체든 동물이든 식물이든 우리의 바깥 세계에서 일어나는, 눈에 보이는 모든 현상은 이성에 합당한 것이라는 사실이, 세계에 대해서 우리가 알고 있는 전부인 것이다. 우리는 외부 세계에서 이성의 법칙에 대한 이와 같은 종속관계를 보게 되지만, 자신 속에서는 이 법칙을 우리가 스스로 행해야만 한다는 규정으로서 인식하게 되는 것이다.

그러나 인생을 생각할 때 사람은 곧잘 이런 착각을 하게 되는 법이다. 인간의 동물적인 육체가 눈에 띄기 쉬운 곳에서 자연 그대로 그 육체의 법칙에 따르는 것을, 그대로 인생이라고 생각해 버리는 것이다. 원래 그와 같은 법칙은 나무나 결정체나 천체 속에서 작용하는 법칙과 마찬가지로 동물적인 육체(이성적인 의식과 연결되어 있기는 하지만) 속에서 무의식중에 작용하는 것이기 때문에, 그와 같은 생각은 착각 중에서도 커다란 착각이라고 하지 않을 수 없다. 그러나 또 다른, 우리의 생활 법칙 — 동물적인 육체를 이성에 따르게 하는 법칙은 어디를 가나 사람의 눈에 보이지 않는, 보일 수 없는 법칙이다. 왜냐하면 그것은 아직 완벽하게 완성되어 있지 않을 뿐만 아니라 우리의 생명 속에서 행해지고 있는 법칙이기 때문이다. 그러나 우리 인생의 행복은 이 법칙을 실행하는 것, 동물적인 육체를 이성의 법칙에 따르게 하는 것에 달려 있다. 따라서 동물적인 자아를 이성의 법칙에 따르게 하는 것에 우리의 행복과 생명이 걸려 있다는 사실을 이해하지 않을 뿐만 아니라, 동물적인 자아가 추구하는 행복이나 생존 방법을 인생의 모든 것이라고 생각하여 우리에게 주어진 인생의 일을 거부한다면 우리는 참된 행복과 참된 생명을 스스로 저버리게 되는 것이다.

참된 행복과 참된 생명 대신에 우리는 자신과 아무런 관계도 없이 행해지는 것이니 도저히 인생이라고는 말할 수 없는 단순한 동물적인 활동 — 눈에 보일뿐인 하찮은 생활을 어쩔 수 없이 받아들이게 되는 것이다.

지식의 잘못된 방향

 인간의 동물적인 자아 속에서 작용하는 눈에 보이는 법칙을 인생의 법칙이라고 생각하는 이와 같은 잘못은, 예로부터 존재했던 인간이 범하기 쉬운 과오다. 이 과오는 인생을 행복한 것으로 만들기 위해 동물적인 자아를 이성에 따르게 하는 인간 지식의 중요한 목적을 사람들의 눈에서 숨겨 버리고, 그 대신 인생의 행복과는 아무런 관계도 없는 인간 생활에 대한 연구로 사람들의 주의를 향하게 한다.

 사람이 행복해지기 위해서는 동물적인 자아를 이성에 따르게 해야 함에도 불구하고 정작 중요한 그 이성의 법칙을 연구하거나 그러한 법칙을 알고 그것을 바탕으로 세계의 모든 다른 현상을 연구하는 대신, 잘못된 지식은 그러한 노력을 인간의 동물적인 자아의 존재나 행복의 연구에만 온전히 쏟아 붓고 있는 실정이다. 물론 이런 연구는 인간 지식의 중요한 목적과는 아무런 관계도 없는 것이기 때문에 인생의 참된 행복에는 아무런 도움도 되지 않는다.

잘못된 지식은 이와 같은 인간 지식의 중요한 목적을 완전히 무시한 채, 예나 지금이나 오로지 사람들의 동물적인 생활이나 동물로서의 인간 일반의 생존 조건 등과 같은 연구에만 그 힘을 쏟아붓고 있는 것이다. 그리고 그것뿐만 아니라 이러한 연구로 인간 생활을 행복하게 하는 지도원리를 발견할 수 있다고 자부하고 있는 것이다.

인간은 옛날부터 지금에 이르기까지 끊임없이 존재해 왔으니 인간이 어떤 식으로 존재해 왔는지, 시간과 장소에 따라서 그 존재 방법에는 어떤 변화가 있었는지, 그런 변화가 어떤 방향으로 향하고 있는지를 조사해 보기만 하면 인간 생활의 법칙도 그와 같은 역사적 변화 속에서 반드시 발견될 것임에 틀림없다는 것이다.

이렇게 제멋대로 연구 목표를 정해 놓고, 이런 종류의 이른바 학자라는 사람들은 인간 지식의 중요한 목적 — 행복해지기 위해 자아가 따라야 할 이성의 법칙 연구에는 눈길 한 번 주지 않는다. 그러나 우습게도 이와 같은 연구 목표에 의해서 그들은 오히려 자기 연구가 덧없는 것이라는 사실을 스스로 떠들고 다니는 셈이다. 실제로 인간의 존재가 동물 공통의 생존 법칙에 좌우되어 변하는 것일 뿐이라면 그런 법칙 — 아무래도 그렇게 따를 수밖에 없는 법칙을 연구한다는 것은 참으로 쓸데없고 하찮은 것이라고 말할 수밖에 없을 것이다. 사람이 이런 생존 변화의 법칙을 알든 모르든 이 법칙은 틀림없이 행해지는 것이다. 마치 두더지나 비버의 생활이 그 놓인 조건에 따라서 여러 가지로 변화를 일으키는 것과 같은 것이다. 믿지 못하겠다면 여기서 사람이 생활의 지침이 되는 이성의 법칙을 알게 될 때의 일을 생각해 보면 좋을 것이다. 사람은 어떠한 경우에라도 그러한 법칙을 이성의 의식 속에서만 발견할 수 있는 법이다. 그 외에 이 법칙을 알 수 있는 방법은 어디에도 남겨져 있지 않다. 따라서 동물로서의 인간이 어떤 식으로 존재해 왔는가 하는 것을 아무리 연구해 봐도 인간이라는 존재에 대해서는, 그런 지식이 있든 없든, 당연히 사람 속에서 일어나는 것 정도밖에는 결코 알 수가 없는 것이다. 인간의 동물적인 생활을 제아무리 연구한다 할지라도, 사람이 행복해지기 위해서 반드시 따라야만 할 동물적 생활 법칙 따위는 결코 알아낼 수 없는 것이다.

이와 같은 것이 곧 인생에 관한 인간의 무의미한 연구로, 역사학이나 정치학이라 불리는 학문인 것이다.

이런 종류의 것들 중에는 그 외에도 현대에 들어서 널리 퍼지기 시작했지만, 지식이 목표로 하는 유일한 목적은 완전히 잃어버린 연구도 있다. 학자들의 말에 의하면 그 연구는 다음과 같은 것이다. "인간을 관찰 대상으로 삼아 조사해 보면"이라며 그들은 말한다. "식물을 먹고 성장하고 새끼를 낳고 나이를 먹고 죽어 가는 것처럼, 인간도 다른 모든 동물과 마찬가지로 다를 바가 없다는 사실을 알 수 있지만, 단지 어떤 종류의 현상 — 심리적인(학자들은 이렇게 부르고 있다) 현상이 있어서 그것이 관찰을 방해할 뿐만 아니라 일을 아주 귀찮고 복잡한 것으로 만들어 버리기 때문에 인간을 좀 더 잘 이해하기 위해서는, 처음에는 훨씬 더 간단한 현상 — 심리작용 같은 것은 없는 동식물에서 볼 수 있는 것과 같은 현상에서부터 인간의 생활을 연구해야만 한다. 동물이나 식물 일반의 생활을 연구하는 것도 그것을 위해서인데, 동물이나 식물을 조사해 보면 거기에는 물질과 공통되는 더욱 간단한 법칙이 있음을 반드시 찾아볼 수 있다. 이처럼 인간의 생활 법칙보다 간단한 것은 동물의 법칙이며, 더욱 간단한 것은 식물의 법칙이고 물질의 법칙이 그것보다 훨씬 더 간단하니 연구의 기초는 가장 간단한 법칙 — 물질의 법칙에 두어야만 한다." 학자들은 계속해서 말한다. "동물이나 식물 속에서 일어나는 것과 똑같은 현상이 사실은 인간 속에서도 일어나고 있는 것이니 인간 속에서 일어나는 모든 현상은 실험 가능하고 눈에 보이는 가장 간단한 무생물 속에서 일어나는 현상에 의해서 훌륭하게 설명할 수 있다고 우리는 결론 내릴 수 있을 것이다. 게다가 인간 활동의 온갖 특성은 언제나 물질 속에서 작용하고 있는 힘과 연결되어 있는 것이기에 더욱 그렇다. 인간의 몸을 형성하고 있는 모든 물질의 변화가 인간의 모든 활동을 변화시키고 파괴하는 것이다. 따라서,"라며 그들은 결론을 내린다. "물질의 법칙이야말로 인간 활동의 근본 원인이다." 학자들은 이렇게 말하지만, 인간 속에는 동물에서나 식물에서나 무생물에서는 결코 찾아볼 수 없는 무엇인가가 있는데 그것이 — 그 무엇인가가 지식이 목표로 하는 유일한 목적이 아닐까? 그 목적이 없으면 다른 모든 것들도 의미를 잃어버리고 마는 것이 아닐까? 그런데 이런 생각에 대해서 학자들은 전혀 감도 잡지 못하고 있는 듯하다.

참으로 학자들의 머릿속에서 이런 생각은 떠오르지도 않을 테지만, 인간 몸속에서 일어나는 물질의 변화가 가령 그 활동을 파괴한다 할지라도 그것은 단지 물질의 변화가 인간의 활동을 파괴하는 원인 중 하나라는 사실을 증명하는 것일 뿐, 결코 물질의 활동이 인간 활동의 원인이라는 사실을 증명하는 것이 될 수 없는 법이다. 마치 뿌리에서 흙을 제거하면 식물은 죽는다는 사실이, 흙은 없으면 안 된다는 사실을 증명하기는 하지만 흙만이 식물을 성장케 하는 것이라는 사실을 증명하는 것은 아니라는 것과 같은 것이다. 이처럼 학자들은 인간 생활에 수반되는 현상의 법칙을 밝히는 것이 인간 생활 자체를 밝히는 것이라고 생각하여 무생물과 식물과 동물 속에서도 일어나는 현상을 인간 속에서 연구하고 있는 형편인 것이다.

인간의 생활, 즉 인간이 행복해지기 위해서 동물적인 자아가 따라야만 하는 법칙을 이해하기 위해서 사람들은 곧잘 인간 생활 자체를 보지 않고 그 역사적인 변화를 연구하거나, 단지 눈에 보일 뿐 사람에게 의식되지 않는 동물이나 식물, 물질의 여러 가지 법칙에 대한 종속관계를 연구하곤 하지만, 그보다 더한 착각도 없다. 비유컨대, 분명하게 잘 보이지 않는 올바르고 참된 목적을 어떻게 해서든 찾아내려고, 잘 알지도 못하는 여러 가지 사물의 상태를 닥치는 대로 연구하는 사람과 똑같은 것이다.

물론 눈에 보이는 인간 생활의 현상을 역사적으로 살펴보는 것은 나쁜 일이 아니다. 틀림없이 그것은 우리에게 도움이 된다. 인간의 동물적인 자아나, 다른 동물들이 따르고 있는 법칙이나, 물질 자체가 따르는 법칙도 역시 마찬가지로 그것을 연구하는 것은 우리에게 도움이 된다. 이와 같은 모든 연구는 인간에게 있어서 매우 중요한 것이다. 그것은 인간 생활 속에서 행해야만 할 일들을 거울에 비쳐서 보듯 분명하게 제시해 주기 때문이다. 그러나 모든 존재하고 있는, 모든 눈에 보이는 여러 가지 것들에 대한 지식이 설사 제아무리 완벽한 것이라 할지라도 우리에게 있어서는 반드시 필요하고 중요한 지식 — 행복해지기 위해서 동물적인 자아가 따라야만 하는 법칙에 대한 지식은 결코 제시해 주지 못한다. 실제로 행해지고 있는 법칙에 대한 지식은 틀림없이 우리에게 도움이 되는 것이기는 하지만, 그것은 동물적 자아가 따라야만 하는 이성의 법칙을 우리가 알고 있을 때에만 도움이 되는 것이지 그 법칙을 알지 못한다면, 전혀 아무런 도움도 되지 않는다.

예를 들어 나무가 그 속에서 일어나는 모든 화학적, 물리적 현상을 제아무리 연구한다 할지라도(나무도 그런 것들을 연구할 수 있다는 가정하의 얘기지만), 그러한 관찰이나 지식을 통해서는, 수액을 모으고 줄기와 잎과 꽃과 열매를 기르기 위해서 그것을 분배할 필요가 있다는 사실을, 나무는 결코 결론으로 이끌어 내지 못할 것이다.

사람도 이와 마찬가지로, 그 동물적인 자아를 지배하는 법칙이나 물질을 지배하는 법칙을 제아무리 잘 알고 있다 할지라도, 그러한 법칙은 손에 들고 있는 한 조각 빵을 어떻게 처분해야 하는 것인지 — 아내에게 주면 되는 것인지, 다른 사람에게 주면 되는 것인지, 개에게 주면 되는 것인지, 아니면 자신이 먹어 버리면 되는 것인지, 혹은 보관해 두면 되는 것인지, 달라는 사람에게 주면 되는 것인지, 이러한 문제에 대해서는 아무런 지침도 주지 못할 것이다. 그러나 인간의 생활은 그와 같은 문제를 해결하지 못하면 한시도 살아갈 수 없는 것이다.

동물이나 식물이나 물질의 존재를 지배하는 법칙에 대한 연구는 단지 유일할 뿐만 아니라 인간의 생활 법칙을 밝히는 데 없어서는 안 될 것이다. 그러나 그것도 그러한 연구가 이성의 법칙을 밝힌다는, 지식의 중요한 목적을 잃지 않았을 때에만 그런 것이다.

그와는 반대로 인간의 생활은 동물적인 생존에 지나지 않으며, 이성의 의식이 속삭이는 행복 따위는 도저히 불가능할 뿐만 아니라 이성의 법칙이라는 것도 어차피 단순한 환상에 지나지 않는다고 생각한다면, 이러한 연구도 무익할 뿐만 아니라 유해한 것이 되는데, 이는 사람들의 눈에서 지식의 유일한 목적을 감출 뿐만 아니라 그림자를 연구하면 그 본체도 알 수 있다는 미혹에 언제까지고 사람들을 붙잡아 두는 역할밖에 하지 못하기 때문이다. 이와 같은 연구는 마치 생물의 운동의 원인이, 그 그림자의 변화와 운동에 있다고 가정하고 오로지 생물의 그림자의 변화와 운동만을 주의 깊게 연구하는 것과 같은 것이라 할 수 있을 것이다.

제 2 장
마음의 교훈

잘못된 지식의 원인은 잘못된 원근법으로 사물을 보는 데 있다

'참된 지식은, 아는 것은 아는 것이라 인정하고 모르는 것은 모르는 것이라 인정하는 데 있다.'고 공자는 말했다. 이에 반해서 잘못된 지식은 모르는 것을 안다고 생각하고 아는 것을 모른다고 생각하는 데 있다. 우리 사이에 군림하고 있는 잘못된 지식을 이보다 더 정확하게 정의한 말도 없다. 현대의 잘못된 지식은 우리가 도저히 알 수 없는 것을 안다고 말하며, 우리가 알고 있는 유일한 것을 도저히 알 수 없는 것이라고 말한다. 잘못된 지식에 사로잡혀 있는 사람은, 공간과 시간 속에서 찾아볼 수 있는 모든 것에 대해서는 잘 알고 있지만, 자기 이성의 의식 속에서 찾아볼 수 있는 것에 대해서는 아무래도 잘 알지 못하겠다고 생각하는 법이다.

이와 같은 사람들에게 있어서는, 자신의 행복이든 타인의 행복이든 일반적으로 행복이라는 것이 가장 이해하기 어려운 현상인 것처럼 느껴진다. 이런 사람들에게 있어서 조금 알기 쉬운 것이라 여겨지는 것은 동물로서의 자기 자신, 좀 더 쉽게 알 수 있는 것은 동식물, 가장 이해하기 쉬운 것이라 여겨지는 것은 생명 없이 무한하게 펼쳐져 있는 물질인 것이다.

그리고 이와 똑같은 일이 인간의 시각에서도 일어난다. 사람은 언제나 무의식중에 자신의 시선을 가장 먼 곳 — 멀어서 색도 윤곽도 아주 단순하게 보이는 하늘이나 지평선이나 저 멀리 있는 들판이나 숲과 같은 곳으로 향하곤 한다. 그와 같은 것들은 전부, 그것이 멀리 있으면 멀리 있을수록 더욱 분명하고 단순하게 보이지만, 반대로 가까워지면 가까워질수록 윤곽도 색도 복잡해져 버린다.

만약 사람이 원근법에 따라 가늠하여 사물을 보려 하지 않고, 거기까지의 거리를 계산하는 법도 알지 못한 채 눈에 보이는 외관만으로 윤곽과 색이 뚜렷하고 이해하기 쉬운 것을 결정한다고 한다면, 그와 같은 사람에게 있어서 무엇보다도 가장 분명하게 보이는 것은 저 망막한 하늘일 것임에 틀림없으며, 그보다 조금 이해하기 어려운 것처럼 보이는 것은 약간 복잡함을 더한 지평선의 윤곽, 조금 더 이해하기 어려운 것은 색과 윤곽 모두 훨씬 더 복잡해진 집과 나무들, 그리고 더욱 이해하기 어려운 것은 눈앞에서 움직이고 있는 손, 가장 희미해서 잘 보이지 않는 것은 빛이 될 것이다.

인간의 잘못된 지식도 역시 이와 같은 과오를 범하고 있는 것이 아닐까? 인간에게 있어서 의심의 여지도 없을 정도로 분명한 것 — 자기 이성의 의식은 단순하지 않기 때문에 잘 이해할 수 없는 것이라 여겨지고 있지만, 한편 인간에게 있어서 실로 커다란 신비에 사로잡혀 있는 것 — 무한하고 영원한 물질은 자기에게서 멀리 떨어져 있어 단순하게 보이기 때문에 훨씬 더 이해하기 쉬운 것이라 여겨지는 것이다.

그러니 얘기는 정반대가 되어 버린다. 모든 사람들이 무엇보다도 먼저, 무엇보다도 확실하게 알 수 있을 뿐만 아니라 실제로 알고 있는 것은, 자신이 추구하고 있는 행복이다. 그리고 그와 같은 행복을 가르쳐 주는 이성을 역시 같은 정도로 분명하게 알고, 다음으로 이 이성에 따르게 되는 자신의 동물적인 자아를 알게 된다. 그리고 공간과 시간 속에서 찾아볼 수 있는 다른 모든 현상도 점점 알게 되기는 하지만, 그래도 아주 분명하게 알게 되지는 못하는 법이다.

잘못된 인생관에 사로잡혀 있을 때일수록 더욱 그러한 법인데, 어떠한 것이든 그것이 공간과 시간에 의해서 정확하게 한정되어 있을수록 한층 더 알기 쉬운 것이라고 사람들은 생각하기 쉽다. 그러나 사실은 공간에 의해서도, 시간에 의해서도 한정되지 않는 것 — 행복과 이성의 법칙만이 우리가 참으로 잘 알 수 있는 것이다.

그에 반해서 우리가 외계의 사물을 알려고 하는 경우에는, 분명한 의식을 작용시키지 않으면 인식 방법도 그만큼 애매한 것이 되고 만다. 다시 말해서 외계의 사물은 공간과 시간 속에서 차지하고 있는 그 위치에 의해서만 한정되어 있기 때문에, 원래는 우리와 상당히 떨어져 있는 존재인 것이다. 그렇기 때문에 그와 같은 사물은 오로지 공간과 시간에 의해서 분명하게 한정되면 한정될수록 인간에게는 더욱 알기 어려운 것(이해하기 어려운 것)이 되는 것이다.

사람이 참으로 깨달은 인간의 지식은, 자신이라는 개인 ― 자신의 동물적인 자아에 대한 인식 이외에는 있을 수 없는 것이다. 행복해지기를 바라며 이성의 법칙에 따르게 되는 이 동물적인 자아를, 사람은 자기 자신과는 별개의 온갖 존재를 봄으로 해서 한층 더 분명하게 알게 되는 것이다. 실제로 인간은 이와 같은 동물적인 자아 속에서 자신을 알게 되는 법이다. 게다가 자신을 아는 것은 인간이 공간적, 시간적 존재이기 때문이 아니라(반대로 인간은 시간적, 공간적인 형상으로서의 자신을 결코 알 수 없는 법이다), 행복해지기 위해서 이성의 법칙에 따르지 않을 수 없는 존재이기 때문인 것이다. 인간은 이처럼 동물적인 자아 속에서 시간과 공간과는 아무런 관계도 없는 것으로서 자신을 안다. 인간이 시간과 공간 속에서 차지하는 자신의 위치를 자문할 때, 무엇보다도 가장 먼저 생각하게 되는 것은 자신이 전후가 무한으로 이어진 시간의 한가운데 서 있다는 사실과, 자신이 어떤 크기로도 가정될 수 있는 하나의 구의 중심이라는 사실이다. 이처럼 시간과 공간을 초월한 자기 자신을 사람들은 실제로 알고 있는 것이다. 이와 같은 자신의 자아 이외에 사람이 참으로 깨달을 수 있는 실제의 지식은 어디에도 없다. 그 이외의 것 — 이와 같은 자아의 바깥에 있는 모든 것에 대해서 사람은 알 방도가 없으며, 단지 겉에서 제약이 많은 방법으로 관찰하여 판단을 내릴 수 있을 뿐이다.

행복을 추구하는 이성의 중심으로서의 자기 자신, 즉 시간과 공간 모두를 초월한 존재로서의 자기 자신을 아는 것에서 잠깐 떠나야만 비로소, 사람은 자신이 눈에 보이는 세계의 일부 — 공간과 시간 속에서 포착할 수 있는 그 일부라는 사실을 어떤 조건하에서, 그 순간에만 확신할 수 있는 것이다. 이처럼 인간은 공간과 시간 속에서 포착할 수 있는 자신을 다른 존재와 관련시켜 연구하면서, 자기 자신에 관한 내면의 참된 지식과 자신에 대한 바깥에서부터의 관찰을 연결 지어 자신이라는 것에 대한 관념을 다른 모든 사람들과도 통하는 인간 일반의 관념으로서 갖게 되는 것이다. 자신과 관련된 이와 같은, 특정 조건하에서의 지식에 의해서 사람은 타인에 대해서도 어떤 외면적인 관념을 손에 넣기는 하지만 그러한 사람들을 진정으로 알게 되는 것은 아니다.

인간이 그처럼 다른 사람들에 대해서 알 수가 없는 것은 자신이 보는 타인이 한 사람이 아니라 수백, 수천에 이를 뿐만 아니라 한 번도 본 적이 없고 볼 수도 없는 사람들이 끊임없이 존재하고 있다는 사실에 기인하는 것이다.

사람은 타인을 넘어서 그리고 자신에게서 멀리 떨어진 곳에서 타인과도 다르고 각자 모습도 다른 동물들을 공간과 시간 속에서 보게 된다. 이와 같은 존재는 만약 인간 일반에 대한 지식이 없었다면 사람에게는 전혀 불가능했을 것임에 틀림없다. 그러나 이와 같은 지식이 있기 때문에 인간이라는 관념에서 이성적인 의식을 뽑아내기만 하면 동물에 대해서도 어느 정도의 관념을 갖게 되는 것이다. 그러나 이 관념을 인간 일반에 관한 관념과 비교해 보면, 참된 지식이라고는 더욱 말하기 어려워진다. 인간은 실로 무수한 여러 가지 동물을 보게 되어 참으로 그 숫자가 많으면 많을수록 사람이 그것을 알기는 더욱 어려워지는 법이다.

자신에게서 더욱 멀리 떨어진 곳에서 사람은 식물은 본다. 이처럼 이 세계에서 이런 현상을 따라가면 따라갈수록 인간은 그와 같은 것을 한층 더 알기 어려워지는 법이다.

사람은 동물과 식물도 넘어서, 자신에게서 더욱더 멀리 떨어진 공간과 시간 속에서 무생물이나 형태도 구별되지 않는 물질을 보게 된다. 인간에게 있어서는 이 물질이 무엇보다도 이해하기 어려운 것이다. 사람에게 있어서 물질의 형태를 안다는 것은 아무런 의미도 없는 일이며, 게다가 물질이 공간적으로나 시간적으로나 무한한 것이라고 여겨지고 있는 형편이니 실제로 그런 것은 알 길이 없는 것으로, 사람은 기껏해야 이래저래 상상해 보는 것이 전부일 뿐이다.

우리가 여러 가지 사물을
무엇인지 인식할 수 있는 것은

●○○

공간과 시간 속에서 그 현상을 찾아볼 수 있기 때문이 아니라 연구하고 있는 그 사물과 우리가 따르는 법칙이 일치하기 때문이다

개가 아파한다 — 이 송아지는 나를 잘 따른다 — 새가 즐거워하고 있다 — 말이 무서워하고 있다 — 사람 좋은 사람 — 나쁜 동물 — 이와 같은 말보다 더 알기 쉬운 것이 있을까? 게다가 이처럼 무엇보다도 중요하고 알기 쉬운 모든 말은 공간과 시간에 의해 한정되지 않는 것이다. 그러나 반대로 사물의 현상이 따르는 법칙이 우리에게 있어서 이해하기 어려운 것일수록 그와 같은 현상은 시간과 공간에 의해서 더욱 정확하게 한정되어 있는 것이다. 지구와 달과 태양의 운동을 유발하는 인력의 법칙을 정말로 안다고 할 수 있는 자가 과연 존재하기나 할까? 일식에 대해서도 마찬가지로, 이와 같은 것은 공간과 시간에 의해서 더할 나위 없이 정확하게 한정되어 있는 것이다.

우리가 정말로 잘 알고 있는 것은, 자신의 생명과 행복을 추구하는 기분과 그 행복을 가르치는 이성뿐이다. 다음으로 잘 알고 있는 것은 행복해지기를 바라며 이성의 법칙에 따르게 되는 자신의 동물적인 자아다. 이 동물적인 자아에 대한 지식에는 이미 보인다거나, 만져진다거나, 관찰된다거나 하는, 우리가 이해하기 어려운 공간·시간적 조건이 복잡하게 얽혀 있다. 그 다음으로 우리가 잘 알고 있는 것은 자신과 같은 다른 동물적 자아인데, 거기서는 행복에 대한 욕구도 이성의 의식도, 자신과 공통적인 것으로 찾아볼 수가 있다. 이와 같은 개개인의 생활이 행복에 대한 욕구와 이성의 법칙에 대한 종속이라는 우리의 생활 법칙에 가까이 다가가면 다가갈수록 우리에게는 이해하기 쉬운것이 되며, 공간적·시간적 조건에 얽매이면 얽매일수록 이해하기 어려운 것이 된다. 따라서 우리는 결국 인간에 대해서 가장 잘 알고 있는 셈이라고 할 수 있다. 그 다음으로 우리가 잘 알고 있는 것은 동물인데 거기서는, 행복을 바라는 우리의 기분과 비슷한 것은 볼 수 있어도 이성의 의식과 같은 것은 거의 찾아볼 수가 없는데, 이 이성의 의식이라는 점에서 우리와 동물과의 사이에 확실한 선이 그어지는 것이다. 동물에 이어서 보는 것은 식물이다. 우리는 식물에서 행복에 대한 욕구와 같은 것은 찾아보기가 힘들다. 이와 같은 존재는 대체로 시간적·공간적인 현상으로밖에 받아들일 수가 없기 때문에 우리에게 있어서는 더더욱 알기 어려운 것이 되어 버린다.

우리가 그와 같은 존재를 알고 있는 것은 우리의 동물적인 자아와 비슷한 것을 거기서 볼 수 있고, 그것이 우리의 경우와 마찬가지로 행복을 추구하기 위해 공간과 시간의 조건 속에서 물질을 이성의 법칙에 따르게 하기 때문으로, 그렇지 않다면 절대로 알 수가 없는 것이다.

따라서 생명이 없는 물질은 우리가 더욱 알기 어려운 것이다. 거기에서는 우리의 개성과 비슷한 것도 찾아볼 수 없으며, 행복에 대한 욕구도 전혀 찾아볼 수 없고 오로지 눈에 띄는 것이라고는 그와 같은 물질이 따르고 있는 이성의 법칙의 시간적·공간적인 현상뿐이다.

우리가 가지고 있는 지식의 진실성은 결코 어떤 사물이 공간과 시간 속에서 관찰되는가 하는 점에 달려 있는 것이 아니다. 오히려 그와는 반대로 어떤 사물이 공간적·시간적인 현상으로써 확실히 관찰되면 될수록 그것은 우리에게 있어서 더욱 이해하기 어려운 것이 되어 버린다.

행복을 추구하기 위해서는 동물적인 자아가 반드시 이성에 따라야만 한다는 의식이 우리의 인식 밑바탕에 있어야만, 우리는 이 세계에 대해서 여러 가지 것들을 알 수 있게 되는 것이다. 만약 우리가 동물의 생활을 알고 있다고 한다면, 그것도 동물 속에서 행복에 대한 욕구와 이성의 법칙 — 동물에게서는 유기체의 법칙으로서 나타나는 이성의 법칙에 따라야만 하는 필연성을 우리가 볼 수 있기 때문인 것이다.

그리고 만약 물질을 안다고 한다면 그것도 우리가 물질 속에서 행복에 대한 욕구는 볼 수 없지만 역시 우리와 같은 현상 — 물질을 지배하는 이성의 법칙에 따라야만 하는 필연성을 볼 수 있기 때문에 알고 있는 것일 뿐이다.

우리에게 있어서 지식이란 것은, 무엇에도 의지하지 않고 우리가 참으로 알고 있는 유일한 사실 — 이성의 법칙에 따라서 행복해지기 위해 노력하는 것이 인생이라는 이 지식을 다른 사물에 대입하여 적용시키는 것에 다름 아니다.

우리는 동물을 지배하는 법칙을 통해서 자신을 알 수는 없지만, 자신 속에서 볼 수 있는 법칙을 통해서 동물을 알 수는 있다. 따라서 물질 현상이 되어 버린 생활의 법칙을 통해서 자신을 안다는 것은 결코 있을 수 없는 일이라 할 수 있다.

외계에 대해서 사람이 알고 있는 모든 것은, 인간이 자신을 알고 자신 속에서 이 세계에 대한 세 가지 다른 관계를 확인했기 때문에 알 수 있게 된 것이다. 그 관계란, 첫째 자신의 이성적인 의식과의 관계, 둘째 자신의 동물적인 자아와의 관계, 셋째 그 동물적인 자신의 육체에 포함되어 있는 물질과의 관계를 말한다. 사람은 이 세

가지 서로 다른 관계를 자신 속에서 알고 있기 때문에 이 세계에서 보는 모든 것을 (1)이성적 존재, (2)동물적 존재, (3)무생물이라는, 서로 다른 세 부분으로 이루어진 원근법에 따라서 적당히 가늠해서 보는 것이다.

사람이 이 세계에 대해서도 이와 같은 세 종류의 것들을 보는 것은 자기 자신 속에 이 세 가지 것이 포함되어 있다는 사실을 잘 알고 있기 때문이다. 사람은 자신을 다음과 같은 것이라 알고 있다. 즉 (1)동물적인 자아를 따르게 하는 이성의 의식으로써, (2)이성의 의식에 따르는 동물적인 자아로써, (3)동물적인 자아에 따르는 물질로써 알고 있는 것이다.

일반적으로 알려진 것처럼 우리가 유기체의 법칙을 알 수 있는 것은 물질의 법칙을 알고 있기 때문이 아니며, 또한 이성의 의식으로서의 자신을 알 수 있는 것은 유기체의 법칙을 알고 있기 때문이 아니다. 오히려 그 반대이다. 우선 첫 번째로 우리가 알 수 있으며 알아야만 하는 것은 자기 자신, 즉 행복해지기 위해서 우리의 자아가 따라야만 하는 이성의 법칙이다. 이 지식이 있어야만 우리는 비로소 자신의 동물적인 자아와 그것을 닮은 다른 자아의 법칙도, 나아가서는 자신에게서 멀리 떨어져 있는 물질의 법칙도 알 수 있는 것이며, 또한 반드시 알아야만 하는 것이다.

우리는 자신을 알아야만 하는 것이다. 그리고 정말로 알고 있는 것은 자신에 관한 것뿐이다. 우리에게 있어서 동물의 세계는 이미 자기 자신 속에서 알고 있는 것의 단순한 반영에 지나지 않는 것이다. 그리고 물질의 세계는 그야말로 반영의 반영에 지나지 않는 것이다.

이와 같은 물질의 법칙이 우리에게 각별히 알기 쉬운 확실한 것이라 여겨지는 이유는, 그것이 우리의 눈으로 보기에는 천편일률적인 것으로밖에 보이지 않기 때문이다. 천편일률적인 것으로밖에 보이지 않는 이유는, 다시 말해서 그것이 우리가 의식하는 생활의 법칙과는 아주 멀리 떨어져 있기 때문이다.

또한 유기체의 법칙도 우리에게서 멀리 떨어져 있기 때문에, 역시 우리의 생활 법칙에 비해서 훨씬 더 간단한 것이라 여겨지고 있다. 그러나 그것도 우리는 그 법칙을 단지 관찰하는 것뿐이지, 자신이 직접 실행하지 않으면 안 되는 이성의 의식의 법칙을 아는 것처럼 아는 것은 아니다.

이와 같은 것들에 대해서 우리는 어차피 알 수 없다. 자기 밖에서 그것을 보고 관찰할 수 있을 뿐이다. 우리가 확실하게 알고 있는 것은 오로지 자기 이성의 의식의 법칙뿐이다. 왜냐하면 우리의 행복을 위해서는 이성의 법칙이 없어서는 안 되기 때문이다. 이성의 의식에 따라서 우리가 생활하고 있기 때문이다. 그럼에도 불구하고 이 의식을 거기서 보지 못하는 것은 그와 같은 관찰이 가능한 높이를 우리가 가지고 있지 못하기 때문이다.

 우리 이성의 의식이 동물적인 자아를 따르게 하고, 동물적인 자아(유기체)가 물질을 따르게 하는 것과 마찬가지로, 만약 이성의 의식을 따르게 하는 좀 더 높은 존재가 무엇인가 있다고 한다면 그와 같은 존재야말로 우리가 동물적인 존재와 물질적인 존재를 보는 것처럼 우리의 이성적인 생활을 볼 것임에 틀림없다.

 인간의 생활은 거기에 포함되어 있는 두 개의 생존양식 ― 동물적·식물적인(유기체의) 생존 및 물질적인 생존과 굳게 연결되어 있는 법이다.

 그러나 인간은 자신의 진실한 생활을 스스로 깨닫고 스스로 그대로 살기는 하지만 그 생활과 연결된 두 개의 생존양식에는 절대로 참가할 수가 없다. 인간을 형성하고 있는 육체와 물질은 그것만으로도 독립하여 존재하고 있는 것이다.

 이와 같은 생존양식은, 마치 인간의 생활 속에 이어져 내려와 남아 있던 그 이전의 생활과 같은 것, 다시 말하자면 과거의 생활에 대한 추억과도 같은 것이다.

 인간이 참된 생활을 하는 경우, 이와 같은 두 개의 생존양식이 인간에게 일의 도구나 재료는 제공할지 몰라도 일 그 자체까지는 제공하지 않는다.

 인간이 자기 일에 쓰이는 재료를 연구하는 것은 틀림없이 바람직한 일이다. 그것에 대해서 잘 알면 알수록 일을 하기 쉬워질 것이다. 다시 말해서 인간의 생활 속에 포함되어 있는 그와 같은 생존양식 — 동물적인 자아와 동물적인 자신을 형성하는 물질을 연구하는 것은 이성의 법칙에 대한 종속이라는, 모든 존재에 통하는 법칙을 마치 거울에 비춰 보듯 여러 가지로 나타내는 것일 뿐만 아니라 그로 인해서 동물적인 자아가 이 법칙에 따를 필요가 있다는 사실을 사람들에게 알려주게 되는 것이다. 그러나 사람은 자신의 일에 쓰이는 재료와 도구를 일 그 자체와 혼동할 수 없으며 혼동해서는 안 된다.

자신이나 다른 것들 속에서, 눈에 보이고 손으로 만질 수 있고 관찰할 수 있는 그런 생활 — 자신이 아무런 노력을 하지 않아도 행해지는 그런 생활을 사람이 제아무리 연구한다 할지라도 사람들에게 있어서 그와 같은 생활은 언제까지나 신비한 것으로 남을 것이다. 이런 관찰을 하고 있는 한, 사람은 이처럼 자신에게 의식되지 않는 생활을 결코 이해하지 못할 것이다. 말할 필요도 없이 무한한 공간과 시간 속에 숨겨져 있는 이 신비한 생활을 관찰하는 것만으로 자신의 참된 생활을 밝힌다는 것은 도저히 있을 수 없는 일이다. 무엇보다도 사람이 가장 잘 알고 있는 인간 특유의 행복을 손에 넣기 위해서, 역시 무엇보다도 사람이 가장 잘 알고 있는 인간 특유의 이성의 법칙에, 이번에도 역시 사람이 무엇보다도 가장 잘 알고 있으며 모든 것에서부터 떨어져 있는 특유의 동물적 자아를 따르게 함으로 해서 이루어지는 참된 생활 — 자신의 의식 속에서 발견할 수 있는 참된 생활은, 그런 방법으로는 우리 앞에 도저히 펼쳐 보일 수 없는 법이다.

참된 인간 생활은 공간이나
시간 속에서 생겨나는 것이 아니다

  사람이 자신 속에서 생명을 인식하게 되는 순간은, 동물적인 자아가 이성의 법칙에 따르지 않으면 도저히 손에 넣을 수 없는 행복을 진심으로 바라는 마음이라는 형태로 알게 되는 것이다.
  사람은 그 외의 형태로는 인간 생명을 알지 못하며, 또한 알 수도 없는 법이다. 동물이 살아 있다고 사람이 인정하는 것도 생각해 보면 그 동물을 형성하고 있는 물질이 그와 같은 물질의 법칙뿐만 아니라 훨씬 더 높은 유기체의 법칙에 종속되어 있을 때로만 국한하지 않는가?
  물질의 일정한 결합 속에 유기체의 법칙에 대한 이와 같은 종속관계가 있을 경우 — 우리는 물질의 그 결합 속에서 생명을 인정하며, 그와 같은 종속관계가 존재하지 않거나 시작되지 않았거나 혹은 끝나 버렸을 경우 — 화학적·이성적인 법칙만이 작용하는 다른 모든 물질과 이 물질을 구별할 수 있는 점이 아무것도 없기 때문에, 우리는 거기서 동물로서의 생명을 찾아볼 수가 없는 것이다.

이것과 마찬가지로 우리가 자기 자신이나 자신과 같은 다른 사람들을 살아 있다고 인정하는 것도, 그 동물적인 자아가 그와 같은 유기체의 법칙에 종속되어 있는 것 외에도 한층 더 높은 이성의 법칙에 종속되어 있는 경우에만 한정되어 있는 것이다.

자아가 이성의 법칙에 따르지 않거나 육체를 형성하는 물질을 종속시키고 있는 동물적인 자아의 법칙만이 인간 속에서 작용하고 있다면, 우리는 곧 타인 속에서도 자신 속에서도 인간다운 생활을 잃게 되고 말 것이다. 그것은 마치 물질 속에서 — 물질로서 그 법칙만을 따르고 있는 것에서 동물적인 생활을 찾아볼 수 없는 것과 같은 것이다.

열에 들떠 있거나, 정신이 이상해져 있거나, 단말마의 고통에 몸부림치거나, 취했거나, 흥분에 빠져 있는 사람들이 하는 행동이 제아무리 격렬하고 급격한 것처럼 보인다 할지라도 우리는 그런 사람들을 참으로 살아 있다고 인정하지 않으며 참으로 살아 있는 사람으로 취급하지도 않고, 단지 그 사람 속에서 생명의 가능성만을 간신히 찾아볼 수 있을 뿐이다. 그러나 반대로 제아무리 활발하지 못하고 나약해 보이는 사람이라 할지라도 그 사람의 동물적인 자아가 이성의 법칙에 따른다는 사실을 알게 되기만 하면 우리는 그 사람을 참으로 살아 있는 사람이라 인정하고, 그렇게 대한다.

우리에게 있어서 인간 생활은, 동물적인 자아가 이성의 법칙에 따르는 것이라고밖에는 이해할 길이 없는 것이다.

이 생활은 물론 시간과 공간 속에서 나타나기는 하지만, 시간적·공간적인 조건에 의해서 정해지는 것이 아니라 단지 동물적인 자아가 이성에 따르는 정도에 의해서 분명하게 정해지는 것일 뿐이다. 이 생활을 공간적·시간적인 조건에 의해 규정하려는 것은, 어떤 것의 수준을 결정하기 위해 그 폭과 길이를 재려 하는 것과 똑같은 것이다.

평면으로 작용함과 동시에 위로도 작용하는 물체의 운동이 바로 이와 같은 참된 인간 생활과 동물적인 자아의 생활과의 관계, 혹은 참된 생활과 시간적·공간적인 생활과의 관계와 매우 흡사하다. 원래 위로 작용하는 물체의 운동은 평면으로 작용하는 그 운동과는 아무런 관계도 없기 때문에, 그것에 의해서 운동량이 줄지도 않으며 늘지도 않는다. 인간 생활도 이것과 완전히 똑같다. 참된 생활은 언제나 개인 속에서 나타나기는 하지만, 그와 같은 개인과는 애초부터 아무런 관계도 없기 때문에 줄거나 늘거나 하는 것이 아니다.

인간의 동물적인 자아를 한정하는 시간적·공간적인 조건은, 동물적인 자아가 이성의 의식에 따라야만 비로소 성립되는 참된 생활에는 아무런 영향도 줄 수 없는 법이다.

물론 살고 싶다고 바라는 인간이, 이와 같은 공간적·시간적인 운동을 생활의 장소에서 완전히 제거할 수 있을 리는 없다. 그러나 인간의 참된 생활은 이 눈에 보이는 공간적·시간적인 운동과 관계없이 이성에 따름으로 해서 행복을 손에 넣는 것이다. 인간 생활은 이처럼 이성의 법칙에 따라서 더욱 확실하게 행복을 얻음으로 해서 비로소 형성되는 것이다. 이와 같은 종속관계에 의한 향상이 결여될 경우, 인간 생활은 시간과 공간이라는 언뜻 분명하게 보이는 듯한 두 개의 방향으로 나아갈 수밖에 없는, 고립되어 의지할 곳 없는 단순한 생존에 불과한 것이 되고 만다. 그러나 위로 향하려는 이 운동, 즉 이성에 대해 점점 강해지는 종속관계가 존재하는 경우, 공간과 시간이라는 두 개의 힘과 행복을 추구하는 인간 생활 사이에서는 어떤 관계가 정해지며, 그 관계에서 발생하는 힘에 의해서 많든 적든 인간의 생존을 생명의 영역으로까지 끌어올리는 운동이 행해지는 것이다.

공간적·시간적인 힘은 생명이라는 관념과 양립할 수 없는, 일정하게 한정된 힘이다. 그러나 이성에 따라서 행복해지려고 하는 힘은, 사람을 향상시키는 힘이자 시간에도 공간에도 구애받지 않는 생명력 그 자체다.

사람은 이성의 의식에 눈을 뜰 때 자기 생활의 흐름이 멈췄다거나 두 개로 분열되었다고 생각하게 되지만, 이와 같은 어리둥절함이나 동요는 사실 단순한 의식의 당혹감 — 인간의 감각이 일으키는 착각과도 같은 과오에 지나지 않는다. 참된 생활에 그런 어리둥절함이나 동요는 존재하지도 않으며 존재할 리도 없기 때문에 그렇게 생각되는 것은 우리가 단지 잘못된 인생관을 갖고 있기 때문인 것이다.

  참된 생활에 처음으로 발을 들여놓을 때, 그러니까 동물적인 생존보다 한층 더 위에 있는 높은 곳으로 오를 때, 사람은 그 높은 곳에서 환상과 다를 바 없이 죽음으로 끝날 수밖에 없는 동물적인 생존을 한눈에 내려다보게 될 뿐만 아니라, 그 이전까지 자신이 있던 아래쪽이 사방팔방으로 깎아지른 듯한 절벽으로 둘러싸여 있는 것이 생생하게 보이기 때문에, 그 광경에 완전히 겁을 먹은 나머지 그 높은 곳에 오르는 것이 인생 그 자체라는 사실을 전혀 이해하지 못하게 된다. 자신을 그와 같은 높이로 끌어올린 힘에서 생명을 인정하고, 눈앞에 제시된 방향으로 나가는 대신 그 높이에서 내려다보이는 광경에 겁을 먹고, 아래쪽에서 입을 벌리고 있는 낭떠러지를 더 이상 보고 싶지 않다는 마음 하나로 가능한 한 낮은 곳으로 낮은 곳으로 일부러 내려가려 하기까지 한다. 그러나 이성의 의식의 힘이 끊임없이 사람을 위로 올리려 하기 때문에 또 다시 그런 광경을 보게 되며, 두려움을 느껴 또 다시 보고 싶지 않다는 마음 하나로 정신없이 바닥에 엎드려 버린다. 이러한 상태는 결국 사람이 올바른 인식에 도달할 때까지 계속된다. 참으로, 파멸할 수밖에 없는 생활로 자신이 끌려가게 될 것 같은 그런 공포로부터 구원을 얻기 위해서 사람은 자신의 향상이 없었던 지금까지의 생활 — 단순한 공간적·시간적 생활은 인생이 아니며 이렇게 위로 향하려 하는 운동이야말로 자신의 인생에 다름 아니라고 인식한 후에 이성의 법칙에 자신의 자아가 따름으로 해서 비로소 행복과 생명을 약속받을 수 있는 것이라는 사실을 분명하게 깨달아야만 한다. 사람은 심연에서 날아오를 수 있는 날개를 자신이 가지고 있다는 사실을 깨달아야만 한다. 그와 같은 날개가 없었다면 그렇게 높은 곳에 오르지도 못했을 것이며, 그런 깊은 낭떠러지를 생생하게 들여다보게 되지도 않았을 것이다. 사람은 자신의 날개를 믿어야만 한다. 그리고 그 날개가 이끄는 대로 높이 날아야만 한다.

 그것을 믿을 만한 근거가 부족하기 때문에 결국 참된 생활의 문턱에서 정말로 납득할 수 없다는 기분에 사로잡혀, 동요하기도 하고 멈춰 서기도 하고 의식이 두 개로 나뉜 것 같다는 등의 현상을 겪게 되는 것이다.

 자신의 생활을 공간과 시간에 의해 한정되어 있는 동물적인 생존이라고 생각하고 있는 사람만이 이성의 의식은 동물적인 생존

속에서 기회만 되면 모습을 드러내는 것이라고 생각하는 법이다. 자기 속에서 인식할 수 있는 이성의 의식의 출현을 이런 식으로 보기 때문에 사람은 이성의 의식이 자기 속에서 언제 어떤 조건하에서 나타나는 것인지를 생각하기도 한다. 그러나 자신의 과거를 아무리 살펴본다 할지라도 그처럼 이성의 의식이 나타나는 순간은 결코 찾아낼 수 없을 것이다. 사람은 그런 것을 생각할 때마다 이성의 의식이 한 번도 존재하지 않았다거나 언제나 존재했었다는 식으로 생각할 뿐이다. 만약 사람이 이성의 의식은 단속적으로 나타나는 것이라고 생각한다면 그것은 단지 그 사람이 이성적인 의식의 생활을, 생활로서 인식하고 있지 않기 때문인 것이다. 사람은 자신의 생활을 공간적·시간적인 조건에 의해 한정되는 동물적인 생존으로밖에 보지 않기 때문에 이성의 의식의 각성이나 활동까지도, 같은 척도로 재려고 언제, 어떤 조건에서, 어느 정도, 자신이 이성의 의식에 지배를 받게 되었는지를 생각하게 되는 것이다. 그러나 이성적인 생활이 나타날 때도 있고 나타나지 않을 때도 있는 것처럼, 이성의 의식의 각성에 단절이 있다고 생각하는 것은, 오로지 자신의 생활을 동물적인 자아의 생활이라고만 생각하고 있는 사람들뿐이다. 자신의 생활을 이성의 의식의 활동이라고, 있는 그대로 생각하는 사람에게 그와 같은 단절은 있을 수 없는 것이다.

 이성적인 생활은 존재한다. 오직 그것만이 존재하고 있는 것이다. 이성적인 생활의 경우, 단 1분 동안의 단절이든 5만 년 동안의 단절이든 그것은 완전히 똑같은 것으로, 그런 단절은 조금도 문제가 되지 않는다. 왜냐하면 그 생활에는 시간이라는 것이 없기 때문이다. 참된 인간 생활 — 사람이 다른 모든 생활을 이해하는 근본이 되는 참된 생활을 한번 보기 바란다. 이성의 법칙에 자아를 따르게 해야만 비로소 손에 넣을 수 있는 행복을 간절하게 추구하는 것이 참된 인간의 생활이지만 그 경우, 이성이나 그 이성에 따르는 정도는 결코 공간이나 시간에 의해서 한정되지 않는다. 참된 인간 생활은 시간과 공간을 뛰어넘은 곳에서 발생하는 법이다.

동물적인 자아의 행복에 대한
부정이야말로 인간 생활의 법칙이다

인생은 행복에 대한 욕구다. 행복에 대한 욕구가 인생이다. 모든 사람들이 인생을 이렇게 이해해 왔으며, 앞으로도 언제나 이렇게 이해할 것임에 틀림없다. 다시 말해서 인생이란 인간적인 행복에 대한 욕구이자, 인간적인 행복에 대한 욕구가 곧 인생인 것이다. 그런데 생각이 없는 세상의 일반 사람들은 동물적인 자아의 행복이 인간의 행복이라고 착각하고 있다.

아니 그뿐만 아니라 잘못된 과학도 인생의 정의에서 행복이라는 관념을 무시하고, 인생은 동물적인 생존이라 생각하고 있으니 결국 동물적인 행복만을 인생의 행복이라고 인정하는 것과 다를 바 없이 되어, 그와 같은 세상 일반인들의 과오에 보조를 맞추고 있는 실정이다.

이와 같은 잘못은 전부 동물적인 자아 — 학자들이 말하는 인더비주얼리티와 이성의 의식을 혼동하기 때문에 일어나는 것이다. 이성의 의식은 그 속에 동물적인 자아를 포함하고 있지만 동물적인 자아는 그 속에 이성의 의식을 포함하고 있지 않다. 동물적인 자아 — 본능은 동물이나 동물로서의 인간의 본성이지만 이성의 의식은 오직 인간만의 본성이다.

동물은 자신의 육체만을 위해서 살 수 있으며 또한 그런 식으로 살아가기 때문에 자신의 본능을 만족시키는 것만으로도 무의식중에 종족을 위해 봉사하게 되지만, 자신이 이 세상에서 유일한 존재라는 사실에 대해서는 전혀 알지 못한다. 그에 비해서 이성을 가진 인간은 자신의 육체만을 위해서는 살아갈 수가 없다. 사람이 그런 식으로 살아갈 수 없는 것은 자신이 유일한 존재라는 사실을 알고 있을 뿐만 아니라 타인도 자신과 마찬가지로 유일한 존재라는 사실, 그러한 개인과 개인과의 관계에서 발생하는 모든 일을 잘 알고 있기 때문이다.

만약 사람이 자기 혼자만의 행복밖에 생각하지 않고 오로지 자신만, 자신의 자아만을 사랑한다고 한다면 동물과 마찬가지로 타인도 역시 자기 자신을 사랑하고 있다는 사실은 틀림없이 알지 못했을 것이다. 그러나 자신이라는 개인이 열렬하게 추구하고 있는 것이 자기 주위의 모든 사람들 — 모든 개개인이 열렬하게 추구하는 것과 같다는 사실을 알게 된다면 사람은 더 이상 이성의 의식에 비추어 보아 악으로밖에는 보이지 않는 개인적인 행복을 추구할 수 없을 것이며, 그와 같은 개인적인 행복만을 바라는 것을 생활의 목적으로 삼을 수도 없게 될 것이다. 그럼에도 불구하고 때로 사람은 동물적인 자아의 요구를 만족시키지 못하면 참된 행복을 얻지 못하는 것이 아닐까 생각하기도 한다. 이런 착각을 하게 되는 것도 결국은 사람이 자신의 동물적인 자아 속에서 일어나는 것을 이성의 의식이 추구하는 목적이라고 잘못 알고 있기 때문이다. 마치 눈을 뜬 후에도 끝난 꿈의 뒤를 쫓아 무엇인가를 시작하는 사람과 같은 것이다.

거기에다가 잘못된 가르침이 그와 같은 착각을 지지하기 때문에 사람은 이성의 의식과 동물적인 자아를 완전히 혼동하게 되는 것이다.

그러나 동물적인 자아의 요구를 제아무리 만족시킨다 할지라도 사람은 행복해지지 않으며, 따라서 살아 있다고도 할 수 없다는 사실을 이성의 의식은 되풀이해서 사람에게 가르쳐 결국에는 인간의 참된 행복, 즉 동물적인 자아라는 틀로는 규정할 수 없는, 인간에게 참으로 어울리는 생활로 사람을 반드시 인도해 갈 것이다.

일반적으로 세상에서는 개인의 행복 — 자기 혼자만의 행복을 부정하거나 하면 그것을 굉장히 훌륭한 행동, 멋진 행동인 것처럼 생각하거나 이야기한다. 그러나 실제로 개인의 행복을 부정하는 것은 조금도 훌륭한 행동, 멋진 행동이 아니며 인간 생활의 한 조건 — 살아 있는 이상 누구도 피할 수 없는 하나의 조건에 지나지 않는다. 사람은 자신을 세계의 모든 것에서부터 고립되어 있는 유일한 존재라고 의식함과 동시에 타인도 역시 세계의 모든 것에서부터 고립되어 있는 유일한 존재라는 사실을 인정하지 않을 수 없는 것이다. 그러한 사실을 바탕으로 사람은 그와 같은 개인과 개인의 상호관계와 자기 혼자만의 행복이 덧없는 것임을 깨닫고 이성의 의식을 만족시키는 행복만이 유일한, 참으로 확실한 것이라는 사실을 인정하게 되는 것이다.

동물의 경우 자기 혼자만의 행복, 즉 본능을 만족시키는 것에는 조금도 신경 쓰지 않는 활동 — 동물적인 자아의 행복과 완전히 대립되는 활동은 결국 생명의 부정에 지나지 않지만, 인간의 경우는 그와 정반대다. 오로지 자신의 행복만을 손에 넣으려 하는 사람의 활동이야말로 인간 생활의 완전한 부정에 다름 아니다.

머지않아 죽음으로 끝날 그 생존의 비참함을 가르쳐 주어야 할 이성의 의식이 없는 동물에게는 본능을 만족시켜서 종족이 끊기지 않도록 새끼를 남기는 것이 생활 최고의 목적이다. 그러나 인간에게 있어서 그와 같은 동물적인 자아는 생존의 한 단계에 지나지 않는다. 그보다 한 단계 위에서, 동물적인 자아의 행복과는 일치하지 않는 인생의 참된 행복을 찾아볼 수가 있다.

 동물적인 자아의 의식이 아무리 크게 작용한다 할지라도, 인간에게 있어서 그것은 생활이라고는 말할 수 없는 것이다. 기껏해야 거기에서부터 생활이 시작되는 조그만 발단이라고 표현할 수 있을 것이다. 인간의 생활이란 동물적 자아의 행복과는 관계가 없는, 참으로 인간에게 어울리는 행복을 착실하고 확실하게 자신의 것으로 만들어 나아가는 것이다.

 현재 일반적으로 알려져 있는 인생관에서는, 그 동물적 자아가 태어나서 죽을 때까지의 극히 짧은 시간만을 인간의 생활이라 말하고 있는 듯하다. 그러나 그런 것은 인간의 생활도 그 무엇도 아니다. 동물적인 자아에 사로잡힌 사람이 그저 생존해 있는 것에 지나지 않는다. 인간의 생활은 동물적인 생존이라는 형태를 빌려서 나타나기는 하지만 결코 그것만이 전부는 아니다. 유기적인 생명이 물질이라는 형태를 통해서 나타나기는 하지만 단지 그것만이 전부는 아닌 것과 같은 것이다.

 그럼에도 불구하고 사람은 동물적인 자아가 끊임없이 추구하는, 눈에 분명하게 보이는 목적이 인생의 목적이라고 생각하기 쉬운 법이다. 그와 같은 목적은 눈에 보이기 때문에 이해하기 쉬운 것이라 여겨진다.

 그러나 이성의 의식이 가리키는 목적은 눈으로 볼 수 없는 것이기 때문에 어딘지 이해할 수 없는 것처럼 여겨지는 법이다. 그렇기 때문에 눈에 보이는 것을 거부하고 눈에 보이지 않는 것에 따르기가, 처음에는 아무래도 무섭다고 느껴지는 것이다.

현대의 잘못된 가르침에 물든 사람들은, 자신의 경우를 봐도 타인의 경우를 봐도 분명하게 눈으로 볼 수 있는 동물적인 자아의 요구 ─ 그냥 내버려 두어도 저절로 일어나는 그런 요구는 아주 간단하고 명료한 것이라고 생각하면서도, 이 눈에 보이지 않는 이성의 의식의 새로운 요구는 마치 정반대인 것처럼 생각해 버리고 만다. 저절로 일어나는 것과는 달리 힘써 노력하지 않으면 안 되는 이와 같은 요구에 응하는 것은 매우 복잡하고 어렵고 시작하기 힘든 것이라고 생각한다. 분명하게 눈으로 볼 수 있는 인생관을 버리고, 애매하여 분명하게 눈에 보이지 않는 의식을 따르기가 왠지 두렵고 불안한 것이다. 예를 들어서 태어날 아기가 자신이 태어날 것을 느낄 수 있다면, 불안하고 두려워서 견딜 수가 없을 것이다. 바로 그와 같은 두려움, 불안함인 것이다. 그러나 그 눈에 보이는 관념에 따르면 결국 도달하게 되는 곳은 죽음이며, 눈에 보이지 않는 의식만이 생명을 부여하는 법이니, 달리 어찌해 볼 도리가 없지 않은가?

동물적인 자아는
인생의 도구다

　　동물적인 생존이란, 죽음을 향해서 멸망의 길을 끊임없이 더듬어 가는 것과 다를 바 없는 생존이다. 따라서 그러한 동물적인 자아 속에 참된 생활이 있을 리 없다. 어떤 의견이라 할지라도 이 의심할 여지도 없는 밝은 진리를 사람들의 눈에서 가릴 수는 없다.

　사람은 이 세상에 태어나서 아직 어렸을 때부터, 나이를 먹어 곧 죽음에 이르기까지 자신이라는 하나의 인간의 생존이 결국은 죽음을 면할 수 없는 동물적인 자아의 끊임없는 소모와 쇠약에 지나지 않는다는 사실을 저절로 인정하지 않을 수 없게 된다. 따라서 자아의 확장과 불멸을 열렬하게 바라는, 자신이라는 개인 속의 생활 의식은 그 생활의 유일한 목적이 행복해지는 것임에도 불구하고 언제나 모순에 시달리며 괴로워하다 결국에는 불행에 빠져 버리게 되고 마는 것이다.

인간의 참된 행복이 어디에 있든 인간인 이상 동물적인 행복만은 부정할 수밖에 없는 것이다.

동물적인 자아의 행복을 부정하는 것은 인간 생활의 법칙이다. 만약 이성의 의식에 따라서 동물적인 자아를 부정하기는 하지만 그 부정이 철저하게 행해지지 않는다면, 다시 말해서 인간 생활의 법칙이 충분하게 실현되지 않는다면, 머지않아 육체와 함께 동물적인 자아가 죽을 때, 특히 죽음의 고통을 참을 수가 없어서 오직 한 가지 사실 — 자신이 죽는다는 슬픈 의식에서 벗어나고 싶다, 다른 생존 의식으로 옮아가고 싶다는 사실만을 바라게 될 때에 이르러서야 한 사람 한 사람의 인간 속에서 이 생활의 법칙이 억지로 실현되게 될 것이다.

참된 인간 생활에 처음으로 들어선 사람이 경험하는 것은, 주인에 의해 마구간에서 나와 처음으로 마차에 묶여진 말의 몸에서 일어나는 현상과 매우 흡사한 것이다. 마구간에서 나와 바깥의 빛을 보고 자유로운 기분에 빠진 말은 그와 같은 자유 속에 참된 생활이 있는 것이라고 생각하지만, 곧 마차에 묶여 마차를 몰게 된다. 말은 자신 뒤에 있는 무거운 짐을 느끼게 된다. 그래도 여전히 자유롭게 달리는 것에 참된 생활이 있다고 생각한다면 말은 몸부림치다 쓰러져 죽어 버리게 될 것이다. 설사 죽지는 않는다 할지라도 그런 말에게는 오직 두 가지 길밖에 남아 있지 않다. 그대로 마차를 끌고 가는 동안 결국에는 짐도 그렇게 무거운 것이 아니며 그렇게 걷는 것은 고통이 아니라 오히려 즐거움이라는 사실을 깨닫게 되거나, 혹은 끝까지 고집을 피울 것이다. 끝까지 말을 듣지 않으려 하면 주인은 그 말을 방아 위로 데리고 가서 밧줄로 벽에 단단히 묶어 놓는다. 방아가 말의 발밑에서 돌기 시작하기 때문에 말은 어둠 속에서 언제까지고 괴로움에 떨면서 제자리걸음을 걸어야만 한다. 그렇다 할지라도 그 말의 힘은 결코 헛되이 쓰이고 있는 것이 아니다. 즉, 이 말의 경우는 하기 싫은 일을 억지로 하고 있는 것이기는 하지만, 거기에도 역시 생활의 법칙이 분명하게 작용하고 있기 때문이다. 이처럼 서로 다른 두 가지 길이지만 결국 가 닿는 곳은 똑같다. 단지 앞선 말의 경우에는 기꺼이 일을 하지만, 뒤에 이야기한 말의 경우는 괴로움 속에서 억지로 일을 한다는 점이 다를 뿐이다.

'그런데 인간인 자신이 살아가기 위해서 자아의 행복을 부정해야 하는 것이라면, 이 자아라는 것은 대체 무엇 때문에 있는 것일까?' 자신의 동물적인 생존을 인생이라 여기고 있는 사람들은 이런 말을 곧잘 한다. 실제로 무엇을 위해서, 그런 자아의 의식이 ― 참된 인간 생활이 나타나는 것을 방해하는 자아의 의식이 사람에게 갖춰져 있는 것일까?

이와 같은 질문에는 그와 비슷한 또 다른 질문으로 대답을 할 수 있을 것이다. 그것은 다름 아니라, 생명과 종족의 유지만을 유일한 목적으로 여기고 살아가고 있는 동물들이 한다면 조금도 이상할 것이 없을 다음과 같은 질문을 한번 생각해 보자는 것이다.

'대체 무엇 때문에'라고 그 동물이 묻는다고 하자. '이와 같은 물질이나 물질의 법칙과 같은 것이 있는 것일까? 물리적인 법칙, 화학적인 법칙, 이런저런 법칙, 아주 귀찮아서 견딜 수가 없다. 그 모든 것이 내 자신의 목적을 실현하기 위해서는 물리쳐야만 할 것들뿐이다. 만약 내 사명이 동물로서 만족스럽게 살아가는 것이라고 한다면, 내가 정복해야만 할 이런 여러 가지 방해물은 대체 무엇 때문에 존재하는 것일까?'

물론 우리 모두가 너무나도 잘 알고 있는 사실이기 때문에 따로 설명할 필요도 없을 테지만, 동물이 자신의 생존을 위해서 싸워야 하고 따를 수밖에 없는 물질과 그 법칙은 전부 방해가 되는 것이 아니라 동물이 그 목적을 실현하는 데 없어서는 안 될 수단인 것이다. 물질을 섭취하고 물질의 법칙을 매개로 하지 않는다면 동물은 단 하루도 살아갈 수 없다. 인간 생활의 경우도 바로 이와 같은 것이라 할 수 있다. 사람이 자신이라는 것을 거기서 찾아볼 수 있는 동물적인 자아 — 더구나 자기 이성의 의식에 종속시키지 않으면 안 될 동물적인 자아는, 그렇다고 해서 결코 방해가 되는 것이 아닐 뿐만 아니라 오히려 사람이 행복이라는 그 목적에 도달하는 데 없어서는 안 될 수단인 것이다.

동물적인 자아는 사람이 일을 하기 위해 사용하는 도구다. 인간에게 있어서 동물적인 자아는 밭을 가는 쟁기 ― 밭을 가는 동안 날이 무뎌져 날을 다시 갈고, 그렇게 닳아 가는 쟁기인 것이다. 쟁기가 인간에게 주어진 것은 이처럼 사용하라고 주어진 것이지 번쩍번쩍 빛나게 갈아서 놓아 두라고 주어진 것은 물론 아니다. 동물적인 자아도 역시 사용을 해서 도움이 되라고 인간에게 주어진 재능이기 때문에 단지 그대로 내버려 두기만 해서는 안 된다.

'누구든지 제 목숨을 구원하고자 하면 잃을 것이요 누구든지 나를 위하여 제 목숨을 잃으면 찾으리라.' (마태복음 16장 25절) 다시 말해서 이 말 속에는 다음과 같은 의미가 담겨 있는 것이다. 없어져야 할 것, 없어지지 않으면 안 될 것을 아까워해서는 안 된다. 없어져 가는 것, 없어져야 할 것, 즉 우리의 동물적인 자아를 부정해야만 비로소 참된 생명 ― 영원히 없어지지 않는 것, 없어질 리가 없는 생명을 손에 넣을 수 있다는 의미가 담겨 있는 것이다. 또 거기에는 우리가 인간 생활도 그 무엇도 아닌 동물적인 생존을 인생이라고 생각하기를 그만두었을 때 비로소 참된 인간 생활이 시작되는 것이라는 의미도 담겨 있다. 그리고 생명을 지탱해 주는 먹을 것을 만드는 데 없어서는 안 될 쟁기를 아끼는 사람은, 쟁기를 아졌기 때문에 먹을 것은 물론 생명까지도 잃게 될 것이라는 의미도 역시 포함되어 있는 것이다.

영(靈)의 탄생

'너희는 거듭나야 한다(요한복음 3장 7절)'고 그리스도는 말했다. 실제로 거듭나라고 누가 얘기하지 않아도, 사람은 저절로 그렇게 될 수밖에 없다. 진짜 생명을 갖기 위해서 사람은 이성의 의식의 인도를 받아 그에 어울리는 존재로 다시 한 번 거듭나지 않으면 안 된다.

사람에게 이성의 의식이 주어진 것도 결국, 그 이성의 의식이 가리키는 행복을 손에 넣어 참된 생활을 하지 않으면 안 되기 때문이다. 이와 같은 행복 속에서 살아가는 자는 참된 생명을 갖게 된다. 그러나 그와 같은 행복 속에서 살아가려 하지 않고 동물적인 자아의 행복 속에서 살아가는 자는 그것만으로도 이미 생명을 잃은 것이다. 그리스도가 말한 생명의 의미가 바로 여기에 있다.

그러나 개인의 행복을 추구하는 것이 인생이라 생각하고 있는 사람들은, 이와 같은 말을 들어도 그저 들은 것이 전부일 뿐, 그 본질을 이해하려 하지, 아니 이해하지 못한다. 이 사람들은 그러한 말이 전혀 아무런 의미도 갖고 있지 않은 것이나, 아니면 의미가 있다 하더라고 아주 하찮기 짝이 없는 것, 뭔가 감상적이고 신비적(이런 부류의 사람들은 이런 식으로 말하기를 좋아한다)인 기분을 그럴듯하게 가장한 것일 뿐이라 생각하고 있다. 그러나 사실 이와 같은 말은, 이런 부류의 사람들은 도저히 다다를 수도 없는 상태를 설명하고 있는 것으로, 그것을 이해하지 못하는 것은 마치 말라비틀어져서 싹을 틔우지 못하는 씨앗이, 막 싹을 틔우려고 하는 싱싱한 씨앗의 상태를 이해하지 못하는 것과 같은 것이다. 말라비틀어진 씨앗의 입장에서 보자면 이제 막 싹을 틔우려고 하는 씨앗에 쏟아지는 햇빛도 참으로 무의미한 우연 — 열이나 빛을 조금 과다하게 부여하는 것에 지나지 않지만, 싹을 틔우기 직전에 있는 씨앗의 입장에서 보자면 생생한 삶과 생명에 가득 차 태어나는 원인이 되는 것이다. 이와 마찬가지로 동물적인 자아와 이성의 의식 사이의 내면적 모순을 아직 느끼지 못한 사람의 경우도 태양의 빛, 즉 이성은 역시 무의미한 우연 — 감상적이고 신비적인 말에 지나지 않는 것처럼 느껴지는 법이다. 태양의 빛을 받아 되살아나고 생생함을 얻는 것은 그 속에 이미 생명을 품고 있는 것들뿐이다.

지금까지 인간뿐만 아니라 동물의 경우나, 식물의 경우도 생명이라는 것이 왜, 언제, 어디서, 어떤 식으로 발생하는 것인가 하는 사실을 분명하게 밝혀낸 사람은 아무도 없었다. 사람 속에 깃들어 있는 생명의 발생에 대해서 그리스도는, 그 사실은 누구도 알지 못하며 알 수도 없다고 말했다.(요한복음 3장 8절. '바람이 임의로 불매 네가 그 소리는 들어도 어디서 와서 어디로 가는지 알지 못하나니 성령으로 난 사람도 다 그러하니라')

사실 생명이 인간 속에서 어떤 식으로 발생하는 것인가 하는 것을 사람이 어찌 알 수 있겠는가? 생명은 인간의 빛이다. 생명은 생명이다. 다시 말하자면 모든 것들의 근원이다. 그 생명이 어떻게 해서 발생하는 것인지를 어찌 사람이 알 수 있겠는가? 발생하거나 사라지는 것을 사람이 알 수 있는 것은 참으로 살아 있지 않은 것 — 공간과 시간 속에서 나타나는 것뿐이다. 생명이라는 것은 발생할 수도 없고 사라질 수도 없는 것이라고밖에는 달리 생각할 길이 없다. 다시 말해서 생명은 참된 존재인 것이다.

이성의 의식은 무엇을 요구하는가

　　이성의 의식이 마음속에서 의심의 여지도 없이 분명하게 단언하고 있는 것처럼, 자신이라는 개인의 입장에 서서 세계를 보려 하는 한 인간은, 한 사람 한 사람으로서의 인간은 절대로 행복해지기를 바랄 수 없게 되는 법이다. 즉, 인간의 생활이란 자신이 행복해지고 싶다는 소망에 다름 아님에도 불구하고, 인간은 그런 행복은 불가능한 것이라고 인정하지 않을 수 없게 되는 것이다. 그런데 이해할 수 없는 것은, 그런 행복은 불가능한 것이라는 사실을 분명하게 인정하고 있으면서도, 그래도 역시 사람은 그 불가능한 행복 — 자기 혼자만의 행복을 손에 넣겠다는 일념으로 살아가고 있다는 점이다.

　　눈을 뜨기는 했지만(다시 말해서 이제 막 눈을 뜬), 동물적인 자아를 아직 종속시키지 못한 이성의 의식을 가진 인간도 역시, 자살이라도 하지 않는 한 이 불가능한 행복을 실현시키려 살아가고 있는 것이다. 그와 같은 사람이 살아서 활동하는 것도 결국은 자신이, 자기 혼자만이 행복해지기 위해서인 것이다. 아니 한술 더 떠서, 자신의 행복을 위해서, 향락을 위해서, 고통과 죽음이 자신에게 찾아오지 않도록 하기 위해서 모든 사람, 모든 것이 전부 살아서 활동해 주면 좋겠다고 바랄 뿐만 아니라 그렇게 되도록 만들어 나아가기까지 한다.

실제로 그런 행복이 인간의 손에 들어올 리도 없으며 타인이 자기 자신을 사랑하기를 그만두고 오직 그것을 바라는 사람만을 사랑하려 할 리도 없다는 사실을, 자기 경험을 통해서, 주위 사람들의 생활을 통해서, 이성의 속삭임을 통해서 분명하게 알고 있으면서도 여전히 부나 권력이나 높은 지위나 명성이나 추종이나 기만 등과 같은 온갖 수단을 동원해서 어떻게 해서든 타인이 자기 자신이 아니라 그것을 바라는 사람을 사랑하게 만들어야겠다며 사람들은 제각각 분주하게 하루하루를 살아가고 있다. 참으로 놀라울 따름이지만 그것 또한 사실이다.

이러한 목적을 위해서 사람들은 가능한 한 모든 일을 해 왔으며, 지금도 그렇게 하고 있다. 그런데 사람들은 자신들이 불가능한 일을 하려 한다는 사실을 스스로도 잘 알고 있는 것이다. '행복해지고 싶다는 이 바람이 결국은 내 인생이다.' 라며 사람은 생각한다.

'나는 행복해지고 싶다. 내가 참으로 행복해지기 위해서는 다른 사람들이 모두 자기 자신보다 나를 더 사랑하도록 만들기만 하면 된다. 하지만 사람들은 전부 자기 자신만을 사랑하고 있으니, 다른 사람들이 나를 사랑하도록 만들기 위해서 행하는 나의 행동은 전부 헛수고에 불과하다. 헛수고라 할지라도 내게는 그 외에 달리 방법이 없다.'

몇 세기에 또 몇 세기가 지나서 사람은 여러 가지 천체까지의 거리를 밝혀냈으며, 그 무게를 결정하고, 태양과 별의 성분까지 알게 되었지만, 대부분의 사람들에게 있어서 개인의 행복에 대한 요구와 그 행복을 부정하는 사회생활을 어떻게 조화시킬 것인가 하는 문제는 5천 년 전의 사람들과 마찬가지로 미해결인 채 남아 있다.

이성의 의식은 사람들에게 이렇게 말한다. '틀림없이 너는 행복해질 수 있다. 하지만 그것은 모든 사람들이 자기 자신보다 너를 더 사랑하게 되었을 때의 얘기다.' 그리고 그 이성의 의식은 이렇게도 가르쳐 준다. '그건 결코 있을 수 없는 일이다. 왜냐하면 사람들은 모두 자신만을 사랑하기 때문이다.' 결국 이성의 의식에 의해서 사람에게 제시된 유일한 행복이, 같은 의식에 의해서 다시 감춰지게 되는 것이라고 밖에는 달리 생각할 길이 없는 것이다.

몇 세기가 지나고 또 몇 세기가 지났지만 대부분의 사람들에게 있어서 인생의 행복에 대한 수수께끼는 아직도 이렇게 미해결인 채 남아 있다. 그런데 사실 그 수수께끼는 아주 먼 옛날에 이미 해결된 상태다. 그리고 그 해결을 알게 된 사람들은 자신이 어째서 그것을 풀지 못했던 것일까 하고 신기하게 여기며, 사실은 벌써부터 알고 있었지만 단지 잠깐 잊고 있었던 것이 아닐까 하는 생각까지도 하게 된다. 현대의 잘못된 가르침 속에서는 지극히 어려운 문제인 것으로 여겨지고 있는 이 수수께끼의 해결도 사실은 그처럼 간단하고 자연스러운 것에 지나지 않는다.

"너는 모든 사람들이 너를 위해서 살아가기를 바라고 있지? 모든 사람들이 자기 자신보다 너를 훨씬 더 사랑하기를 바라고 있지?"

이성의 의식은, 이번에는 분명하고 힘차게 사람에게 말을 할 것이다.

"너의 그 소망이 이루어질 수 있는 상태는 오직 한 가지밖에 없다. 그것은 모든 사람들이 타인의 행복을 위해서 살아가고 자기 자신보다도 타인을 더 사랑하는 상태다. 그렇게 되어야만 비로소 모든 것들이 모든 것들에 의해서 사랑을 받게 되는 것이다. 물론 너도 그들 중 한 명이 되어 바라던 바대로 행복을 손에 넣게 될 것이다. 이처럼 모든 사람들이 자신보다 타인을 더 사랑하게 될 때 네가 비로소 행복해질 수 있는 것이라고 한다면, 너도 역시 한 사람의 인간으로 당연히 자신보다 타인을 한층 더 사랑해야만 하는 것이 아닐까?"

이성의 의식이 말한 것과 같이 이 조건이 갖춰져야만 비로소 인간의 행복, 인간의 생활이 가능해지는 것이다. 이와 같은 조건이 갖춰져야만 비로소 인간의 생활을 해하는 것이 사라지는 것이다. 생존경쟁도, 괴로운 고통도, 죽음에 대한 공포도 사라지는 것이다.

실제로 개개인의 생존의 행복을 불가능하게 하는 것은 무엇일까? 첫 번째로 들 수 있는 것은 개인적인 행복을 추구하는 인간들 간의 생존경쟁이다. 두 번째는 생명의 소모와 포만과 고통밖에 가져다주지 않는 겉치레뿐인 향락이다. 세 번째는 죽음이다. 그러나 이처럼 행복을 방해하는 것들을 없애고 인간이 행복을 손에 넣기 위해서는 마음속으로 이렇게 생각해 보기만 하면 된다. 자기 혼자만의 행복을 추구하는 삶을, 타인의 행복을 바라는 삶으로 바꿀 수 있다고 생각해 보기만 하면 되는 것이다. 자기 혼자만의 행복을 추구하는 좁은 인생관으로 세상을 바라보면 사람은 세계에서 서로를 멸망시키는 인간들의 불합리한 생존경쟁밖에 볼 수가 없다. 하지만 타인의 행복을 추구하는 것이 자신의 생활이라고 인정하게 되면, 사람은 전혀 다른 것을 이 세상에서 보게 될 것이다. 생존경쟁 등과 같은 말도 안 되는 현상 옆에서, 같은 인간끼리의 끊임없는 봉사 — 그것이 없으면 이 세계의 존재도 무의미한 것이 되어 버리는 봉사를 보게 될 것이다.

그것만 보게 된다면 도저히 이룰 수 없는 개인의 행복을 손에 넣으려 했던 이전까지의 모든 무의미한 활동도, 세계의 법칙과 일치하는 다른 활동 — 자신을 포함한 이 세상 모든 것을 대상으로 하는 좀 더 커다랗고 실현성이 있는 행복을 손에 넣기 위한 활동으로 바꿀 수 있게 될 것이다.

개인의 생활을 비참한 것으로 만들고 그 행복을 불가능한 것으로 만드는 두 번째 원인은, 생명을 소모시키고 포만과 고통밖에 가져다주지 않는 그 겉치레뿐인 향락이다. 그러나 타인의 행복을 추구하는 것이 자신의 생활이라고 사람이 인정하기만 한다면, 배신당할 것이 뻔한 그런 향락을 즐기듯 찾아다니는 일은 자연스럽게 사라지고 말 것이다. 동물적인 자아라는, 바닥없는 항아리를 가득 채우려고 하는 무의미하고 고통스러운 활동도, 타인의 생활을 위해서 봉사하려 하는 이성의 법칙에 합당한 활동 — 자신이 행복해지기 위해서 없어서는 안 될 활동으로 바꿀 수 있을 것이다. 생명의 작용을 불태워 버리는 고통스러운 괴로움도, 수많은 열매를 맺는 활동을 불러일으키는 감정 — 타인에 대한 배려의 감정으로 바뀌게 될 것이다.

개인의 생활을 비참한 것으로 만드는 세 번째 원인은 죽음에 대한 공포다. 그러나 사람이 자신의 동물적 자아의 행복을 바라기를 그만두고 타인의 행복이 자기 생활의 목적이라고 인정하기만 한다면 죽음이라는 괴물도 그의 눈앞에서 영원히 모습을 감춰 버리고 말 것이다.

  왜냐하면 죽음에 대한 공포는, 육체가 죽으면 생명의 행복까지 잃게 된다는 공포에서 일어나는 것이기 때문이다. 만약 사람이 타인의 행복을 자신의 행복이라 생각할 수 있게 된다면, 다시 말해서 자신보다도 더 타인을 사랑할 수 있게 된다면, 자기 혼자만을 위해서 살아 있는 사람이 생각하고 있는 것처럼 죽음을 행복과 생명의 단절이라고는 생각지 않게 될 것이다. 타인을 위해 생활하고 있는 사람은, 죽음이 행복과 생명을 멸하는 것이라 생각하고 싶어도 그렇게 생각할 수가 없다. 왜냐하면 타인의 행복과 생명은 그것을 위해 봉사하는 한 사람의 생명에 의해서 훼손되지도 않을 뿐만 아니라 때로는 오히려 그 생명의 희생에 의해서 더 높아지기도 하고 더 강해지기도 하기 때문이다.

이성의 의식의 요구는 전부
올바른 것으로 인정받고 있다

"하지만 그건 인생이 아니다. 인생의 부정이다. 자살이다."라며 혼란에 빠져 쉽게 방황하는 의식은 사람 속에서 이렇게 대답할 것이다. "그런 건 모르겠다."라고 이성의 의식이 거기에 답할 것이다.

"단지 알고 있는 것은, 인생이란 그런 것이며 누가 뭐래도 그것 외에 인생은 있을 수 없다는 점뿐이다. 그리고 이런 것도 알고 있다. 인간에게 있어서나 세계의 모든 것에 있어서는 이와 같은 생활이 참된 생활이며 행복이라는 점이다. 지금까지의 세계관에 의하면 자신의 생활도, 다른 모든 것들의 생활도 불행하고 무의미한 것에 지나지 않았지만, 이 세계관에 의하면 그것은 인간 속에 존재하는 이성의 실현이 되는 것이다. 각각의 사람이 모든 사람들에게 봉사하는 법칙, 다시 말해서 모든 사람들이 각각의 사람들에게 봉사하는 법칙만 실행된다면 모든 인간들은 한 사람도 남김없이 무한한 행복을 느끼게 될 것임에 틀림없다, 인간의 가장 커다란 행복이 실현될 것임에 틀림없다는 점이다."

"하지만 그런 건 틀림없이 머릿속에서 생각되어진 법칙이기는 하지만, 도저히 실제의 법칙이라고는 생각되지 않는다."라며 혼란에 빠져 쉽게 방황하는 의식이 다시 대답한다.

"실제로 다른 사람들은 아직도 나를 자기 자신을 사랑하는 것만큼 사랑하고 있지는 않지 않은가? 따라서 나도 다른 사람을 나보다 더 사랑할 수는 없다. 다른 사람을 위해서 즐거움을 망치거나 고통을 감수하기는 싫다. 이성의 법칙 따위에 나는 조금도 관심이 없다. 내게는 즐거움이 필요하다. 고통 따위는 받고 싶지도 않다. 게다가 오늘날은 생존경쟁 때문에 사람들끼리 피투성이가 되어 서로 밀고 당기고 있으니, 나 혼자서만 팔짱을 낀 채 넋 놓고 있으면 바로 다른 사람들에게 짓밟힐 거다. 모든 사람들의 최대의 행복 따위를 어떤 방법으로 정말 실현하겠다는 건지 모르겠지만 나와는 상관없는 얘기다. 내게 필요한 건 실질적인 내 자신의 행복, 나의 최대의 행복이다."

잘못된 의식은 이렇게 말할 것이다.

"그런 건 모르겠어"라며 이성의 의식이 거기에 답한다. "단지 이것만은 알고 있어. 네가 즐거움이라고 생각하는 것이 네게 진정으로 행복이라 느껴지는 것은 그 즐거움을 타인이 네게 줄 때뿐이야. 네가 자신을 위해서 스스로 그것을 취하려고 하면, 붙잡으려 하면 간만에 찾아온 즐거움도, 실제로 그렇게 되고 있는 것처럼 쓸데없는 것, 고통을 느끼게 하는 것밖에는 되지 않을 거야. 그리고 네가 현실의 고통에서 벗어날 수 있는 것도 타인이 고통에서 너를 구해 줄 때뿐으로, 지금처럼 현실의 것도 아닌 단지 공상에 의해 생겨난 고통을 너무나도 두려워한 나머지 스스로 자신의 생명을 빼앗듯, 제아무리 자기 손으로 거기서 벗어나려 해도 벗어날 수 없을 거야. 그리고 이런 것도 알고 있어. 개인적인 생활, 다시 말해서 모든 사람들이 나 한 사람을 사랑해 주고 있는데 나는 나 자신밖에 사랑하지 않는 생활, 가능한 한 커다란 향락을 나 혼자서만 독점하고 나 혼자서만 고통과 죽음에서 벗어나려 하는 생활 — 그런 생활은 그야말로 끊임없이 계속되는 최대의 고통임에 틀림없어. 그리고 내가 자신을 사랑하면 사랑할수록, 타인에게 싸움을 걸면 걸수록 타인도 나를 더욱 미워하고 더욱 격렬하게 적의를 불태우며 나와 싸우게 될 거야. 내가 고통으로부터 몸을 지키려 하면 할수록 고통은 더욱 괴로운 것이 될 거야. 죽음에서 벗어나려고 몸부림치면 칠수록 죽음은 더욱 무서운 것이 될 거야. 이것만은 틀림없는 사실이야. 무엇을 하든 사람은 그 생활의 법칙에 맞는 삶을 살지 않는 이상 행복해질 수 없어. 사람의 생활의 법칙이란 서로 다투는 게 아니라 그 반대로 서로에게 봉사하는 거야."

"하지만 나는 내 속에서만 생명을 찾아볼 수 있다. 타인의 행복 속에서 내 생명을 생각한다는 건 도저히 불가능한 일이다."

"그런 건 모르겠어"라며 이성의 의식이 다시 대답한다. "단지 알고 있는 건 이런 사실뿐이야. 그러니까 이전까지는 불행하고 무의미한 것이라고만 생각되었던 나의 생활과 이 세상 모든 것들의 생활이, 지금은 내 속에서 찾아볼 수 있는 똑같은 이성의 법칙에 따름으로 해서 똑같은 하나의 행복을 추구하는, 완전하고 살아 있는, 이성적인 것처럼 여겨진다는 거야."

"하지만 그건 내게 불가능한 일이다!"라고 방황하는 의식은 말한다. 그러나 사실은 어떤가. 이 불가능한 일을 하지 않는 사람은 없으며, 이 불가능한 일 속에서 인생 최고의 행복을 느끼지 않는 사람은 없다.

"타인의 행복이 나의 행복이라고는, 도무지 생각되지 않는다."

이렇게 말하기는 하지만 자신 이외의 사람의 행복이 자신의 행복이 되는 상태를 모르는 사람은 없다.

"타인을 위해서 일하고, 괴로워하는 것에 행복이 있으리라고는 여겨지지 않는다."

그러나 이처럼 배려심 깊은 다정한 마음에 사람이 몸을 내맡기기만 하면 그 사람에게 있어서 개인적인 향락은 곧 의미를 잃게 되며 그 생명력은 타인의 행복을 위해서 바치는 노동과 고통 속으로 완전히 옮겨갈 뿐만 아니라 그러한 고통과 노동도, 그 사람에게는 행복이 된다.

"타인의 행복을 위해서 내 생명을 희생한다는 건, 도저히 불가능한 일이다."

그러나 이것도 그러한 감정을 인정하기만 한다면, 그 순간부터 더 이상 죽음이 보이지 않게 되어 공포도 사라질 뿐만 아니라 그것이 사람에게 허락된 최고의 행복이라는 생각까지도 품게 되는 것이다.

자신의 행복을 바라는 마음을 타인의 행복을 바라는 마음으로 바꿀 수만 있다면, 설사 형태로 나타나지 않는다 할지라도 진심에서 인정하기만 한다면 그 사람의 생활은 지금까지의 불합리하고 비참한 것에서 합리적이고 행복한 것으로 단번에 바뀔 것이라는 사실을, 이성적인 사람이라면 누구나 인정하지 않을 수 없을 것이다. 또한 이와 같은 인생관을 다른 사람이나 다른 생물에게까지 적용하여 생각해 보면, 처음에는 부조리하고 잔혹하다고밖에 생각되지 않던 이 세상 모든 생활이 순식간에 인간이 바라는 이성에 합당한 최고의 행복이 된다는 사실도 이성이 있는 사람이라면, 역시 인정하지 않을 수 없을 것이다. 이성적인 사람에게 있어서 무의미하고 목적이 없었던 인생이 합리적인 의미를 갖게 되는 것이다.

 이와 같은 사람에게 있어서 이 세상의 생활의 목적으로서 생각해 볼 수 있는 것은, 지구상의 인간 모두가 하나가 되어 어디까지나 이성적인 존재로서 발전해 나아가는 것이다. 이성을 가진 사람은 그렇게 생각하게 된다. 생활이 이 목적을 향해서 나아가는 동안, 모든 인간이 더욱 확고하게 이성의 법칙에 따르게 되어 이전까지는 이성적인 사람만이 이해하고 있던 진리 — 즉, 각자가 자기 혼자만의 행복을 추구하지 않고 다른 모든 것들의 행복을 추구한다는 이성의 법칙에 합당한 마음을 갖기만 한다면 인생의 행복은 실현될 것이라는 진리를 결국에는 한 사람도 남김없이 모든 사람들이 이해하게 될 것이다. 그리고 처음에는 인간의 뒤를 이어 모든 생물에게 이성의 법칙이 점차 미치게 될 것이라고 생각하게 되는 것이다.

 게다가 그것뿐만이 아니다. 자신의 행복을 바라는 마음을 타인의 행복을 바라는 마음으로 바꿀 수 있다고 인정하기만 한다면 사람은 그렇게 해서 조금씩 점차 자아를 부정하면서 활동의 목적을 자신에게서 타인에게로 옮겨가는 것이 인류 및 인류와 깊은 관계를 맺고 있는 전진운동에 다름 아니라는 사실을 깨닫지 않을 수 없게 되는 것이다. 의심스럽다면 역사를 살펴보기 바란다. 역사 속에 나타난 일반 생활의 변화는 인간끼리의 투쟁의 강화나 증대의 방향으로 움직이고 있는 것이 아니라 오히려 그와는 반대로 불화나 알력의 감소, 투쟁의 완화의 방향으로 나아가고 있다. 다시 말하자면, 이 세계가 이성의 법칙에 따름으로 해서 적의나 불화나 알력과 같은 것에서부터 점차 조화나 결합에 가까워져 가고 있는 것이 생활 변화의 실상인 것이다. 살펴보기 바란다. 처음에는 서로 다투던 사람들이 서로 다투기를 그만두고, 포로나 자신의 아들을 죽이던 사람들이 죽이기를 그만두고, 살인을 자랑스럽게 생각하던 군인들이 그 자랑을 그만두고, 노예제도를 시작했던 사람들이 그 제도를 없애고, 동물을 죽이던 사람들이 길들이는 법을 배워 무차별하게 죽이기를 삼가고, 고기 대신 그 알이나 젖을 식용으로 삼게 되고, 또 식물과 같은 것까지 함부로 그것을 멸절시키는 것을 금하게 되었다는 사실 — 이와 같은 사실들이 있지 않은가? 사람들은 이와 같은 사실을 인정하지 않을 수 없는 것이다. 또한 사람들은 인류 중에서도 뛰어난 사람들이 향락의 추구를 비난하고 절제를 권했다는 사실을 알고 있다. 그리고 후세 사람들의 찬탄의 대상이 된 극히 뛰어난 사람들이, 그들의 몸을 희생하는 훌륭한 견본을 남겼다는 사실도 알고 있다. 이처럼 사람은, 자신은 단지 이성의 요구에 의해서 인식하게 됐을 뿐인 사실이 실제로 이 세상에서 행해지고 있을 뿐만 아니라 과거 인류의 생활에 의해서 그것이 옳다는 사실까지도 이미 증명되었다는 점을 알게 되는 것이다.

또 그것뿐만이 아니다. 같은 사실을 이성이나 역사보다 한층 더 강력하고 확실하게, 전혀 다른 곳에서 다른 방법으로 사람들에게 나타내는 것이 있다. 그것은 자기 자신의 행복을 추구하는 것과 조금도 다르지 않게, 타인의 행복을 추구하게 하는 활동 — 이성의 가르침과 조금도 다르지 않은 활동으로 사람을 자연스럽게 이끌어 가는 마음의 움직임, 즉 사람의 가슴 속에서 넘쳐 나고 있는 사랑인 것이다.

자아의 요구와
이성의 의식의
요구는 양립할 수 없는 것처럼 보인다

이성과 판단과 역사와 내면의 감정 모두 이와 같은 인생관이 옳다는 사실을 사람들에게 확신시키고 있다. 그러나 현대의 잘못된 가르침을 받으며 자란 사람들은, 그래도 역시 이성의 의식과 그 감정의 요구를 만족시키는 것이 인생의 법칙이라고는 도무지 여겨지지 않는 모양이다.

"자신의 행복을 위해서 타인과 싸워서는 안 된다, 향락을 추구해서는 안 된다, 고통을 피하려 해서는 안 된다, 죽음을 두려워해서는 안 된다! 이렇게 안 된다, 안 된다고 말하지만 그건 애당초 무리한 주문이다. 그렇게 하면 인생을 완전히 부정해 버리게 된다! 자신의 자아가 요구하는 것을 스스로 느끼고, 그 요구가 옳다는 것까지 이성에 비추어 봐서 알고 있는데 대체 왜 그 자아를 부정해야만 한다는 것인가?"

현대의 교양 있는 사람들은 확신에 넘치는 목소리로 이렇게 말한다. 그런데 우습게도 이성을 연마할 기회를 거의 얻지 못한, 단순하게 일하는 사람들은 자아의 요구 따위를 전혀 고집하려 하지 않을 뿐만 아니라 오히려 자신 속에서 자아의 요구와는 완전히 모순되는 요구를 언제나 느끼고 있다. 그에 반해서 이성의 의식의 요구를 애초부터 부정하거나, 그런 요구의 올바름을 하나하나 논파論破하여 자아의 요구가 옳다고 주장하는 것은, 언제나 이성이 발달된 유복하고 세련된 사람들이다. 이는 놓칠 수 없는 중요한 현상이다.

여가와 돈을 가지고 있는 나약한 교양인들은 언제나, 자아는 절대불가침의 권리를 가진 것이라고 증명하며 물러서려 하지 않을 것이다. 그러나 굶주린 사람은 먹을 것이 인간에게는 필요하다는 사실을 새삼스레 증명하거나 하지는 않을 것이다. 그런 것은 모두 말하지 않아도 알고 있는 사실이기에 증명할 필요도 반박할 필요도 없다는 것을 알고 있기 때문에, 굶주린 사람은 그저 말없이 먹기만 할 것이다.

이런 현상이 일어나는 이유는, 이른바 교육을 받지 못한 사람 — 평생 육체노동을 해서 생활해 나아가고 있는 단순한 사람들의 경우는, 자신의 이성을 왜곡하거나 훼손할 기회가 거의 없었기에 이성의 힘도, 순결함도 그대로 유지하고 있기 때문이다.

하지만 이런저런 생각을 해야 하는 직업을 갖고 있는 사람 — 아무래도 상관없을 정도로 하찮기 짝이 없는 것뿐만 아니라, 그런 생각을 하다니 제대로 된 사람일까 싶을 정도의 일까지 생각하며 평생을 보내는 사람들은 자신의 이성을 일그러뜨리고 일그러뜨렸기 때문에 이성도 거기서는 자유분방하게 일할 힘을 잃을 수밖에 없는 것이다. 즉, 이성은 그에 어울리지 않는 여러 가지 문제 — 자아의 요구를 검토한다거나, 그 확대와 발달을 생각한다거나, 자아를 만족시킬 수단을 궁리하는 등의 문제에 시달려 마음대로 움직일 수 없게 되는 것이다.

"하지만 나는 내 자아의 요구를 분명하게 느끼고 있으니, 그 요구는 정당한 것임에 틀림없다."

이른바 교양 있는 사람 — 현대의 잘못된 교육을 받으며 자란 사람들은 이렇게 말한다.

이와 같은 사람들은 자기 자아의 요구를 분명하게 느끼고 있는 것이다. 이 사람들의 생활은 개인적인 행복을 가능한 한 확대시키는 것(헛된 공상에 불과하다)에 완전히 기울어져 있다. 자신의 욕구를 만족시키면 자신이 행복해질 수 있다고 생각하는 것이다. 이와 같은 사람들이 자아의 요구라 생각하고 있는 것은, 이성의 도움을 빌려 확인한 개인적인 생존의 조건인 것이다. 이렇게 해서 의식하게 된 요구 — 이성의 도움을 빌려 확인된 요구는 거기에만 의식이 작용하기 때문에 어떤 경우에라도 기괴할 정도로 도를 넘어서 확대되어 보이는 법이다. 이 확대된 요구를 만족시키려고, 거기에 마음을 빼앗기기 때문에 그와 같은 사람들의 눈에는 정말로 중요한 자신의 참된 생활의 요구가 보이지 않게 되는 것이다.

이른바 사회학이라는 것은 그 연구의 기초에 인간의 욕구에 관한 학설을 두고 있는데 그러한 학설에게 불리한 사정 — 인간 중에는 자살하려는 사람이나 아사 직전에 있는 사람들처럼 아무런 욕구도 갖고 있지 않은 사람도 있는가 하면, 그야말로 무한한 욕구를 가진 사람도 있다는 사정은 전혀 염두에 두고 있지 않은 듯하다.

동물적인 인간이 생존할 경우에 느끼는 필요 - 욕구는 그야말로 다양하기 짝이 없다. 인간 생존의 조건이 변함에 따라서 그 욕구도 또한 변한다. 게다가 그 조건이라는 것이 원의 반지름과 같아서 무수하게 존재한다. 예를 들자면 먹을 것과 마실 것에 대한 필요, 호흡에 대한 필요, 근육과 신경을 움직일 필요, 노동과 휴식과 쾌락과 가정생활에 대한 필요, 과학이나, 예술이나, 종교 등과 같은 것들의 필요…… 혹은, 아이들이나, 청년이나, 어른이나, 노인이나, 아가씨나, 부인이나, 노파 등이 제각각 느끼는 이와 같은 모든 것들의 필요…… 그리고 중국 사람이나, 파리 사람이나, 러시아 사람이나, 라플란드 사람 등이 느끼는 필요…… 그리고 여러 가지 계급의 잡다한 습관이나 여러 가지 질병 등과 같이 각각의 경우에 따른 필요…….

이렇게 날이 저물도록 헤아려 본다 해도 인간의 욕구를 전부 헤아릴 수는 없다. 생존의 여러 가지 조건이 욕구를 낳을 뿐만 아니라 생존의 조건도 헤아릴 수 없을 정도로 많기 때문이다.

물론 욕구가 되는 것은 그중에서도 의식된 조건뿐이다. 하지만 의식된 조건은 의식되자마자 그 순간에 본래의 의미를 잃고, 거기로만 향한 이성의 의식 작용에 의해서 과장된 의미를 갖게 되기 때문에 참된 생활이 거기에 가려지게 되는 것이다.

욕구라 불리는 것, 즉 인간의 동물적인 생존의 조건은 팽창하여 어떤 형태로도 자유롭게 변형할 수 있는, 무수히 많은 조그만 구슬에 비할 수 있을 것이다. 구슬 모두가 똑같고 변함 없이 각자의 자리를 차지하고 있기 때문에 팽창이라도 시작하지 않는 한 서로를 압박하는 경우는 없다. 인간의 욕구도 역시 전부 똑같고 각각의 위치를 각자가 점하고 있을 뿐이기 때문에 특별히 의식되지 않는 한 병적으로 느껴지는 경우는 없는 법이다. 그러나 일단 팽창하기 시작하면 구슬은 곧 평소보다 훨씬 더 넓은 장소를 차지하기 때문에 다른 구슬을 밀치기도 하고 또 밀리기도 하여 서로 옥신각신하게 된다. 인간의 욕구도 이와 마찬가지로, 그 하나에만 이성의 의식이 향하여 작용하기 시작하면 곧 의식된 그 욕구가 생활의 전부가 되어 모순을 부르고 사람을 괴롭게 만드는 것이다.

요구되는 것은 자아를 부정하는 것이 아니라 자아를 이성의 의식에 종속시키는 것이다

실제로 사람이 자아의 요구만을 느끼고 이성의 의식은 느끼지 못한다면, 그것은 결국 이성을 잘못 사용했기 때문에 만연할 대로 만연한 동물적인 욕망에 사람이 휘둘려서 참된 인간 생활을 잃어버린 것에 불과한 것이다. 무성한 악덕의 잡초 때문에 참된 생활의 싹이 상해 버린 것이다.

현대와 같은 세계 속에서 이런 현상이 일어난다는 것은 조금도 이상한 일이 아니다. 왜냐하면 지도적인 위치에 있는 사람들이 개인 최고의 완성은 자아의 고도한 요구를 다면적으로 발전시키는 것이라거나, 대중의 행복은 그 속에 존재하는 수많은 욕구를 가능한 한 만족시킴으로 해서 보장받을 수 있는 것이라거나, 인간의 행복은 단지 그 욕구의 만족에 달려 있는 것이라고 사람들에게 단언적으로 말하고 있는 형편이니 어찌 그대로 되지 않겠는가?

이러한 가르침 속에서 자란 일반인들이 자신의 요구는 느끼지만 이성의 의식의 요구는 느끼지 못한다는 사실에 조금도 의심을 품으려 하지 않는 것은 어쩌면 당연한 결과가 아니겠는가? 이성이 잘못 이용되어 단지 육욕을 강화하는 데만 도움이 된다면 사람이 어찌 이성의 요구를 느낄 수 있겠는가? 이와 같은 동물적인 욕망이 생활의 전부가 되어 있다면 사람이 어찌 그 요구를 부정할 수 있겠는가?

이런 사람들은 "자아를 부정한다는 것은 불가능한 일이다."라고 흔히들 말한다. 그러나 이는 이성의 법칙에 자아를 종속시킨다는 관념과 자아를 부정한다는 관념을 슬쩍 바꿔치기하여 문제를 일부러 왜곡시키고 있는 것이다.

"이는 부자연스러운 일이다."라며 그런 사람들은 말한다. "따라서 불가능하다."

그러나 그 누구도 자아를 부정하라고는 말하지 않았다. 이성적인 인간과 자아와의 관계는, 그 동물적인 자아와 호흡이나 혈액순환과의 관계와 같은 것이다. 동물적인 자아가 혈액순환을 부정할 수 있을까? 그런 말을 한다는 것 자체가 우습게 여겨질 정도다. 이성적인 인간도 역시 마찬가지로, 자아의 부정은 입에 담기조차도 우습게 여겨지는 이야기다. 이성적인 인간에게 있어서 자아는, 없어서는 안 될 생활의 조건으로, 혈액순환이 동물적인 자아의 생존 조건인 것과 조금도 다를 바 없는 것이다.

이처럼 자아 — 동물적인 자아는 원래 무엇이 됐든 요구라는 것을 할 수 없으며, 또 요구하지도 않는 것이다. 이와 같은 요구 — 이른바 자아가 요구를 해오는 것은 결국 잘못된 방향으로 향한 이성 — 인간의 생활을 인도하고 비추기 위해서가 아니라 자아의 동물적인 욕망을 부채질하기 위해서 이용되고 있는 이성인 것이다.

동물적인 자아의 필요는 언제나 충족되어지고 있다. 무엇을 먹을까, 무엇을 입을까 하는 말을 사람은 할 필요가 없는 것이다. 사람이 이성에 합당한 생활을 하기만 하면 이와 같은 모든 필요는 하늘을 나는 새나 들판의 꽃처럼 사람에게도 보장되어 있는 것이다(마태복음 6장 25절~34절 참조). 실제로 인간으로서 생각하며 살아가는 이상, 자아의 요구를 충족시키는 것만으로 삶의 불행이 줄어들 것이라고, 진심으로 믿을 수 있겠는가?

인간의 생존에 있어서 불행은 사람이 각자 자아를 가진 개인이라는 점에서 일어나는 것이 아니라 그와 같은 개인적인 생존속에서 인생이나 인생의 행복을 찾아보려 하기 때문에 일어나는 것이다. 그런 인식에 사로잡히기 때문에 인간 속에서 모순이나 분열이나 고통이 생겨나는 것이다.

다시 말해서 인간이 고통을 느끼는 것은 이성의 힘을 빌려 부추

긴 끊임없는 자아의 요구에 시선을 빼앗겨, 사람이 이성의 올바른 요구를 보지 못하게 될 때뿐이다.

하지만 그렇다고 해서 사람은 자아를 부정할 필요가 없으며, 또 부정할 수도 없다. 사람이 살아가는 데 필요한 다른 여러 조건을 부정할 수 없는 것과 같은 것이다. 단, 그와 같은 생존의 조건을 인생 그 자체라고 인정할 수는 없으며, 또 인정해서도 안 된다. 사람은 주어진 생활 조건을 이용할 수 있으며, 또 이용해야 하지만 그 조건을 인생의 목적이라고 보는 것만은 피해야 할 일이다. 다시 말해서 자아를 부정하는 것이 아니라 자아가 추구하는 행복을 부정하는 것이다. 자아를 인생이라 생각하기를 그만두는 것이다. 인간이 하나로 결합되기 위해서, 그와 같은 참된 생활에 없어서는 안 될 행복을 손에 넣기 위해서 인간인 이상 이것만은 반드시 실행해야만 하는 것이다.

그러나 이런 것은 지금에서야 시작된 이야기가 아니다. 자아 속에서 인생을 발견하는 것이야말로 생명의 부정이며, 자아의 행복에 대한 부정이야말로 생명에 이르는 유일한 길이라는 가르침이 오랜 옛날부터 인류의 위대한 교사들에 의해서 행해져 왔다.

"그래, 하지만 그게 어쨌단 말인가? 그건 불교에서 하는 말 아닌가?"라고 현대인들은 반발한다. "열반 아닌가? 기둥 위에 서는 것이 아닌가!"

그리고 이와 같은 말을 하면서, 현대인들은 모든 사람들이 너무나도 잘 알고 있어서 숨기고 싶어도 숨길 수 없는 사실, 즉 개인적인 생활은 불행하고 무의미하다는 사실을 아주 솜씨 좋고 효과적으로 논파한 것이라고 생각한다.

"그것은 불교다, 열반이다."라고 되풀이하며, 이 사람들은 그러한 말로 수십억이나 되는 사람들이 지금까지 인정해 왔을 뿐만 아니라 실제로 우리 한 사람 한 사람이 마음 깊은 곳에서 잘 알고 있는 사실, 즉 개인적인 목적밖에 갖고 있지 않은 생활은 유해하고 무의미한 것으로, 그런 해로운 생활에서 벗어나고 싶다면 개인의 행복을 부정할 수밖에 없다는 생각을 완전히 논파해 버린 것이라고 생각한다.

인류의 대부분이 인생을 그렇게 이해해 왔으며 지금도 그렇게 이해하고 있다는 사실도, 위대한 현자들도 역시 인생을 그렇게 이해해 왔다는 사실도, 그리고 그것 말고는 인생을 이해할 방법이 없다는 사실도, 그런 사람들을 조금도 당황하게 만들지는 못한다. 그와 같은 사람들은 설령 모든 인생 문제가 충분히 만족할 만한 방법으로 해결되지는 않는다 할지라도, 그 대부분은 전화나, 오페레타나, 세균학이나, 전등이나, 폭약과 같은 것에 의해 해결될 것이라고 믿고 있기 때문에, 개인의 생활을 부정해야 한다는 생각은 옛날 야만적인 시대 때부터 뿌리 내려온 무지의 흔적이라고밖에 생각하지 않는다.

  게다가 이런 불행한 사람들은 끔찍할 정도로 거친 인도 사람 — 열반에 들기 위해 개인의 행복을 부정하는 것이라며 몇 년 동안이나 한 발로 서 있는 인도 사람이, 세계 곳곳을 철도로 돌아다니거나, 전등 불빛 밑에서 짐승과 다를 바 없는 모습을 내보이는 자신들 유럽 사회의 야수화된 사람들보다도 훨씬 더 진실하게 살아가고 있다는 사실을 깨닫지 못하고 있는 것이다. 그 인도 사람들은 개인적인 생활과 이성적인 생활이 모순된다는 사실을 이해하고 가능한 한 그 모순을 자신의 힘으로 해결하려 노력한다. 그러나 현대 문명세계의 사람들은 그 모순을 이해하지 못할 뿐만 아니라 그런 모순이 있다는 사실조차 믿으려 하지 않는다. 인생이 인간의 개인적인 생존이 아니라는 생각은 수천 년에 걸친 인류의 정신적인 노력의 결정이다. 이 생각은 인간(동물적이 아닌)의 정신 분야에 있어서는 지구의 회전이나 인력의 법칙과 다를 바 없는 진리, 아니 그보다도 훨씬 더 의심의 여지가 없는 강력한 진리인 것이다. 생각할 수 있는 사람이라면 누구나 학자가 됐든, 교육을 못 받은 사람이 됐든, 노인이 됐든, 아이가 됐든 모두가 그것을 알고 있다. 이 진리를 인정하지 않는 것은 아프리카나 호주의 오지에 사는 극히 야만스러운 사람들이나, 유럽의 도회나 수도에서 아무런 불편함도 없이 생활하며 예전의 야만으로 되돌아가 버린 것 같은 사람들뿐이다. 지금 이 진리는 인류의 재산이 되었다. 만약 인류가 기계학이나 대수학이나 천문학과 같은 제2의 지식 분야에서 퇴보하지 않았다면, 인생의 정의라는 제1의 근본지식에서 퇴보했을 리는 더욱 없다. 인류가 수천 년 동안의 생활에서 체험해 온 사실 ― 개인적인 생활은 공허하고 무의미하며 불행하다는 사실을 사람이 잊거나 의식에서 완전히 도려내기란 불가능한 일이다. 현대 유럽 사회에 과학이라는 것이 힘을 쏟아 붓고 있는 시도, 즉 인생을 개인적인 생존으로 보는, 시대에 뒤떨어진 낡은 인생관을 부활시키려는 시도도 결국은 이처럼 인류의 이성이 성장했다는 사실을 오히려 사람의 눈에 분명하게 보여 주는 것에 다름 아니다. 그리고 염세철학의 유행이나 엄청난 비율로 늘어나고 있는 자살자의 숫자는, 인류가 예전에 지나쳐 왔던 낮은 생활 의식으로 다시 돌아갈 수 없게 되었음을 여실하게 증명하고 있는 것이다.

인류에게 있어서 개인적인 생존으로서의 인생은 이미 의미를 잃었기 때문에 이제 와서 새삼스레 그곳으로 돌아갈 수 없게 된 것이다. 인간의 개인적인 생존이 무의미하다는 사실을 잊을 수 없는 것이다. 설령 우리가 무엇을 쓰든, 무엇을 말하든, 무엇을 찾아내든, 또 자신의 생활을 어떤 식으로 개선하든, 개인적인 행복의 가능성을 부정하는 것만은 현대의 모든 이성적인 인간에게 있어서 움직일 수 없는 진리가 되어 버렸다.

"하지만 그래도 지구는 돈다!"

문제는 갈릴레오나 코페르니쿠스의 정의를 되풀이하거나 새로운 푸트로메이의 고리를 생각해 내는 것(그런 것을 생각해 낸다는 것은 더 이상 불가능하다)에 있는 것이 아니라, 한층 더 앞으로 나아가서 모든 인류의 공통 의식이 된 그러한 정의보다 더욱 진보된 결론을 이끌어 내는 데 있는 것이다. 바라문교도나 부처나 노자나 솔로몬이나 스토아학파나 그 외의 인류가 낳은 모든 참된 사상가가 말한, 개인적인 행복은 불가능하다는 사상에 대해서도 역시 이와 같은 말을 할 수 있다. 자신의 눈에서 이와 같은 인생의 정의를 숨기려 하거나 온갖 수단을 동원해서 피하려 하지 말고, 좀 더 대담하고 확실하게 그것을 인정하고 더욱 진보된 결론을 이끌어 내지 않으면 안 되는 것이다.

사랑의 감정은 이성의 의식에 따르는
자아의 활동의 발현이다

이성적인 인간에게 있어서 개인적인 목적을 위해 생활한다는 것은 불가능한 일이다. 그렇게 하지 못하는 이유는, 제아무리 그렇게 하고 싶다 해도 길이 완전히 막혀 버렸기 때문이다. 다시 말해서 인간의 동물적인 자아가 이끌리는 목적은 하나같이 실현할 길이 없는 것들뿐이기 때문이다. 이에 이성의 의식은 다른 목적을 제시한다. 그것은 사람의 이성적인 의식을 충분히 만족시켜 줄 뿐만 아니라 반드시 실현될 목적인 것이다. 그러나 현대의 잘못된 가르침의 영향을 받은 사람에게 이 목적은 자기 자신과 모순되는 것처럼 느껴진다.

현대 사회에서 자란 인간 — 병적으로 발달하여 부풀어 오른 동물적인 욕망에 사로잡힌 인간이 이성적인 자아 속에서 제아무리 자기 자신을 찾아보려 해도 그러한 자아 속에서, 언제나 동물적인 자아 속에서 느끼는 것과 같은 기분 — 생명에 이끌리는 기분을 느끼지는 못할 것이다. 그리고 절망해서 이렇게 생각한다.

'이성적인 자아란, 그저 높은 곳에서 생활을 관찰하고 있을 뿐, 생기도 전혀 찾아볼 수 없고, 생명에 이끌리는 부분도 없다. 이성적인 자아에게는 생명에 대한 욕구가 없으며, 동물적인 자아에게는 욕구가 있지만 그것이 실현될 가능성은 없기 때문에 거기서 발생하는 것은 고통뿐이니, 남은 길은 오직 하나 — 이 인생에서 달아나는 것뿐이다.'

이와 같은 문제를 현대의 부정적인 철학자(쇼펜하우어나 하르트만)는 매우 불성실하게 해결했다. 다시 말하자면 인생을 부정하면서도 거기서 벗어날 기회를 잡으려 하지 않고 여전히 인생에 머물러 했던 것이다. 그에 비해서 인생을 악 이외에 아무것도 아니라고 생각한 끝에 이 세상에서 벗어난 자살자들은 이와 같은 문제를 성실하게 해결했다고 할 수 있을 것이다. 그 사람들은 현대 인간 생활의 불합리에서 벗어나는 유일한 방법은 자살밖에 없다고 생각했던 것이다.

염세철학자나 대부분의 자살자들의 생각을 더듬어 가면 다음과 같은 내용에 다다르게 될 것이다.

'내가 느낀 동물적인 자아 — 이 자아는 생명에 강하게 이끌린다. 그러나 생명에 강하게 이끌리고 있는 이 자아의 요구는 결코 채워지지 않는다. 내가 느끼는 또 하나의 자아 — 이성적인 자아에는 이 생명에 대한 욕구가 없다. 단지 잘못된 생명의 기쁨이나 동물적인 자아의 격렬한 욕망과 같은 것을 냉정하게 관찰하여 애초부터 부정하기만 할 뿐이다. 첫 번째 자아에게 몸을 맡기면 나는 파멸로 향하는 길을 한 걸음 한 걸음 나아가며 아무런 의미도 없이 살아가는 동안, 그처럼 구제할 길 없는 늪 속으로 더욱 깊이 빠져 들어가는 자신을 보게 될 뿐일 것이다. 두 번째 자아 — 이성적인 자아에 몸을 맡기면 내 속에서 생명에 이끌리는 기분 같은 건 형태도 없이 사라져 버리고 말 것이다. 자신의 행복을 위해서 살아가는 것은 불합리하고 무의미한 것이라는 사실을 나는 알고 있으니, 내가 제아무리 그것만을 위해서 살아가려 한다 해도 그렇게 할 수가 없다. 이성의 의식을 위해서 살지 못할 것도 없지만 그렇게까지 할 이유도 없고 또 그럴 마음도 없다. 내가 태어난 근원 — 신을 섬긴다면? 그러나 그럴 필요도 없을 듯하다. 설사 신이 있다 할지라도 신에게는 나 외에도 그를 섬길 사람들이 아주 많이 있는 것 같으니. 그렇다면 나는 대체 무엇을 위해서 살아가려 하는 것일까? 따분함이 느껴지기 전까지는 인생이 연출하는 그런 다양하고 어리석은 연극을 구경하는 것도 괜찮겠지. 하지만 따분함이 느껴지기 시작한다면…… 퇴장하면 그만이다, 자살하면 그만이다. 나도 그렇

게 하기로 하자.'

여기에 적은 것은 솔로몬이나 부처 이전의 인류가 품고 있던, 모순투성이 인생관에 지나지 않는다. 그런데 현대의 거짓 교사들은 인류를 끌고 그런 곳으로까지 되돌아가려 하고 있다. 이렇게 해서 자아의 요구는 불합리의 극점에까지 다다르게 된 것이다. 눈뜬 이성은 그것을 부정한다. 그런데 자아의 요구가 끔찍할 정도로 부풀어 올라 사람의 의식을 완전히 뒤덮어 버렸기 때문에, 사람은 이성이 인생을 완전히 부정해 버린 것이라고 생각하게 된다. 따라서 만약 이성이 부정하고 있는 것을 의식 속에서 전부 내몰아 버리고 나면, 뒤에는 아무것도 남지 않을 것 같다는 생각이 드는 것이다. 사람은 거기에 남아 있는 것을 보려 하지도 않는 것이다. 바로 남겨진 것 속에 인생이 있음에도 불구하고 남겨진 것은 무無라고 착각해 버리는 것이다.

그러나 '빛은 어둠 속에서 빛난다. 어둠은 빛을 감싸지 못한다.' (요한복음 1장 5절)

참된 가르침은 이와 같은 딜레마 — 무의미한 생존이냐, 그에 대한 부정이냐 하는 딜레마를 알고 그 문제를 해결했다.

행복을 말하는 가르침이라고 언제나 불려 오던 이 가르침 — 진실한 가르침은 동물적인 자아가 추구하는 거짓 행복 대신, 언젠가 어디선가는 손에 넣을 수 있다는 등의 믿지 못할 행복이 아니라,

언제나 지금 당장이라도 그 자리에서 손에 넣을 수 있으며 누구도 빼앗을 수 없는 실제적인 행복이 있다고 사람들에게 가르치고 있는 것이다.

이 행복은 머릿속에서 생각해 낸 단순한 이론에 불과한 것도 아니며, 어디선가 찾아내야만 하는 것도 아니고, 또 언젠가 어디선가는 손에 넣을 수 있다고 약속된 부류의 것도 아니다. 타락하지 않은 사람의 마음이라면 모두, 거기에 이끌리지 않을 수 없는 행복, 누구의 가슴에나 경험한 기억이 있는, 더할 나위 없이 친숙한 느낌이 드는 행복이다.

모든 사람들은 좌우도 알지 못하는 어린 시절부터 인생에는 동물적인 자아의 행복 외에도 또 다른 하나의, 그것보다 훨씬 더 훌륭한 행복이 있다는 사실을 알고 있었다. 동물적인 자아가 추구하는 욕망의 만족과는 아무런 관계도 없을 뿐만 아니라 오히려 동물적인 자아의 행복을 부정하면 할수록 더욱 커지는 행복이 있다는 사실을 알고 있었다. 인생의 온갖 모순을 해결하고 인간에게 최대의 행복을 부여해 주는 이 감정을 모르는 사람은 아무도 없다. 그 감정은 바로 사랑이다.

여기서 새삼스럽게 말할 필요도 없겠지만, 인생이란 이성의 법칙에 따르는 사람들의 동물적인 자아의 활동이다. 이성이란 인간의 동물적인 자아가 행복을 위해서 따라야만 하는 법칙이다. 그리고 사랑이란 인간이 태어날 때부터 행하는 유일한 이성적인 활동이다.

동물적인 자아란 자칫 자신만의 행복에 이끌리기 쉬운 것이기 때문에, 이성이 개인적인 행복은 거짓된 것이라는 사실을 사람에게 가르쳐 주고 또 다른 길을 마련해 둔 것이다. 다시 말해서 사람의 가슴 속에 있는 사랑의 감정의 발로야말로 그대로 이성이 가리키는 참된 행복으로 통하는 한 줄기 길이다.

사람의 동물적인 자아는 행복을 요구하지만, 이성의 의식은 서로 다투는 모든 존재들의 불행을 말하고, 동물적인 자아의 행복은 실현될 수 없는 것이라는 사실을 가르친 뒤, 사람에게 허용된 유일한 행복은 타인과의 다툼도, 행복의 중단도, 권태도, 죽음의 환영이나 공포도 없는 것이어야만 한다고 가르친다.

이렇게 해서 사람은, 참된 행복이라는 자물쇠에 꼭 맞는 열쇠라고도 할 수 있는 감정 — 이성이 보여 준 행복을 틀림없이 가져다 주는 사랑의 감정을 자기 마음속에서 찾아내게 되는 것이다. 그리고 그 감정은 해방되기가 무섭게 지금까지 품고 있던 인생의 모순을 해결한다. 사랑의 감정이 그런 모순 속에서 모습을 드러내려고 끊임없이 기회를 엿보고 있었던 것이 아닐까 생각될 정도다.

인간의 동물적인 자아는 완전히 이기적인 목적밖에 갖고 있지 않으며 자기 자신을 잃지 않으려, 훼손시키지 않으려 하는 데 반해서 사랑의 감정은 사람을 인도하여 자기 자신의 존재까지 아낌없이 타인을 위해서 내던지게 한다.

 동물적인 자아는 모순에 괴로워하지 않을 수 없다. 이런 고통을 적게 해 주는 것이 사랑의 활동의 주요한 목적이다. 동물적인 자아는 행복을 추구하려 몸부림치면서도 숨을 들이쉬고 내쉴 때마다, 그저 생각하기만 해도 사람들의 모든 행복을 파괴해 버릴 것만 같은 최대의 불행 — 죽음을 향해서 나갈 수밖에 없지만, 사랑의 감정은 그 공포를 단번에 날려 버릴 뿐만 아니라 사람을 인도하여 육체에 의해 지탱되고 있는 자기 자신의 존재까지도 타인의 행복을 위해서 기꺼이 희생하도록 만든다.

제3장
진리의 교훈

인생의 의미를 충분히 이해하지 못한 사람은 사랑의 감정도 충분히 발휘하지 못한다

사랑의 감정 속에 인생의 모든 모순을 해결하고 참된 행복 — 그것이 없으면 인생도 무의미해져 버리는 행복을 사람에게 부여하는 어떤 특별한 힘이 있음을 사람들 모두는 알고 있다.

"그러나 이 감정은 아주 가끔씩 나타나며, 나타나도 오래 지속되지 않기 때문에 그 후에는 오히려 더 좋지 않은 고통에 곧잘 시달리게 되는 법이다."라고 인생을 이해하지 못한 사람들은 말한다.

이성적인 사람이라면 사랑은 유일하고도 올바른 생명의 표현이라고 생각하겠지만, 이런 사람들은 사랑은 인생에서 일어나는 여러 가지 무수한 우연 중 하나 — 사람이 살아 있는 한 느끼지 않을 수 없는 여러 가지 무수한 기분 중의 하나에 지나지 않는다고 생각한다. 다시 말해서 인간이기 때문에 때로는 멋을 부리고 싶기도 하고, 학문이나 예술에 마음이 끌리기도 하고, 일이나 명예심이나 돈벌이와 같은 것에 푹 빠지기도 하고, 또 누군가를 사랑하게 되는 적도 흔히 있지 않은가라고 말하는 것이다. 인생을 이해하지 못한 사람들은 사랑이라는 기분을 인생의 본질이 아니라 갑작스럽고 우연하게 일어날 뿐인 단순한 기분 — 살아가면서 사람이 느끼는 다른 모든 기분과 마찬가지로 자신의 의지와는 아무런 관계도 없이 갑자기 밀려오는 기분과 같은 것이라고 생각한다. 뿐만 아니라 사랑은 인생의 올바른 흐름을 흩뜨리는, 말로 표현할 수 없을 정도로 괴롭고 이상한 기분이라는 의견까지도 우리는 읽고 들을 수 있다. 올빼미도 이와 똑같은 혼란을 태양이 떠오르는 순간에 느낄 것임에 틀림없다.

그러나 사실은 이런 사람들이라 할지라도 이 사랑이라는 상태 속에 다른 모든 기분과 비교해 봐서 훨씬 더 중요하고 특별한 무엇인가가 있다는 사실을 느끼고 있는 것이다. 그럼에도 불구하고 이런 사람들은 인생을 이해하고 있지 못하기 때문에 사랑도 이해할 수가 없어서, 사랑이라는 상태가 다른 모든 상태와 마찬가지로 역시 불행한 것이라 생각하고 있는 것이다.

사랑한다고? …… 그런데 누구를?
순간에 지나지 않는 것이라면, 너무나도 허무해.

하지만 영원히 사랑한다는 것도 불가능한 일이고……

이 말은 인생을 이해하지 못한 현대인들의 혼란스러운 의식을 잘 나타내고 있다. 사랑 속에서 불행한 인생의 구원, 어떤 참된 행복과 비슷한 것을 보면서도 그 사랑이 — 유일하게 의지할 만한 구원이 되지는 않을 것이라고 느끼는 것이다. "사랑하는 사람이 아무도 없으면 가슴 속의 사랑도 전부 헛되이 지나가 버릴 수밖에 없다. 사랑이 행복을 약속하는 것은 오직 누군가를 사랑할 때, 영원히 사랑할 수 있을 때뿐이다. 하지만 그런 것이 없으면 사랑에도 구원은 없으며, 다른 모든 것과 마찬가지로 사랑도 역시 기만에, 고통에 지나지 않는다."라고 이런 사람들은 말한다.

사랑을 이런 식으로 이해하는, 아니 이런 식으로밖에 이해하지 못하는 것은 이 사람들이 인생은 동물적인 생존이라고 배우고 가르쳐, 그런 생각에서 완전히 벗어나지 못하기 때문이다.

참으로 난처하게도 이런 사람들이 생각하는 사랑은, 우리 모두가 언제나 사랑이라는 말과 은연중에 연관 지어 생각해온 관념과 잘 맞아 떨어지지 않는 것이다. 사랑하는 자에게나 사랑받는 자에게나, 이제 사랑은 더 이상 행복을 가져다주는 아름다운 활동이 아닌 듯하다. 이런 사람들 — 동물적인 자아의 행복을 인생의 목적으로 삼고 있는 사람들이 하나같이 생각하고 있는 사랑이란, 예를 들자면 다음과 같은 것에 지나지 않는다. 즉, 자신의 아기가 너무나도 귀여운 나머지 밤에도 마음 놓고 잠을 자지 못할 뿐만 아니라 굶주린 아기를 가진 다른 어머니의 젖을 빼앗아서까지 길러 내려 하는 어머니의 감정, 자신의 아이에게 먹이고 싶다는 일념으로 굶주린 사람에게서 마지막 빵 한 조각까지 빼앗는 아버지의 감정, 또는 한 여자를 사랑하여 유혹한 남자가 그 사랑 때문에 자신도 괴로워하고 상대방도 괴롭게 할 뿐만 아니라 결국에는 질투가 깊어져 자신과 여자 모두를 망하게 해 버리는 감정, 아니 그 정도가 아니라 사랑 때문에 한 여자를 폭행까지 할지도 모르는 남자의 감정, 그리고 또 어떤 당파의 사람들이 그 당파의 이익을 위해서 파가 다른 사람들에게 해를 가하는 것과 같은 감정, 취미에 혈안이 돼서 그 결과 자신만이 괴로움을 맛본다면 그나마 다행이지만 옆에 있는 사람까지 슬픔을 맛보게 하거나 괴로움을 맛보게 하는 것과 같은 감정, 또한 사람들이 사랑하는 조국의 비운을 참지 못하고 결국 전장을 적군과 아군 전사자와 부상자로 가득 메우는 것과 같은 감정 — 이와 같은 감정을 전부 사랑이라 생각하고 있는 것이다.

  그런데 그것뿐만이 아니다. 동물적인 자아의 행복을 인생이라 생각하고 있는 사람들에게 있어서 사랑의 활동을 이렇게 실행해 나가는 것은, 단지 고통이 될 뿐만 아니라 때로는 곧잘 불가능하게 될 정도로 어려운 일인 것이다. "사랑은 이러쿵저러쿵 논의할 성질의 것이 아니다." 인생을 이해하지 못한 사람들은 대체로 이런 말을 한다. "인간이라면 누구나 경험을 통해서 잘 알고 있는 바와 같이, 다른 사람에 대한 취향이나 편애 등과 같은 강하고 솔직한 감정에는 아무래도 따르지 않을 수 없지 않은가? 그것이 참된 사랑이라는 것이다."

사랑에 대해서 논의할 수는 없다. 사랑에 대해서 이래저래 생각하고 논의하면 사랑은 곧 시들어 사라져 버릴 뿐이다. 인생을 이해하지 못한 사람들의 의견도 그 점에 있어서는 틀림없이 옳다. 그러나 문제는 거기에 있는 것이 아니다. 중요한 것은 다음과 같은 점이다. 즉, 사랑에 대해 논의하거나 생각하지 않아도 좋은 것은 오로지 인생을 이성에 의해서 이해하고 개인적인 생활의 행복을 부정하고 있는 사람들뿐이지, 인생을 이해하지 못하고 동물적인 자아의 행복을 위해서 생존하고 있는 사람들은 생각하지 않을 수 없다는 것이다. 그런 사람들은 자신이 사랑이라고 부르는 감정에 몸을 맡기기 전에 먼저 생각해 보아야 한다. 잘 생각해 보기 전에는 — 이 해결하기 어려운 문제를 해결하기 전에는 이와 같은 사랑의 감정을 올바로 완전하게 발휘할 수 없는 것이다.

그런데 실제로 사람들은 자신의 아기나, 친구나, 자식이나, 조국과 같은 것을 다른 사람들의 자식이나, 아내나, 친구나, 조국보다 훨씬 더 좋아한다고 느끼고 그 감정을 사랑이라 부르고 있다.

그리고 사람들은 보통 이 사랑한다는 말 속에서, 좋은 것을 한다는 느낌을 받게 된다. 우리는 모두 사랑을 그런 식으로 이해하고 있다. 또한 그렇게 이해하는 것 외에는 이해할 방도가 없는 것이다. 내 경우를 생각해 봐도, 실제로 나는 우리 아이들과 아내와 조국을 사랑하고 있다. 다시 말해서 나는 타인이 자식이나, 아내나, 조국의 행복을 바라는 것 이상으로 우리 아이들이나, 아내나, 조국의 행복을 바라고 있다. 그러나 내가 오로지 내 아들과 아내와 조국만을 사랑하는 것은 아니며, 그런 일은 있을 수도 없다. 결국 사람은 누구나 모두 아기도, 아내도, 자식도, 조국도 다른 사람들도 동시에 사랑하고 있는 것이라고밖에는 생각되지 않는다. 하지만 그럼에도 불구하고 사람이 그 사랑하는 것을 위해서 제각각 바라고 있는 행복의 조건은 서로 복잡하게 얽혀 있고 밀접하게 서로 연결되어 있기 때문에, 사랑하는 한 사람에게 바쳐지는 사랑의 활동은 다른 모든 것에 바쳐지려 하는 사랑의 활동을 방해할 뿐만 아니라 해를 주기까지도 하는 것이다.

여기서 여러 가지 문제가 발생한다. 어떤 사랑을 위해서 어떻게 행동하면 좋은 것일까? 어떤 사랑을 위해서 다른 사랑을 희생하면 되는 것일까? 누구를 더 사랑하고 누구를 더 행복하게 해 줘야 하나 — 아내인가, 자식인가, 처자인가, 친구인가? 처자나 친구에 대한 사랑을 해하지 않고 사랑하는 조국을 섬기려면 어떻게 해야 하는 걸까? 타인에게 봉사를 하기 위해서 자신의 자아를 어느 정도 버리고 희생할 수 있을까? 이 점에 관한 문제를 어떻게 해결하면 되는 것일까? 타인을 사랑하고 타인에게 봉사를 할 때 대체 어느 정도까지 자기 자신의 일에 신경을 써도 되는 것일까? 자신들이 사랑이라고 부르는 감정을 검토하고 확인해 보려 한 적이 없었던 사람들에게 있어서 이와 같은 모든 문제는 아주 간단한 것처럼 여겨질 테지만, 사실은 간단하기는커녕 참으로 해결하기 어려운 문제인 것이다.

옛날에 한 율법학자가 시험을 해 보려고 그리스도에게 역시 이와 같은 의미의 질문, '이웃이란 누구를 말하는가?'라는 질문을 한 적이 있었다(누가복음 10장 25절~37절 참조). 실제로 이런 문제는 쉽게 답할 수 있는 것이라고 생각하는 사람은 오직 인간 생활의 참된 조건을 잊고 있는 사람들뿐이다.

만약 인간이 우리가 상상하는 것과 같은 신이라고 한다면 틀림없이 그때는 어떤 선택받은 사람들만을 사랑할 수도 있을 것이며, 어떤 사람을 다른 사람보다 더 좋다고 생각하는 기분만이 참된 사랑이 될 수도 있을 것이다. 그러나 인간은 신이 아니다. 아닐 뿐만 아니라 모든 생물들이 서로 상대방을 이용하여, 실제적인 의미에서도 그리고 비유적인 의미에서도, 서로 잡아먹으며 살아가는 생존의 조건 속에 내던져 있는 것이다. 이성적인 존재인 인간은, 부정하고 싶어도 그 사실을 인정하지 않을 수 없다. 그리고 동물적인 행복이라는 것은 어떤 형태로든 다른 것에 상처를 주지 않고는 손에 넣을 수 없는 것이라는 사실도 깨닫지 않으면 안 된다.

모든 사람이 완전히 만족하게 될 것이라는 미래의 황금시대에 대해서 종교나 과학이 설명하는 미신을 제아무리 듣는다 할지라도 이성적인 사람이라면, 시간적·공간적인 그 생존의 법칙이 한순간도 그칠 줄 모르는 인간들끼리의 격렬한 투쟁이라는 사실을 인정하지 않을 수 없을 것이다.

이처럼 동물적인 이해의 충돌과 투쟁이 이 세상의 생활이 되어 있는 이상, 인생을 이해하지 못한 사람들이 상상하는 것처럼 선택받은 사람만을 사랑한다는 것은 도저히 있을 수 없는 일이다. 만약 정말로 선택받은 사람만을 사랑한다 할지라도 사람은 오직 한 사람만을 사랑하며 살아갈 수 없는 법이다. 사람이라면 누구나 어머니와 아내와 자식과 친구와 조국과 그 외에도 다른 여러 사람들도 사랑하지 않으면 안 되는 법이다. 그리고 사랑은 그저 말만 하면 되는 것이 아니라(모든 사람들이 인정하고 있는 바와 같이), 타인의 행복을 위해서 바쳐지는 활동인 것이다. 게다가 그 활동은 사람의 마음 중에서 가장 강한 사랑의 요구에서부터 시작해서 점차 약한 요구로 옮아가는 식으로, 일정한 순서를 밟아서 행해지는 것이 아니다. 사랑의 요구는 시간과는 상관없이, 언제나 모두가 한꺼번에 아무런 순서도 없이 나타나는 법이다. 지금 여기에 내가 간신히 사랑을 느낄 수 있을 만한 굶주린 노인이 찾아와서, 사랑하는 내 아이들을 위해 저녁으로 남겨 둔 먹을 것을 달라고 청했다고 하자. 이처럼 지금 이 순간 느끼는 약한 사랑의 요구와, 강하기는 하지만 당장 급한 것은 아닌 사랑의 요구의 모순을 나는 대체 어떻게 처리하면 좋은 것일까? 이 두 가지 사랑의 요구를 어떤 식으로 저울에 달아 가늠하면 되는 것일까?

바로 이와 같은 질문을 법률학자가 그리스도에게 던졌다. '이웃이란 누구를 말하는가?' 누구에게 어느 정도로 봉사하면 되는 것인지, 어떻게 결정하면 좋단 말인가? 사람들인가, 조국인가? 조국인가, 친구인가? 친구인가, 아내인가? 아내인가, 아버지인가? 아버지인가, 자식인가? 자식인가, 자신인가? (필요할 때 언제라도 바로 타인에게 봉사할 수 있도록 하려면 이와 같은 문제가 해결되어야만 한다.)

왜냐하면 그와 같은 것들은 모두가 사랑의 요구임과 동시에 모든 것들이 서로 얽혀 있어서, 어떤 요구를 만족시키면 그 때문에 다른 요구를 만족시킬 수 없게 되기 때문이다. 예를 들어서 어떤 사람이 내게 지금 달라고 한 옷을 내 자식에게 언젠가는 필요해질 것이라는 이유로, 얼어 죽어 가고 있는 다른 아이에게 입히지 않아도 되는 것이라면, 다른 사랑의 요구에 대해서도 역시, 우리 아이들의 미래의 행복을 위해서라며 따르지 않아도 될 것이다.

조국에 대한 사랑, 선택받은 어떤 특정한 직업에 대한 사랑, 모든 사람들에 대한 사랑, 이와 같은 사랑과 사랑의 관계도 이것과 다를 바 없다. 그런데 가령 사람이 이런 식으로 장래의 커다란 사랑의 요구를 위해서 현재의 조그만 사랑의 요구를 거절할 수 있는 것이라고 할 때, 장래의 요구라는 명목하에 대체 어디까지 현재의 요구를 거절할 수 있는 것인가 하는 문제에 다다르면 제아무리 대담한 사람이라 할지라도 갑자기 당혹감을 느끼지 않을 수 없을 것이다. 따라서 이 문제를 해결할 힘도 갖지 못한 채 제멋대로 적당한 판단을 내릴 수밖에 없기 때문에, 사람은 자연히 언제나 자신의 마음에 드는 사랑의 표현만을 선택하게 되어, 결국에는 사랑 때문이 아니라 자기 자신의 만족을 위해서 행동하게 되는 것이다. 그렇기 때문에 만약 사람이 장래의 커다란 사랑이라는 명목하에 현재의 아주 조그만 사랑의 요구는 참는 편이 좋다고 결정했다면, 그 사람은 곧 자신이나 혹은 타인을 속이고 있는 것으로, 사실은 자신 외에는 누구도 사랑하지 않는 것이라 할 수 있다.

장래의 사랑이라는 것은 존재하지 않는다. 사랑은 지금, 현재에서만 생각할 수 있는 활동이다. 지금, 현재 사랑을 발휘하지 않는 사람은 사랑을 가지고 있지 않은 것이다.

참된 생활을 하고 있지 않은 사람들의 인생관을 따르는 한, 이와 같은 모순이나 불합리는 언제까지나 일어날 것임에 틀림없다. 만약 사람이 동물로 이성을 갖고 있지 않다고 한다면, 사람은 동물로서 생존하며 인생에 대해서는 생각하지 않아도 되었을 것이며, 또 그와 같은 동물적인 생존은 틀림없이 행복을 약속하는 올바른 삶이 되기도 했을 것이다. 사랑에 대해서도 마찬가지로, 만약 사람이 이성이 결여된 동물이었다고 한다면 자신이 사랑하는 것 — 예를 들자면 자신의 새끼 승냥이나 그 무리를 사랑하면서도 그것을 자각하지 못할 뿐만 아니라 다른 승냥이가 그 새끼나 무리, 즉 자신의 동료를 사랑하고 있다는 사실도 역시 알지 못할 것이다. 그리고 그와 같이 낮은 의식 정도에 몸을 내맡기는 한, 실제로 그와 같은 사랑이 참된 사랑이 되고 생활이 될 것임에 틀림없다.

하지만 인간은 이성을 가진 존재로, 타인도 역시 자신과 똑같은 사랑을 가지고 있다는 사실을 알고 있기 때문에 그와 같은 사랑의 감정이 자연스럽게 서로 충돌하여 사랑의 관념과는 완전히 반대가 되는, 그러니까 행복과는 전혀 다른 것을 낳는 결과가 된다는 사실을 인정하지 않을 수 없는 것이다.

만약 사람이 보통 사랑이라 불리는 이 동물적이고 불행한 감정을 올바른 것이라고 인정하거나 강조하는 일에만 이성을 사용하고, 다른 사람은 생각지도 않고 그것을 만연하게 했다면 그와 같은 감정은 좋지 않은 것이라고 말할 수 있는 정도가 아니라, 사람을 무엇보다도 흉악하고 무시무시한 동물로 만들어 냈을 것이다(이는 먼 옛날부터 알려져 왔던 진실이다). 그리고 복음서에서 말한 것과 같은 일이 일어날 것이다. '네게 있는 빛이 어두우면 그 어둠이 얼마나 더하겠느냐!' (마태복음 6장 23절) 만약 사람 속에 자신과 자신의 자식들에 대한 사랑 외에는 아무것도 존재하지 않았다면, 지금 인간들 사이에서 일어나고 있는 악 중 99퍼센트는 틀림없이 존재하지 않았을 것이다. 인간들 사이에서 일어나는 그 99퍼센트의 악은 사람들이 찬미하며 사랑이라고 부르는 잘못된 감정 ― 동물의 생활이 인간의 생활과 비슷한 것과 같은 정도로 사랑과 비슷한 잘못된 감정에서 일어나는 것이다.

인생을 이해하지 못한 사람들이 일반적으로 사랑이라 부르는 것은 결국, 자신의 개인적인 행복을 채워 주는 조건을 다른 조건보다 더 좋은 것이라고 느끼는 기분에 지나지 않는 것이다. 다시 말해서 인생을 이해하지 못한 사람들이 자신은 아내나 자식이나 친구를 사랑한다고 말하는 경우, 그것은 단지 개인적인 행복을 더하는 데 있어서 아내나 자식이나 친구가 자신의 인생에 필요하다고 말하는 것과 다를 바 없는 것이다.

이처럼 단순히 더 좋아하는 것이라는 감정과 사랑의 관계는, 단순한 동물적인 생존과 인생의 관계와 같은 것이다. 인생을 이해하지 못한 사람들에게는 단순한 동물적인 생존이 인생 그 자체로 보이는 것과 마찬가지로, 이와 같은 사람들에게는 개인적인 생존의 어떤 종류의 조건을 다른 조건보다 더 좋은 것이라고 느끼는 기분이 다름 아닌 바로 사랑이라고 여겨지는 것이다.

  이러한 감정 — 다시 말해서 어떤 특정한 것, 예를 들자면 자신의 자식이라든가, 어떤 종류의 일, 이른바 과학이나 예술을 더 좋은 것이라고 생각하는 기분 — 을 우리는 곧잘 사랑과 혼동하곤 하는데, 헤아리기 시작하면 이것도 저것도 하는 식으로 끝이 없는, 이와 같은 더 좋은 것이라는 감정은 전부 눈에 보이고 손으로 만질 수 있는 인간의 동물적인 생활을 끔찍할 정도로 복잡하게 만들 뿐, 애초부터 사랑이라고 불릴 만한 것은 아니다. 왜냐하면 그것은 중요한 사랑의 징표를 갖추고 있지 못하기 때문이다. 다시 말하자면, 행복을 목표로 삼고 끝내는, 행복을 손에 넣을 수 있는 활동이 아니기 때문이다.

  이 보다 좋은 것이라는 감정이 격렬하게 나타나는 것도 결국은, 단지 동물적인 자아의 에너지를 나타내는 것일 뿐이다. 어떤 사람을 다른 사람보다 더 좋아한다는 정열은, 잘못 인식되어 사랑이라고 불리고 있지만 사실은 참된 사랑을 거기에 접목해야만 비로소 열매를 맺는 야생의 어린 나무와 같은 것에 지나지 않는다. 그러나 참된 사과나무와는 달리 야생의 과일나무는 그대로 내버려 두면 아무리 시간이 지나도 열매를 맺지 않을 뿐만 아니라, 혹 열매를 맺는다 할지라도 달콤한 열매가 아니라 쓴 열매밖에 맺지 못하는 것처럼, 이와 같이 더 좋은 것이라는 정열도 참된 사랑이 아니기 때문에 사람들에게 행복을 가져다주기는커녕 전에보다도 더한 불행을 맛보게 할 뿐이다. 따라서 일반적으로는 미덕이라고 불리는, 과학이나 예술이나 조국에 대한 애착은 물론 부인이나 자식이나 친구에 대한 사랑도 결국은 동물적인 자아의 욕구를 채워 주는 어떤 조건을, 일시적으로 다른 조건보다 좋은 것이라고 생각하는 감정에 지나지 않기 때문에, 그대로는 이 세상에 무엇보다도 커다란 불행을 가져다줄 것임에 틀림없다.

참된 사랑은 개인적인 행복을
부정하고 버린 결과에 지나지 않는다

    참된 사랑은 동물적인 자아의 행복을 부정하고 버릴 때 비로소 가능해지는 것이다.

  참된 사랑의 가능성은 사람이 자신에게 동물적인 자아의 행복 따위는 있을 수 없다는 사실을 이해했을 때 비로소 나타나는 것이다. 바로 그때 동물적인 자아라는 야생의 어린 나무의 줄기에 접목되어, 그 강인한 힘을 빨아들이면서 무성해져 가는 참된 사랑의 윤기 도는 아름다운 가지에 인간 생명의 수액이 조금도 막힘없이 줄줄 흘러 들어가게 되는 것이다. 사랑의 접목 — 바로 이것이 그리스도의 참된 가르침이었다. 자신과 자신의 사랑은 풍성하게 열매 맺는 한 그루의 포도나무다, 열매를 맺지 못하는 가지는 전부 꺾어 버릴 것이다, 하고 그리스도는 말했다(요한복음 15장 1절~11절).

'자기 목숨을 얻는 자는 잃을 것이요 나를 위하여 자기 목숨을 잃는 자는 얻으리라.(마태복음 10장 39절)' 이 그리스도의 말을 단순히 머리로만 이해한 것이 아니라, 마음속으로 느끼고 인식한 사람 — 자신의 목숨을 아끼는 자는 그것을 없애고, 이 세상에서 자신의 목숨을 싫어하는 자는 오히려 그것을 영원한 생명 속에서 활용하게 된다는 사실을 깨달은 사람, 오직 그런 사람만이 참된 사랑을 인식하게 되는 것이다.

'나보다 아버지나 어머니를 더 사랑하는 자는 내게 어울리지 않는 사람이다. 나보다 아들이나 딸을 더 사랑하는 자도 역시 내게 어울리지 않는 사람이다. 너희가 자신을 사랑해 주는 사람을 제아무리 사랑한다 할지라도 그것은 사랑도 그 무엇도 아니다. 자신의 적을 사랑해야만 한다. 자신을 미워하는 자를 사랑해야만 한다.'

사람이 자아를 버리는 것은, 일반적으로 생각하고 있는 것처럼 아버지나 자식이나 아내나 친구나 친절하고 다정한 사람들에게 보내는 사랑의 결과가 아니라, 오직 자기중심적인 삶의 허무함과 자기 혼자만의 행복은 불가능하다는 사실을 인식한 결과일 뿐이다. 따라서 사람은 자기중심적인 생활을 부정한 결과, 참된 사랑을 인식하고 아버지와 자식과 아내와 친구를 비로소 참으로 사랑할 수 있게 되는 것이다.

사랑이란 자신보다도 — 자신의 동물적인 자아보다도 타인을 더 뛰어난 존재라고 인정하는 마음이다.

 자기희생의 영역에까지 달하지 못한, 이른바 사랑이라 불리는 것의 경우에는 자신의 마음속에 있는 훗날의 목적을 달성하기 위해서, 자신이 관계하고 있는 눈앞의 일을 무시해 버리는 것과 같은 일이 역시 일어나기 쉽기 때문에, 이는 개인적인 행복을 위해서 어떤 것을 다른 것보다 더 중히 여기는, 그저 보다 더 좋은 것이라고 생각하는 감정에 지나지 않는 것이라 할 수 있다.

 참된 사랑은 행위가 되어 형태로 나타나지 않을 때에도 끊임없이 존재하는 평소의 상태로 있어야만 한다. 사랑의 근본, 근원은 일반적으로 생각하고 있는 것처럼 이성을 흐리게 하는 감정의 격렬한 폭발이 아니라 어린아이나 뛰어난 이성을 가진 사람에게서 흔히 볼 수 있는 상태 — 무엇보다도 이성적이고 맑아서 조용하고 차분한 기쁨의 상태인 것이다.

 이 상태는 모든 사람에게 보내지는 호감 · 경의와 같은 것으로, 아이들에게는 선천적으로 갖춰져 있지만, 어른의 경우에는 자아의 행복을 부정하고 버려야만 비로소 나타나며, 그것을 부정하는 정도가 강해질수록 더욱 강하게 나타나는 상태인 것이다. 우리는 곧잘 '무엇이든 상관없다, 아무것도 필요 없다.'는 말을 듣게 되는데, 이런 말을 늘 따라다니는 것은 언제나 타인에게 보내는 사랑의 마음은 조금도 찾아볼 수가 없는 차가운 태도다. 하지만 딱 한 번만이라도 좋으니 타인에 대해 악의를 품은 순간 성실한 마음으로 '무엇이든 상관없다, 아무것도 필요 없다.'고 스스로 말해 보기 바란다. 아주 짧은 순간이어도 상관없으니 자신을 위해서는 무엇 하나 바라지 않도록 해 보기 바란다. 그런 자기부정의 성실함에 비례해서 모든 악의가 얼마나 빨리 흔적도 없이 사라져 버리는지, 지금까지 갇혀 있던 모든 사람들에 대한 선의가 격류처럼 가슴속에서 얼마나 격렬하게 솟아오르는지, 이처럼 간단한 내부의 실험으로 누구나 바로 깨달을 수 있을 것이다.

실제로 사랑이란 자기 자신보다도 타인을 더 뛰어난 사람이라고 인정하는 마음이다. 실제로 우리는 모두 사랑이라는 것을 그렇게 이해하고 있을 뿐만 아니라, 또 그렇게밖에는 달리 이해할 길이 없는 것이다. 비유컨대 사랑의 크기는 분수의 크기와 같은 것이다. 이 분수의 분자가 되는 것은 타인에 대한 사랑이나 공감과 같은 감정으로 자기 뜻대로는 잘 되지 않는 것, 분모는 자기 자신에 대한 사랑으로 이는 자신의 동물적인 자아를 보는 그 견해에 따라서 얼마든지 크게 할 수도 있고 작게 할 수도 있는 것이다. 그런데 사랑이나 사랑의 단계에 대해서 우리 현대인이 내리기 쉬운 판단은 마치 분자만을 표준으로 삼고 분모에 대해서는 전혀 생각지도 않는 분수계산과 같은 것이라 할 수 있다.

참된 사랑이라는 것은 그런 것이 아니다. 그것은 오로지 개인적인 행복의 부정과 거기서 싹 튼 타인에게로 보내지는 선의 위에서만 성립되는 것이다. 식구가 됐든 타인이 됐든, 어떤 특정한 사람들에게 보내지는 사랑도 이 넓고 커다란 선의 위에 뿌리내렸을 때 비로소 진정으로 무럭무럭 자라게 되는 것이다. 그리고 이와 같은 사랑만이 인생에 참된 행복을 가져다주어 동물적인 자아와 이성의 의식 사이의 모순을 깨끗하게 날려 버릴 수 있는 것이다.

그와는 반대로 자아의 부정에 뿌리를 두지 않은 사랑, 따라서 모든 사람들에게 보내지는 선의 같은 것은 가지고 있지 않은 사랑은 그저 동물적인 생존에 지나지 않는 것이다. 아니 그런 거짓된 사랑은 알지도 못하는 동물의 생활보다도 훨씬 더 저열한, 재앙이 더욱 많은 생활을 만들어 내는 데만 도움이 되는 그런 것이다. 흔히 사랑과 혼동되고 있는 이 편애라는 감정은 원래부터 생존경쟁을 없애거나 향락에 대한 집착이나 죽음에 대한 공포로부터 자아를 해방시키기는커녕 오히려 생존경쟁을 더욱 치열하게 하고, 향락에 대한 사람의 갈망을 더욱 깊어지게 하고, 죽음을 앞에 둔 인간의 공포를 강화하여 인생을 더욱 어두운 것으로 만들 뿐이다.

자신의 인생을 동물적인 자아의 생활이라고 생각하는 사람은 사랑을 할 수가 없다. 왜냐하면 그런 사람들에게 있어서 사랑은 틀림없이 자기 생활과는 완전히 대립되는 활동으로밖에 보이지 않을 것이기 때문이다. 그와 같은 사람들의 생활은 오직 동물적인 생존의 행복에만 걸려 있는데, 사랑은 무엇보다도 먼저 그런 행복을 희생할 것을 요구하고 있기 때문이다. 인생을 이해하지 못한 사람이 제아무리 진심으로 사랑의 활동에 몸을 바쳐야겠다고 생각했다 한들 인생을 이해하지 못하는 한, 인생에 대한 그 태도를 완전히 바꾸지 않는 한 그것은 절대로 불가능한 일일 것이다. 자신의 인생이 동물적인 자아의 행복에만 달려 있는 것이라고 생각하는 사람은 부를 손에 넣거나 그것을 쌓아 동물적인 행복을 채워 주는 수단을 더하기에 전력을 쏟아 부으며 한평생 자신에게 유리하도록 타인을 이용하거나 짓밟기도 한다. 또한 때로 자신의 행복을 위해서 없어서는 안 될 사람들에게는 위와 같이 해서 손에 넣은 그 인생의 행복을 나눠 주기도 하며 살아가고 있다. 하지만 만약 자신의 생활이 자기 자신의 힘에 의하지 않고 타인의 힘에 의해서 지탱되고 있다면 그런 때도 과연 그런 행복을 사람들에게 나눠 줄 수 있을까? 아니, 나눠 주기는커녕 무엇보다도 먼저 그렇게 해서 간신히 쌓은 행복을 자신이 좋아하는 사람들 중 누구에게 나눠 줘야 좋을지, 누구에게 봉사를 하면 좋을지 결정하고 싶어도 결정하지 못하게 될 것이다.

자신의 인생으로 사람들을 윤택하게 하려면, 무엇보다도 먼저 자기 혼자만의 행복을 위해서 타인에게서 빼앗은 필요 이상의 것을 전부 버리지 않으면 안 된다. 그리고 더욱 어려운 것 ― 자신의 생명을 전부 바쳐서 이 많은 사람들 중에서 과연 누구에게 봉사하면 되는 것인가 하는 문제를 해결하지 않으면 안 된다. 참으로 사랑할 수 있게 되려면, 다시 말해서 자신을 희생해서 행복을 실현할 수 있게 되려면, 무엇보다도 먼저 미워하기를 그만두지 않으면 안 된다. 즉, 불행의 근원이 되는 것을 근절해야 하는 것이다. 자기 혼자만의 행복을 위해서 어떤 사람들만을 특별히 사랑하는 것과 같은 행동을 해서는 안 된다.

개인적인 생활 속에서 행복을 찾지 않는 사람, 따라서 이와 같은 거짓된 행복에 사로잡히지 않고 인간 본래의 감정 — 타인에 대한 선의로 살아가는 사람만이 어떤 경우에라도 자신뿐만 아니라 타인까지도 똑같이 만족시켜 주는 참된 사랑을 발휘할 수 있는 법이다. 이와 같은 사람의 행복은 오로지 사랑에만 존재한다. 식물의 행복이 오로지 빛에만 존재하는 것과 같은 것이다. 따라서 어떤 것에도 방해를 받지 않는 식물이 어느 쪽으로 자라면 되는 것인지, 빛은 좋은 것인지, 좀 더 좋은 다른 빛을 기대해 보는 건 어떨지 등과 같은 것에 대해서는 조금도 생각지 않고 이 세계를 비추는 유일한 빛을 받으며 오로지 그쪽을 향해서만 자란다. 이처럼 자기 혼자만의 행복은 완전히 버린 채 되돌아보지도 않는 사람도 역시 타인에게서 빼앗은 것을 자신이 사랑하는 사람들에게 어떻게 나눠 줘야 하는지, 실제로 지금 요구를 느끼고 있는 사랑보다 좀 더 나은 어떤 사랑이 있는 것은 아닌지 하는 것에 대해서는 조금도 생각하지 않고 오로지 자기 자신을 — 자신이라는 존재를 그 눈앞에 있는, 손이 닿는 곳에 있는 사랑에 바치는 것이다. 오직 이와 같은 사랑만이 뛰어난 이성을 가지고 있는 인간을 완전하게 만족시킬 수 있는 법이다.

사랑은 진실한 생명으로
넘쳐 나는 유일한 활동이다

친구를 위해서 자신의 생명을 바치고도 후회하지 않는 사랑 — 이와 같은 사랑 외에 사랑은 존재하지 않는다. 사랑은 이처럼 그것이 자기희생이라는 형태로 발휘될 때만 비로소 참된 사랑이라 부를 수 있는 것이다. 사람이 단지 자신의 시간이나 자신의 힘을 타인에게 빌려줄 뿐만 아니라 사랑하는 것을 위해서 자신의 몸을 피로하게 하고 자신의 목숨을 바칠 때 비로소 우리는 그것을 사랑이라 부르며, 그런 사랑 속에서만 행복, 이른바 사랑이 가져다주는 보수를 찾아낼 수 있는 것이다. 그리고 그와 같은 사랑이 사람들 속에 있기 때문에 이 세상이 성립되는 것이다. 아기를 키우기 위해서 어머니는 자기 자신을 — 자신의 몸을 그대로 아기에게 나날의 양식으로 제공하고 있지 않은가? 그렇게 하지 않으면 아기는 살아갈 수가 없다. 다시 말해서 이것이 사랑이다. 또한 다른 사람들의 행복을 위해 최선을 다해 일해서 자신의 육체를 피곤케 하여 죽음을 재촉하는 모든 노동자들도 역시 자신의 몸을, 타인을 위한 나날의 식량으로 바치는 것이라고 할 수 있을 것이다. 진정으로 이러한 사랑 속에서 살아갈 수 있는 것은 사랑하는 것을 위해서 망설임 없이 자신을 희생할 수 있는 사람들뿐이다. 아기를 유모에게만 맡겨 버리는 어머니가 그 아이를 사랑할 수 있을 리 없다. 돈을 수중에 넣으면 절대로 놓치지 않는 사람이 타인을 사랑할 수 있을 리 없다. '빛 가운데 있다 하면서 그 형제를 미워하는 자는 지금까지 어둠에 있는 자요, 그의 형제를 사랑하는 자는 빛 가운데 거하여 자기 속에 거리낌이 없으나, 그의 형제를 미워하는 자는 어둠에 있고 또 어둠에 행하며 갈 곳을 알지 못하나니 이는 그 어둠이 그의 눈을 멀게 하였음이라.(요한1서 2장 9절~11절) …… 자녀들아, 우리가 말과 혀로만 사랑하지 말고 행함과 진실함으로 하자. 이로써 우리가 진리에 속한 줄을 알고 또 우리 마음을 주 앞에서 굳세게 하리니.(요한1서 3장 18절~19절) …… 이로써 사랑이 우리에게 온전히 이루어진 것은 우리로 심판 날에 담대함을 가지게 하려 함이니 주께서 그러하심과 같이 우리도 이 세상에서 그러하니라. 사랑 안에 두려움이 없고 온전한 사랑이 두려움을 내쫓나니 두려움에는 형벌이 있음이라, 두려워하는 자는 사랑 안에서 온전히 이루지 못하였

느니라.(요한1서 4장 17절~18절)'

위에서 말한 것과 같은 사랑만이 사람들에게 참된 생명을 부여할 수 있다.

'네 마음을 다하고 목숨을 다하고 뜻을 다하여 주 너의 하나님을 사랑하라 하셨으니, 이것이 크고 첫째 되는 계명이요.'

'둘째도 그와 같으니 네 이웃을 네 자신 같이 사랑하라.' (마태복음 22장 37절~39절)

이 율법의 계율을 한 율법학자가 그리스도에게 그대로 되풀이했다. 이에 대해서 예수는 이렇게 답했다. '네 대답이 옳도다. 이를 행하라.' 즉 신과 이웃을 사랑하라고 한 것이다. '그러면 살리라 하시니.' (누가복음 10장 27절~28절)

참된 사랑은 생명 그 자체인 것이다.

'우리는 형제를 사랑함으로 사망에서 옮겨 생명으로 들어간 줄을 알거니와.'라고 그리스도의 제자는 말했다. '사랑하지 아니하는 자는 사망에 머물러 있느니라.' (요한1서 3장 14절)

오직 사랑하는 자만이 살아 있는 것이다.

그리스도의 가르침에 의하면, 사랑은 곧 생명 그 자체다. 괴로움으로 가득하고 불합리하며 사라져 가는 생명이 아니라 축복받은 영원한 생명인 것이다. 그리고 우리는 모두 이 사실을 알고 있다. 사랑은 이성이 내리는 결론도 아니며 어떤 일정한 활동의 결과도 아니다. 사방에서 우리를 감싸고 있는, 생명의 기쁨으로 넘쳐 나는 활동이다. 우리는 모두 간신히 철이 들 어린 시절부터, 이 세상의 잘못된 가르침 덕분에 영혼이 흐려져서 결국에는 그와 같은 사랑의 감정을 경험하지도 못하게 되는 것이다. 이와 같은 활동을 자신의 마음속에서 잘 알고 있었던 것이다.

참된 사랑 — 이는 선택받은 사람, 혹은 대상에게 바쳐지는 사랑처럼, 인간의 개인적인 행복을 아주 잠깐 더하게 해 주는 것에 대한 집착이 아니라, 오로지 자신 이외의 것의 행복에 끌리는 기분, 동물적인 자아의 행복을 부정한 인간 속에 남는 기분인 것이다.

이 세상에 살아 있는 사람 중에서 이와 같은 축복을 받은 감정을 맛보지 못한 자가 과연 있을까? 참된 생명을 짓밟아 버리는 여러 가지 거짓에 우리의 영혼이 아직 흐려지지 않았던, 진정으로 사랑스러웠던 아이였을 때는 참으로 친숙했던 감정이지 않았던가! 이 축복받은 감정에 따라 움직이게 되면 사람은 모든 것 — 그 이웃과 아버지와 어머니와 형제와 악인과 적과 개와 말과 풀까지도 사랑하고 싶어지게 되어, 오직 모든 것이 행복해졌으면 좋겠다, 그들에게 좋은 일만 있었으면 좋겠다고 생각하게 될 뿐만 아니라 더 나아가 모든 것을 내 힘으로 행복하게 해 주자, 모든 것들의 언제나 변함없는 기쁨이나 행복을 위해서 내 자신 — 자신의 생명을 바치자고까지 생각하게 되는 것이다. 이것이, 아니 바로 이것만이 인간의 생명 속에 깃들어 있는 참된 사랑인 것이다.

　참된 생명이 깃들어 있다는 점에서 더할 나위 없이 소중한 이 사랑은, 잘못 인식되어 사랑이라 불리고 있는 여러 가지 동물적인 욕망 — 참된 사랑과 비슷하지만 야생 그대로인 거친 잡초의 싹 속에 섞여서 그것을 간신히 알아볼 수 있을 정도로만 사람의 마음속에서 어렴풋이 싹을 틔운다. 처음 그 싹은 (결국에는 새들이 살 수 있을 정도로 훌륭한 나무가 될 테지만) 누구의 눈에도 다른 여러 가지 잡초의 싹과 별반 다를 바 없는 것으로 보인다. 아니, 처음에는 오히려 쑥쑥 힘차게 자라는 잡초의 싹에 사람은 마음을 빼앗기기도 하는 법이다. 그렇기 때문에 오직 하나밖에 없는 생명의 싹도 시들어 말라 버리게 된다. 그런데 흔히 있는 일이지만 그보다 더 좋지 않은 것은, 사람들이 이와 같은 싹들 중에 사랑이라 불리는 더할 나위 없이 소중한 참된 생명의 싹이 딱 하나 있다는 말을 듣고 잘못 판단하여 진짜대신 잡초의 싹을 소중하게 기르기 시작하고, 중요한 진짜 사랑의 싹은 처참하게 짓밟아 버리는 것이다. 아니 그보다 훨씬 더 좋지 않은 것은, 사람들이 거친 손길로 그 싹을 붙들고 "이거다, 이거야. 드디어 찾았어! 이제 알았어, 이걸 기르자! 사랑이다, 사랑이야! 이거야 말로 최고의 감정이다!"라고 힘차게 외치며 그 싹을 다시 심기도 하고, 옮겨 심기도 하고, 붙들기도 하고, 쥐기도 하며 이리저리 내두르다 결국에는 꽃도 피우지 못하고 말라 죽게 하는 것이다. 말라 죽게 한 뒤에 "이런 건 전부 어리석은 짓이다, 가치 없는 일이다, 센티멘털리즘이다!"라고 그와 같은 사람들이나 다른 사람들이 말하는 것이다. 사랑의 싹도 처음 싹을 틔웠을 때는 아직 연하기 때문에 살짝 건들기만 해도 상할 정도여서, 역시 어느 정도 튼튼하게 성장한 후가 아니면 강한 것은 되지 못한다. 따라서 그럴 때 사람이 잘못 만지면 좋은 결과를 맺지 못하게 된다. 사랑의 싹의 성장에 필요한 것은 오직 하나 — 이성이라는 태양의 빛을 가리지 않도록 손을 써 주는 것뿐이다.

보다 좋은 생활을 바란다며

●○●

불가능한 것을 추구하는 인간의 헛된 노력이, 유일한 진실의 생활을 실현하는 것을 방해한다

　　　　동물적인 생존의 덧없음과 거짓됨을 아는 것이, 그리고 사랑이라는 유일하고 참된 생명을 자신 속에서 해방하는 것이, 그것만이 사람에게 참된 행복을 가져다준다. 하지만 이 행복을 손에 넣기 위해서 사람은 과연 어떤 일을 하고 있을까? 이른바 삶이라는 것은 자신의 육체를 점차로 점차로 소모하여 어쩔 수 없이 죽어 가는 것에 다름 아니라는 사실을 잘 알고 있는 인간들이, 살아 있는 동안에 온갖 수단을 동원하여 열심히 하는 일이라고는, 사라져 버릴 자신의 육체를 지키고 그 여러 가지 욕망을 만족시키고, 그렇게 함으로 해서 인생의 유일한 행복 — 사랑으로 살아갈 수 있는 가능성을 일부러 없애 버리는 일들뿐이다.

　인생을 이해하지 못한 이런 사람들의 활동은 그야말로 한평생, 자기 몸을 지키기 위한 투쟁에, 여러 가지 쾌락의 획득에, 고통에

서 벗어나기 위한 것에, 피할 길이 없는 죽음에서 피난하는 것에 바쳐진다.

그런데 향락의 도가 더하면 더할수록 투쟁에 의한 긴장이나 고통을 느끼는 감각도 더욱 예민해지기 때문에 죽음이 몸에 한층 더 가까이 다가오게 되는 것이다. 죽음의 접근을 잊기 위한 방법은 오직 한 가지밖에 없다. 쾌락의 도를 더하는 것이다. 그러나 쾌락도 끝까지 따라가면 결국에는 더 이상 쾌락의 도를 더할 수 없게 될 뿐만 아니라 이번에는 오히려 고통으로 바뀌어서 거기에는 단지 고통을 느끼는, 상처받기 쉬운 신경과 그 고통 속에서도 한 걸음 한 걸음 착실하게 다가오는 죽음에 대한 공포만이 남는다. 이렇게 해서 악순환이 시작된다. 한편이 또 다른 한편의 원인이 되면, 이번에는 다시 한편이 또 다른 한편을 강화하는 작용을 하게 된다.

인생을 이해하지 못한 사람들의 가장 커다란 공포는 우선, 일반적으로 그들이 쾌락이라 생각하고 있는 것(유복한 생활이 가져다주는 모든 향락)이 모든 사람들에게 평등하게 분배될 수 있는 성질의 것이 아니라 사랑의 근원인 사람들에 대한 선의를 송두리째 파괴하는 악, 폭력으로 타인에게서 빼앗아야만 하는 것이라는 데서 발생하는 것이다. 따라서 향락은 언제나 사랑과 완전히 대립되는 것으로 향락의 도가 더하면 더할수록 양자의 사이도 더욱 벌어지게 되는 것이다. 그렇기 때문에 쾌락을 얻으려 하는 활동이 강하고 격렬해질수록 인간에게 허용된 유일한 행복 — 사랑은 그 영향력이 더욱 약해질 뿐이다.

인생은 보통 이성의 의식이 보는 대로 이해되는 것은 아니다. 다시 말해서 이성의 법칙에 대한 동물적인 자아의 눈에는 보이지 않지만, 의심할 여지도 없는 평소의 종속에 대한 행위로써, 또한 인간이 선천적으로 가지고 태어난 모든 사람들에 대한 선의와 거기서 자연스럽게 흘러나오는 사랑의 활동을 자유롭게 풀어헤치는 행위로써 이해되는 것이 아니다. 단지 모든 사람들에 대한 선의를 전혀 발휘하지 못하게 하는 조건 — 모두가 자기 멋대로 결정해 버린 그런 일정한 조건하에서 일정 기간 지속할 수 있는 육체적인 생존으로써 이해되고 있는 데 지나지 않는 듯하다.

이와 같은 세상의 평범한 생각에 사로잡혀서 그 이성을 오로지 일정한 생활조건을 만들어 내는 데에만 사용하고 있는 사람들은 인생의 행복을 더하기 위해 그 생활의 외부적인 조건을 좀 더 잘 갖추면 된다고 생각한다. 하지만, 생활의 외부적인 조건을 갖추려면 타인에게 가능한 한 강한 압박을 가하지 않으면 안 되기 때문에, 어쨌든 사랑과는 정면으로 대립하지 않을 수 없게 된다. 따라서 생활의 조건을 자기 입장에 맞게 잘 갖추면 갖출수록 사랑과 생명은 더욱 영향력이 약해지게 된다.

이와 같은 사람들은, 동물적인 자아의 행복은 어차피 모든 사람들에게 거의 제로에 가깝다는 사실을 조금도 이해하려 하지 않고, 그 제로가 커다란 것도 될 수 있고 조그만 것도 될 수 있는 양을 갖추고 있는 것이라 상상하여 제로를 크게 하고 늘리기 위해 자신이 썩히고 있는 이성을 헛된 일에 허비하고 있는 것이다.

이런 사람들은 무, 다시 말해서 제로를 아무리 곱해도 역시 처음과 다를 바가 없는 제로가 된다는 사실을 알지 못하는 것이다. 인간의 동물적인 자아는 전부가 하나같이 불행하기 때문에 외부의 조건을 제아무리 바꾼다 할지라도 절대 행복해질 수 없다는 사실을 알지 못하는 것이다. 어떤 존재라 할지라도 그것이 육체적인 존재인 이상, 다른 존재보다 더 행복해질 수는 없는 법으로, 예를 들자면 이는 호수의 수면은 어디를 봐도 전체의 수위 이상 높은 곳이 없으며 또 높게 할 수도 없다는 물리적인 법칙과 완전히 똑같은 원리인데, 이런 사람들은 그 사실을 전혀 살펴보려 하지도 않는 형편이다. 이성을 왜곡하고 흐리게 해 버리는 사람들은 이처럼 쉽게 볼 수 있는 사실을 보려 하지 않고 아무래도 불가능한 일, 다시 말하자면 호수 여기저기를 들어 올리려 하는 것과 같은 일 — 물놀이를 하는 아이들이 곧잘 '맥주 만들기'라며 찰싹찰싹 물을 튕겨 거품을 만들며 와자지껄 놀곤 하는데 —, 그처럼 공연한 소란에 왜곡된 이성을 쏟아 부으며 평생을 흐지부지 사는 것이다.

그들 입장에서 보자면 인간의 생존은 어쨌든 행복하고 멋진 것이라고 여겨지는 것이다. 다시 말해서 그들의 입장에서 보자면 가난한 노동자나 병에 걸린 사람들에게서 볼 수 있는 생존은 물론 불행하고 바람직하지 못한 것이지만, 부자나 건강한 사람의 생존은 행복 그 자체이자 멋진 것이니 이성을 철저하게 쏟아 부어서 불행하고 바람직하지 못한 것, 가난이나 병에 시달리는 생존은 외면하고 멋진 것, 돈이 있고 건강하고 행복한 생존 조건만을 갖추려 열심히 노력하는 것이다.

그들은 몇 대에 걸쳐서 이와 같은 행복한 생활을 여러 가지로 갖추고 유지하는 방법을 만들어 내어, 이처럼 가장 좋은 것(그들은 자신들의 동물적인 생존을 이렇게 부른다)이라 여겨지는 생활의 설계 과정을 자손들에게 전해 준다. 사람들은 자신의 부모에게서 그대로 물려받은 그 행복한 생활을 유지하기 위해 가능한 한 모든 방법을 동원하기도 하고, 혹은 자신의 손으로 새로이 좀 더 행복한 생활을 만들어 내겠다고 혈안이 되어 서로 정신없이 경쟁하기도 한다. 사람들은 이처럼 잘 갖춰진 채로 부모에게서 물려받은 그 생활을 유지하고, 혹은 자신이 좀 더 멋진 것이라고 생각하는 생활을 새로이 만들어 내면서, 그것만으로 무엇인가를 열심히 한 것 같다는 기분에 빠지는 것이다.

그리고 사람들은 그처럼 잘못된 생각을 서로 조장하는 것과 같은 일을 하면서, 심지어는 자신조차도 무의미한 것이라고 뼈저리게 느끼고 있는, 마치 흐르는 물에 글자를 쓰는 것과 같이 어리석고 덧없는 일 속에 인생이 있는 것이라고 진심으로 믿게 되는 것이다. 그리고 결국에는 진리의 가르침에서, 살아 있는 사람들의 생활의 실례에서, 또한 자기 자신의 일그러지고 흐려지기는 했지만 아직은 이성과 사랑의 목소리가 완전히 사라지지는 않은 마음속에서 끊임없이 울려 퍼지고 있는 그 참된 생활로 돌아오라는 외침을, 경멸에 찬 얼굴로 외면하게 될 정도로 그와 같은 어리석고 잘못된 생각에 빠져 버리게 되는 것이다.

참으로 놀라운 일 아닌가! 놀랄 정도로 많은 사람들 — 원래대로라면 이성과 사랑으로 넘쳐 나는 생활을 해야 할 사람들이 불붙은 우리에서 끌려 나오는 양 떼 — 어리석게도 불에 던져지는 게 아닐까 생각하여 도움을 주려는 인간에게 필사적으로 반항하는 양과 똑같은 행동을 하고 있는 것이다.

이런 사람들은 죽음을 너무나도 두려워하기 때문에 오히려 자기 자신을 한없이 괴롭게 한다. 이렇게 하여 결국에는 단 하나밖에 없는 행복과 생명의 가능성을 스스로 버리는 꼴이 되고 마는 것이다.

죽음에 대한 공포라는 것

● ○ ○

결국은 해결되지 않는 인생의 모순에 대한 의식에 불과하다

'죽음은 없다.'고 진리의 목소리는 사람들에게 말한다. '나는 부활이요 생명이니 나를 믿는 자는 죽어도 살겠고, 무릇 살아서 나를 믿는 자는 영원히 죽지 아니하리니 이것을 네가 믿느냐?' (요한복음 11장 25~26절)

죽음은 없다고 세계의 모든 위대한 교사들은 입을 모아 말했다. 그리고 인생의 의미를 이해한 수백만 명의 사람들도 역시 같은 말을 했을 뿐만 아니라 각자의 생활 속에서 그것이 옳음을 증명했다. 뿐만 아니라 참으로 살아 있는 사람이라면 누구나 그 의식 속에 반짝하고 빛이 비치는 순간에 영혼의 깊은 곳에서 그것을 느끼게 된다. 그러나 인생을 이해하지 못한 사람들은 아무래도 죽음을 두려워하지 않을 수 없다. 그들은 죽음을 보는 것이다. 죽음을 믿는 것이다.

"죽음이 존재하지 않는다고?"

이런 사람들은 화를 내며 참으로 미워 죽겠다는 듯이 이렇게 외친다.

"궤변이다! 죽음은 바로 눈앞에 있다. 죽음은 헤아릴 수도 없이 많은 사람들을 철저하게 쓰러뜨리지 않았는가? 우리도 머지않아 당할 것이다. 죽음은 없다고 아무리 외쳐 봐야 죽음은 엄연히 남아 있다. 봐라! 저기다. 저기에 있지 않은가?"

이렇게 해서 그들은 자신이 입으로 말한 것을 그 눈으로 직접 보게 된다. 신경이 이상해진 사람이 무시무시한 환상을 보고 떠는 것과 다를 바 없는 것이다. 정신병 환자는 그 환상을 만질 수 없다. 그 환상은 단 한 번도 환자를 만진 적이 없다. 그 환상이 어떻게 할 것인지 환자는 전혀 상상도 할 수 없지만, 그러한 상상이 낳은 환상 때문에 살아갈 힘까지 잃어버릴 정도로 두려움에 괴로워한다. 죽음의 경우도 이와 조금도 다를 바 없다. 사람은 자신의 죽음이라는 것을 알고 있지 못한다. 알 수가 없다. 죽음은 그 사람의 몸을 만진 적이 없다. 죽음이라는 것에 대해 어떤 생각을 갖고 있는 것인지 전혀 알지 못한다. 그렇다면 두려워할 필요가 어디에 있단 말인가?

"분명 죽음이 나를 사로잡은 적은 단 한 번도 없었지만, 언젠가는 사로잡을 것이 뻔하다. 누가 뭐래도 그것만은 틀림없는 사실이다. 나를 사로잡아 사라지게 할 것이다. 그게 무서워서 견딜 수가 없다!"

인생을 이해하지 못한 사람들은 틀림없이 이렇게 말할 것이다.

이처럼 잘못된 인생관을 가진 사람들이라 할지라도 그 인생관의 근본까지 거슬러 올라가 차분하고 신중하게 생각해 본다면, 모든 생물 속에서 일어나는 변화 — 죽음이라 불리는 변화가 육체를 가진 존재인 자신에게도 일어난다는 사실은, 조금도 불쾌하거나 무서워할 일이 아니라는 결론을 내릴 수밖에 없을 것이다.

실제로 나도 언젠가는 죽을 것이다. 하지만 그것이 어째서 두려운 일이란 말인가? 애초부터, 지금에 이르기까지 내 몸에는 실로 여러 가지 변화가 있었으며 지금도 일어나고 있다. 그래도 나는 그런 것을 두려워하지 않지 않았는가? 그런데 어째서 나는 아직 일어나지도 않은 변화를 두려워하는 것일까? 게다가 그 변화 속에, 내 이성이나 경험에 비춰 봐서 전혀 해석 불가능한 좋지 않은 것이나 어처구니없는 것은 존재하지 않는다. 이 변화 — 즉, 죽음이라는 것은 동물의 죽음이든 사람의 죽음이든 없어서는 안 될 생명의 조건, 그것도 대부분의 경우에는 참으로 좋은 조건이라고 내가 곧잘 공상에 빠져서 지금까지 몇 번이고 생각했을 정도로 친숙하고 이해하기 쉽고 자연스러운 현상인 것이다. 그런데 대체 무엇이 그렇게 두렵다는 말인가?

원래 참으로 논리적인 인생관은 오로지 두 개밖에 존재하지 않는 법이다. 하나는 잘못된 견해로, 태어날 때부터 죽을 때까지 육체에서 일어나는 눈에 보이는 현상이라고 인생을 이해하는 방법이다. 또 다른 하나는 참으로 옳은 견해로, 자기 자신 속에서 느낄 수 있는 눈에 보이지 않는 의식이라고 인생을 이해하는 방법이다. 한쪽은 틀렸으며 다른 한쪽은 옳다. 하지만 양쪽 모두 논리는 훌륭하게 성립되기 때문에 사람들은 그중 어느 것이든 취할 수가 있는데, 어느 쪽을 취한다 할지라도 결국 죽음에 대한 공포 따위는 없다는 결론을 얻게 된다.

  태어나서 죽을 때까지 육체에서 일어나는 눈에 보이는 현상이라고 인생을 이해하는 잘못된 견해는 이 세상의 역사만큼이나 오래된 것이다. 이는 많은 사람들이 생각하고 있는 것처럼 현대의 유물唯物적인 과학이나 철학이 낳은 인생관이 아니다. 현대의 과학이나 철학은 단지, 이 견해를 끝까지 밀고 나가서 결국 이 견해가 인간 본성의 근본에서 나온 요구에 바탕을 둔 것이라는 사실을 전보다 한층 더 분명하게 한 것일 뿐이다. 차라리 이 견해는 최저의 발전단계에 머물러 있던 인간의 원시적이고 고대적인 사고에 지나지 않는다고 하는 편이 옳을 것이다. 이는 중국인들 사이에서, 불교도들 사이에서, 유대인들 사이에서도 행해졌으며, 욥기나 '흙에서 태어나서 흙으로 돌아간다'는 말에서도 찾아볼 수가 있다.

이 사고를 현대적인 표현으로 바꾸자면 이렇게 될 것이다. 생명이란 공간과 시간에 얽매인 물질 속에 잠재해 있는 에너지의 우연한 장난 — 변화다. 우리가 의식이라 부르고 있는 것은 생명도 그 무엇도 아닌 단순한 착각에 지나지 않는다. 착각에 사로잡혀 있기 때문에 생명이 의식 속에 있는 것처럼 보이는 것이다. 의식은 일정한 상태하에 있는 물질 속에서 번뜩이는 불꽃인 것이다. 이 불꽃은 일시에 불길이 솟아올라 불타오르는가 싶다가 곧 다시 수그러들어 결국에는 완전히 꺼져 버린다. 이 불꽃, 즉 과거에서 미래로 무한하게 계속되는 시간의 흐름 한가운데서 그야말로 한순간 경험하게 되는 의식이라는 것은 결국 무와 같은 것이다. 틀림없이 의식이 그 의식 자체와 밖으로 퍼져 나가는 무한한 세계를 보고 그에 대해서 판단을 내릴 뿐만 아니라 이 세계의 우연의 장난을 철저히 보고난 뒤에, 그리고 가장 중요한 것은 틀림없이 우연이 아닌 것과 대립하는 것이라고 생각하여 이 장난을 이처럼 우연이라고 부르는 것이지만, 그럼에도 불구하고 의식 자체는 어디까지나 죽은 물질에 의해 만들어진 것으로 나타나는가 싶다가 곧 아무런 의미도 없이, 흔적도 남기지 않고 사라져 버리는 환상에 지나지 않는 것이다. 모든 것은 한없이 변화하는 물질의 소산에 다름 아니다. 생명이라 부르고 있는 것은 결국 단순한 환상인 것이다. 죽은 것만이 존재하고 있는 것이다. 우리가 생명이라 부르고 있는 것은 사실 죽음의 장난에 지나지 않는 것이다. 이러한 인생관에 따르는 한 죽음은 조금도 두려운 것이 아닐 뿐만 아니라 오히려 생명에 어떤 부자연스럽고 불합리한 부분이 있어서 두려운 것이 될 수도 있는 것이다. 불교도나 최근의 염세주의자 — 쇼펜하우어나 하르트만 등에서 바로 이와 같은 견해를 발견할 수 있다.

인생에 대한 또 다른 견해는 다음과 같은 것이다. 생명이란 내가 내 자신 속에서 의식할 수 있는 것에 다름 아니다. 그것도 과거에 존재했던 나, 미래의 나와(내 인생을 생각할 때 나는 이런 식으로 생각하는데) 같은 형태로 의식하는 것이 아니라 언제, 어디서 시작되었는지도 알 수 없을 뿐만 아니라 언제, 어디서 끝나는지도 알 수 없는, 현재 있는 그대로의 나로서 언제나 자신의 생명을 의식하는 것이다. 시간이나 공간과 같은 관념은 나의 생명에 대한 의식과는 관계가 없다. 나의 생명, 인생은 물론 시간과 공간 속에서 나타나기는 하지만 그것은 단지 그것의 발로, 현상에 지나지 않는 것이다. 내게 있어서 생명 자체는 시간과 공간을 초월한 것으로 의식된다. 따라서 이 견해에 따르자면, 모든 것이 반대가 된다. 즉, 환상인 것은 생명의 의식이 아니라 반대로 시간과 공간에 얽매인 것 모두가 환상에 지나지 않는 것이다. 그렇기 때문에 이러한 견해에 의하면, 육체에 얽매인 이 생존이 공간과 시간 속에서 끊겨 버리는 것은 아무런 현실적인 의미도 갖지 못하는 것으로, 내 참된 생명의 흐름을 멈추게 하는 것은 물론 흐트러뜨릴 수도 없는 것이다. 다시 말해서 이 견해 속에 죽음 따위는 존재할 여지도 없는 것이다.

이 두 가지 인생관 중에서 사람이 어느 쪽을 택한다 할지라도 그 견해를 완전히 자기 것으로 받아들인다면 죽음에 대한 공포는 이처럼 사라져 버릴 것이다.

인간이 동물이든 이성을 가진 존재든 죽음을 두려워할 만한 이유는 어디에도 없는 것이다. 동물은 생명에 대한 의식을 갖고 있지 않기 때문에 죽음은 알지도 못하며, 또 이성을 가진 존재는 생명에 대한 의식을 갖고 있기 때문에 동물적인 것의 죽음 속에서는 결국 물질의 끊임없는 자연스러운 운동 외에는 그 무엇도 볼 수 없는 것이다. 사람이 두려워해야 할 무엇인가가 있다면 그것은, 사실은 자신이 알고 있지도 못하는 죽음이 아니라 오히려 동물적인 자아와 이성을 갖춘 자아 모두 그것만은 지금까지 경험해 온, 이 세상에서 받은 생명일 것이다. 다시 말해서 죽음에 대한 공포라는 형태로 사람들 속에 나타나는 감정은, 사실은 인생의 내부적인 모순에 대한 의식에 지나지 않는 것이다. 마치 존재하지도 않는 환상을 두려워하는 것이 자연스럽게 그 사람의 병적인 정신 상태를 나타내는 것과 같은 것이다.

"나는 존재하지 않게 될 것이다. 죽어 버릴 것이다. 내 생명을 형성하고 있던 것이 전부 사라져 버릴 것이다."

한 목소리가 사람에게 말한다. 그러면 또 다른 목소리가 이렇게 속삭인다.

"아니, 나는 존재하고 있다. 죽을 수가 없다. 죽을 리가 없다. 나는 죽어서는 안 된다. 그런데도 나는 이렇게 죽어 가고 있지 않은가?"

육체의 죽음을 생각할 때 인간을 움켜쥐는 공포의 원인은 이와 같은 모순 속에 있는 것이지 죽음 그 자체에 있는 것은 아니다. 다시 말해서 죽음에 대한 공포는 사람이 그 동물적인 생존의 중단을 두려워하는 곳에서 일어나는 것이 아니다. 죽어서는 안 되는 것이 — 죽을 리가 없는 것이 죽어 가는 것처럼 여겨지기 때문에 죽음이 두려워지는 것이다. 죽음을 곧 일어날 미래의 일이라고 생각하는 것은 오로지 지금 이 순간에도 작용하고 있는 죽음이라는 것을 제대로 보고 있지 않기 때문이다. 따라서 미래에 곧 일어날 육체의 죽음을 환상으로 생생하게 보게 되는 것은, 죽음에 대한 생각에 눈을 떴기 때문이 아니라 반대로 생명에 대한 생각 — 인간이 가지고 있어야 하지만 완벽하게 갖추고 있지는 못한 생각에 눈을 떴기 때문이다. 이것은 틀림없이 무덤 속에 묻혔다가 되살아난 인간이 경험하는 감정과 같은 감정일 것이다.

'이렇게 생명이 분명히 있는데 죽음 속에 있다니……. 이게 바로 죽음이 아니고 무엇이겠는가?

이런 느낌에 사로잡혀 버리는 것이다. 다시 말해서 실제로 존재하고 있으며, 또 존재해야만 하는 것이 시시각각으로 죽어 가는 것처럼 느껴지는 것이다. 이에 인간의 지혜는 어지러워지고 공포에 떨게 되는 것이다. 죽음에 대한 공포라고 불리는 것은 죽음에 대한 공포가 아니라 사실은 잘못 이해하고 있는 생명에 대한 공포인 것이다. 그에 대한 가장 좋은 증거로, 죽음을 너무나도 두려워한 나머지 사람들이 곧잘 자살까지 하고 있지 않은가?

사람이 육체의 죽음이라는 관념을 그렇게까지 두려워하는 것은, 그 생명이 죽음과 함께 끝나 버리는 것이라고 생각하기 때문이 아니라 육체의 죽음이 끝내 소유하지 못했던 참된 생명의 필요성을 사람에게 분명히 가르쳐 주기 때문이다. 바로 그렇기 때문에 인생을 이해하지 못한 사람들은 죽음에 대해 생각하기를 그토록 싫어하는 것이다. 죽음에 대해서 생각하게 되면 자신이 이성의 의식이 요구하는 대로 살고 있지 않다는 사실을 어쩔 수 없이 알게 되기 때문이다.

무릇 죽음을 두려워하는 사람들은 죽음이라는 것을 공허하고 어두운 것이라고 생각하기에 두려워하는 것인데, 공허와 암흑을 이렇게 보는 것도 결국은 생명을 보고 있지 않기 때문이다.

육체의 죽음은
틀림없이 공간에 얽매인다

●○○

육체와 시간에 얽매인 의식을 사라지게 하기는 하지만, 생명의 근본을 형성하고 있는 것, 즉 생물 개개의 이 세상에 대한 특정한 관계는 사라지게 하지 못한다

    하지만 생명을 보지 않는 사람이라 할지라도 자신들을 위협하고 있는 그 환상에 좀 더 가까이 다가가서 그것을 만져 보기만 하면 환상은 어차피 환상에 지나지 않으며, 실재하는 것이 아니라는 사실을 깨닫지 않을 수 없을 것이다.

  아무튼 어떤 경우라 할지라도 이처럼 죽음에 대한 공포가 사람들 속에서 일어난다는 것은, 인생의 근본을 이루는 것이라 여겨지고 있는 사람들 개개인의 독특한 자아가 육체의 죽음과 함께 죽어 버리는 것이라는 생각이 들어 견딜 수가 없기 때문이다. '내가 죽으면 육체는 무너져 버리고 내 자아는 없어져 버린다. 이 자아 — 나의 자아는 벌써 몇 년 동안이나 내 육체 속에서 살아왔는데.' 이런 식으로 느끼기 때문이다.

사람들은 이 자신의 자아라는 것을 중히 여긴다. 그리고 이 자아는 자기들 육체의 생명과 분리할 수 없는 것이라고 생각하기 때문에 육체가 사라지면 자아도 그에 따라서 자연스럽게 사라지는 것이라는 결론을 내리게 되는 것이다.

이러한 결론은 아주 흔하고 평범한 것으로 특별히 의심할 필요도 없다고 모든 사람들이 생각하기 쉽지만 사실은 아무런 근거도 없는 생각에 지나지 않는 것이다. 그런데 자신을 유물론자라고 생각하는 사람이나, 정신주의자라고 생각하는 사람은, 자아라는 것은 다시 말해서 몇 년 동안 살아온 자기 육체의 의식에 다름 아니라는 이 생각에 완전히 익숙해져 있기 때문에, 그와 같은 단정이 정말로 옳은 것인지 확인해 봐야겠다는 생각조차 하려 들지 않는 실정이다.

나는 59년 동안 살아왔다. 나는 그동안 계속해서 나라는 것을 내 육체 속에서 의식해 왔다. 내게는 이러한 자의식이 내 생명의 징표인 것처럼 여겨졌다. 그러나 그것은 내가 그렇게 생각한 것일 뿐이었다. 내가 살아온 것은 59년도 아니고 5만 9천 년도 아니고 59초도 아니다. 나의 육체도, 그것이 생존해 온 기간도, 내 자아의 생명과는 아무런 관계도 없는 것이다. 만약 내가 이렇게 살아 있는 동안 끊임없이 자신의 의식 속에서 내게 '나는 과연 무엇인가?'라고 물었다면 나는 틀림없이 이렇게 대답할 수밖에 없었을 것이다. '어떤 생각하는 것, 느끼는 것 — 다시 말해서 자신이라는 아주 특별한 형태로 이 세계와 연결되어 있는 것'이라고 대답할 것임에 틀림없다. 자신의 자아로 내가 의식하는 것은 오직 이와 같은 것뿐, 그 이외에는 아무것도 없다. 언제, 어디서 내가 태어난 것인지, 언제 어디서 지금 하고 있는 것과 같은 식으로 내가 생각하고 느끼기 시작한 것인지 하는 것에 대해서 나는 아무것도 모른다. 내 의식이 내게 알려주는 것은 단지 내가 존재하고 있다는 사실, 내가 이 세계에 현재 볼 수 있는 것과 같은 관계로 연결되어 존재하고 있다는 사실뿐이다. 내가 태어났을 때의 일은 물론, 유년 시절의 일이나 청년 시절의 일, 중년 시절의 일, 아니 그 뿐만 아니라 극히 최근에 있었던 일조차도 기억하지 못하는 경우가 많다. 가령 내가 자신의 과거를 어떻게 어떻게 해서 떠올리거나, 다른 것에 의해 떠올리게 됐다 할지라도 그것은 타인에 대해 들었던 것을 기억했다가 떠올린 것과 조금도 다를 바 없는 것이다. 그러니 대체 무엇을 근거로 내가 살아온 동안 계속해서 언제나 같은 나였다고 — 하나의 자아였다고 단언할 수 있겠는가? 사실 내 육체라는 것은 무릇 전혀 없었으며 실제로 존재하지도 않는다. 다시 말해서 내 육체는 과거에도 현재에도 물질이 아닌 눈에 보이지 않는 어떤 것에 의해서 간신히 그것이라 인식되고 있을 뿐인, 끊임없이 변하는 물질에 지나지 않는 것이다. 끊임없이 차례차례 변해 가는 육체는, 이 물질이 아닌 눈에 보이지 않는 어떤 것인가에 의해 파악되어야만 비로소 자신의 것 — 자신의 몸으로 인정받게 되는 것이다. 내 육체는 벌써 몇 십 번이라 할 수도 없이 여러 번 완전히 바뀌어 버렸다. 근육도, 내장도, 뼈도, 뇌수도 전부 예전의 것이라고는 찾아볼 수 없을 정도로 완전히 바뀌어 버렸다.

이처럼 끊임없이 변화하고 있는 육체를 오직 하나밖에 없는 것, 자신의 것이라고 내가 인정하고 있는 것은 거기에 어떤 물질과는 다른 무엇인가가 작용하고 있기 때문이다. 물질과는 다른 그 무엇인가가 바로 우리가 말하는 의식에 다름 아니다. 다시 말하자면 오직 이것만이 육체라고 할 수 있는 것을 하나에서부터 열까지 하나로 뭉뚱그려서 파악하여 그것을 하나의 것 — 자신의 것이라고 인식하게 되는 것이다. 이처럼 자신을 모든 것과 다른 것이라 인식하는 이 의식이 없었다면 나는 자신의 생명과 다른 모든 생명 전부를 알지 못했을 것이다. 따라서 얼핏 생각하기에 이 의식 — 모든 것의 근본이 되는 의식이라는 것은 영원히 변하지 않는 것이라 여겨질지도 모르겠다. 하지만 그것은 잘못된 생각이다. 의식은 영원히 변하지 않는 것이 아니다. 실제로 일생에는 잠이라는 현상이 끊임없이 반복되고 있지 않은가? 우리는 누구나 매일 잠을 자기 때문에 이런 현상은 아주 간단하고 생각할 가치도 없는 것이라고 생각하기 쉽다. 하지만, 조금 더 생각을 진전시켜서 잠을 자는 동안에는 의식이 완전히 끊겨 버릴 때가 있다는 부정할 수 없는 사실을 분명하게 인정한다면, 이 잠이라는 현상의 신비로움에 놀라지 않을 수 없을 것이다.

매일매일, 숙면을 취하는 동안 의식은 완전히 사라졌다가 그 후에 다시 원래대로 되돌아온다. 그런데 그런 때에도 의식은, 육체를 완전히 하나의 묶음으로 파악하여 그것을 자신의 것이라 인식하는 가장 근본적인 역할을 수행하고 있는 것이다. 의식이 끊기면 육체는 따로 분리되어 버리고 다른 모든 것들과의 구별도 애매해질 것 같지만, 자연스러운 잠의 경우에도, 사람의 손에 의한 부자연스러운 잠의 경우에도 그런 일은 단 한 번도 일어난 적이 없었다.

이처럼 육체를 하나의 묶음으로 파악하고 있는 의식은 일정한 간격을 두고 끊기기는 하지만 그래도 육체와 분리되지는 않는다. 아니, 이 의식이라는 것은 걸핏하면 끊겨 사라질 뿐만 아니라 육체와 마찬가지로 변화까지도 한다. 10년 전에 내 육체 속에 있었던 물질 중에서 아직도 남아 있는 것은 없는 것과 마찬가지로, 다시 말해서 언제나 예전과 똑같은 육체가 있었던 적이 없었던 것처럼 똑같은 하나의 의식이 예나 지금이나 내 속에 존재해 있었던 것은 아니다. 세 살배기 아이였을 때의 내 의식과 지금의 내 의식을 비교해 보기 바란다. 30년 전의 내 몸과 지금의 내 몸이 다르듯이 역시 변하지 않았는가? 의식이라는 것은 언제나 일정하게 똑같은 것이 아니다. 얼마든지 자잘하게 나눌 수 있는 것 — 그리고 거기에 일관된 부분이 있어 하나로 연결되어 있는 것이다.

따라서 의식은 육체를 완전한 한 묶음으로 파악하여 그것을 자신의 것이라고 인식하기는 하지만, 완전히 안정된 것은 결코 아닌, 끊어질 듯 끊어질 듯 이어지면서 변화해 가는 것이다. 인간에게 우리가 일반적으로 상상하는 것과 같은 의식 — 자신이 가지고 있는 하나의 의식 같은 것은 존재하지 않는다. 인간에게 똑같은 하나의 육체가 존재하지 않는 것과 같은 것이다. 인간에게는 언제나 똑같은 하나의 육체도 타인의 육체와 구별되는 특별한 육체도 없을 뿐만 아니라, 의식 역시 한 인간이 살아 있는 동안 그대로 계속되는 똑같은 하나의 의식은 존재하지 않으며 단지 순간순간 끊기며 변화하면서도 어딘가가 연결되어 있는 의식이 있을 뿐이다. 그래도 역시 인간은 자신을 틀림없는 자신이라고 느끼는 것이다.

우리의 육체는 언제나 일률적으로 똑같은 것이 아니다. 게다가 이 변해 가는 육체를 하나의 것, 자신의 것이라고 인식하는 의식도 끊임없이 이어져 있는 것이 아니라 순간순간 끊기며 변화하는 것이다. 우리는 지금까지 자신의 육체와 의식을 얼마나 잃어 왔는지 알 수 없다. 우리는 끊임없이 육체를 잃을 뿐만 아니라 매일 잠에 들 때마다 의식도 잃고 있지 않은가? 하지만 매일, 매시간 자신의 의식이 변화하고 있다는 것을 느끼면서도 조금도 그것을 두려워하지 않는다. 따라서 만약 죽음에 의해 없어지는 것이 가슴 아파 견딜 수 없다고 느끼는 자아를 우리가 가지고 있다면 그 자아는 우리가 자신의 것이라고 부르는 육체 속에도, 아주 짧은 순간에 우리가 인식하는 의식 속에도 있을 리가 없으니, 틀림없이 순간순간 끊어지며 계속되는 의식을 하나로 연결하고 있는 어떤 다른 것 속에 있을 것이다.

시간이 흐르는 대로, 순간순간 끊어지며 이어지는 의식을 전부 하나로 묶는 이 다른 것이란 대체 무엇일까? 이 가장 근본적이고 특수한 나의 자아 — 다시 말해서 내 육체의 생존과 육체 속에서 일어나는 여러 가지 의식에 의해서 짜 맞춰진 것 같이 단순한 것이 아니라 드문드문 차례로 나타나는 의식을 전부 꼬챙이에 꽂듯 하나하나 모아 나가는 이 근본적인 자아란 대체 무엇일까? 이 문제는 참으로 심원하고 어려운 것이라 여겨지지만, 아이라면 대체로 그 답을 분명히 알고 있어서 하루에도 스무 번 이상은 반드시 말할 정도다. '이게 좋다, 저건 싫다.'고 자주 말하는데, 바로 그것이다. 이 말은 매우 간단하지만 그래도 거기에는 모든 의식을 하나로 묶고 있는 '특별한 자아란 무엇인가' 하는 문제에 대한 해답이 들어 있다. 이것은 좋지만 저것은 싫다고 하는 것이 바로, 다름 아닌 자아인 것이다. 왜 사람마다 각각 좋고 싫은 것이 있는 것인지 그것은 아무도 알 수 없지만 그 좋고 싫음이 한 사람 한 사람의 생명의 근본이 되는 것으로, 순간순간 끊겨 흩어져 있는 여러 가지 의식을 전부 하나로 묶는 역할을 하고 있는 것이다. 외부 세계라는 것은 모든 사람들에게 동일하게 작용하고 있지만, 완전히 똑같은 조건에 놓인 사람들이 받는 인상만 해도 상황을 받아들이는 방법에 따라서 얼마든지 대략적인 것이 될 수도 있고 자세한 것이 될 수도 있으며, 강한 것이 될 수도 있고 약한 것이 될 수도 있기 때문에 하나하나 헤아릴 수 없을 정도로 여러 가지라 할 수 있다. 이러한 인상에서 한 사람 한 사람의 일관된 하나의 의식이 만들어지는 것인데, 차례차례로 나타났다가 사라지는 의식이 전부 엮어지는 것은 사람 각자에게 작용하는 인상에 언제나 일정한 경향이 있기 때문이다. 어떤 인상은 그 사람의 의식에 강하게 작용하지만, 다른 인상은 그렇게 강하게 작용하지 않는다. 인상의 작용에 이처럼 일정한 경향이 있는 것은, 즉 사람에게는 많든 적든 좋고 싫음이 있기 때문이다.

이 좋고 싫음에 의해서, 다름 아닌 어떤 일정하게 하나로 묶인 의식이 만들어지는 것이다. 따라서 조각조각으로 흩어져 있는 의식을 전부 하나로 묶는 인간의 특수하고 근본적인 자아라는 것은, 다시 말하자면 많든 적든 어떤 것은 좋고 어떤 것은 싫다고 하는 이 특질에 다름 아닌 것이다. 이 특질은 물론 우리가 살아 있는 동안에도 발달해 가는 것이기는 하지만, 그 보다도 전에, 우리는 알 수도 없고 볼 수도 없는 과거에서부터 우리가 이미 가지고 있었으며 또 가지고 태어난 것이다.

　많든 적든 어떤 것은 좋아하고 어떤 것은 싫어하는 이 인간의 특수한 본성은 일반적으로 성격이라 불리고 있다. 그리고 이 말은 대부분의 경우, 일정한 장소와 시간이라는 조건하에서 만들어진 개개인의 자질의 특수성을 의미하는 것인 듯하다. 하지만 이와 같이 이해하는 것은 옳지 않다. 많든 적든 어떤 것은 좋아하고 어떤 것은 싫어하는 인간의 특수한 본성은 공간과 시간이라는 조건에서 태어나는 것이 아니다. 오히려 그와는 반대로 공간과 시간이라는 조건은, 원래 인간이 어떤 것은 좋아하고 어떤 것은 싫어한다는, 바꿔 보려고 해도 바꿔 볼 수가 없는 본성을 가지고 이 세상에 태어났기 때문에 인간에게 작용하기도 하고 작용하지 않기도 하는 것일 뿐이다. 바로 그렇기 때문에 같은 공간과 시간이라는 조건하에서 태어나고 자란 사람이라 할지라도 그 내부의 자아를 보면 정반대의 경향을 나타내는 경우도 흔히 일어나는 것이다.

　우리의 육체와는 떼려야 뗄 수 없는 관계에 있는 의식 — 각각 따로 흩어져 있는 의식을 하나로 묶고 있는 것은 공간과 시간이라는 조건에서 완전히 독립되어 있기는 하지만, 애매한 것이 아니라 극히 분명하고 변하지 않는 것으로, 공간과 시간을 초월한 세계에서 우리가 이 세상에 갖고 태어난 것이다. 이것이야말로 나와 이 세계

사이의 특정한 관계를 맺게 하는 것 — '나'라는 것의 확실하고 분명한 참된 나인 것이다. 이 근본의 본성 — 세계에 대한 관계를 자각하는 것이 자기 자신을 아는 것이다. 아니, 자신뿐만이 아니라 내가 타인을 알려고 하면, 역시 세계에 대한 그 특정한 관계를 파악할 수밖에 달리 방법이 없는 것이다. 타인과 진심으로 정신적인 교류를 하려 할 때 우리는 그 사람의 외견 따위에는 사로잡히지 않고 오로지 그 본질에 접하려 노력할 것이다. 다시 말해서 어느 정도로 무엇을 좋아하며 무엇을 싫어하는가 하는, 이 세계에 대한 태도 — 관계를 알려고 하는 것이다.

서로 다른 동물 — 말이나 개나 소 등을 내가 안다고 한다면, 알고 있을 뿐만 아니라 무엇과도 바꿀 수 없는 정신적인 연결까지 맺고 있다고 한다면 그러한 나의 이해도 역시 외견의 다름에서 온 것이 아니라 그 동물이 각각의 위치를 차지하고 있는 이 세계에 대한 특정한 관계 — 무엇을 얼마나 좋아하고 싫어하는가 하는 각각의 입장의 차이를 통해서 점차 형성된 것임에 다름 아니다. 또한 내가 여러 가지 동물의 서로 다른 종류를 구분하는 것도, 엄밀하게 말하자면 그 외견의 특징에 의한 것이 아니라, 여러 가지 동물 — 예를 들자면 사자나 물고기나 거미가 제각각 이 세계에 대해서 그 종족이 공통으로 가지고 있는 독특한 관계를 나타내고 있다는 사실에 의해서 구별하고 있는 것이다. 모든 사자들은 하나같이 어떤 것을 좋아하고, 모든 물고기들도 역시 다른 어떤 것을 좋아하며, 모든 거미들도 역시 또 다른 어떤 것을 좋아한다. 이처럼 여러 동물들은 각각 종족별로 서로 다른 것을 좋아하기 때문에 내 관념 속에서 전부 분명하게 다른 생물로 구별되는 것이다.

설령 내가 이와 같은 여러 생물 속에서 이 세계에 대한 각각의 특정한 관계를 찾아내지 못한다 할지라도 그것은 결코 그와 같은 관계가 존재하지 않는다는 것의 증거가 될 수는 없다. 한 마리 거미의 생활 내용 — 이 세계에 대한 그 거미의 특정한 관계가 나와 이 세계와의 현재의 관계에서 너무나도 멀리 떨어진 곳에 있기 때문에 실비오 페리코가 한 마리의 거미를 진정으로 이해한 것만큼 나는 아직 이해하지 못했다는 사실을 이야기해 주는 것일 뿐이다.

자기 자신에 관한 것이든 넓은 세계에 관한 것이든, 내가 지금 가지고 있는 모든 지식의 기초가 되는 것은 결국 이 세계에 대한 나의 특정한 관계에 다름 아니다. 이와 같은 관계에 입각해 있기 때문에 그 결과 나는, 역시 그처럼 이 세계와 각각 특별한 관계를 맺고 있는 다른 여러 가지 생물을 알 수 있는 것이다. 게다가 세계에 대한 나의 이러한 특정 관계는 생 속에서 처음으로 생겨난 것이 아니다. 나의 이 육체와 함께, 시간에 얽매여 있는 이 한 묶음의 의식과 함께 시작된 것이 아니다.

따라서 시간의 지배를 받고 있는 의식에 의해서 하나로 묶인 나의 육체와 시간에 얽매여 변화해 가는 나의 의식 그 자체는 전부 언젠가 사라져 버릴 테지만, 세계에 대한 나의 특정한 관계 — 내 근본의 자아를 형성하고 있을 뿐만 아니라 이 세계의 모든 것을 내가 이해할 수 있게 해 주는 기초가 되는 이 특별한 관계만은 결코 사라지지 않을 것이다. 사라질 수가 없는 것이다. 왜냐하면 그것만이, 오직 그 하나만이 참된 존재이기 때문이다. 만약 그것이 존재하지 않는다고 한다면 나는 자신을 일관되게 하나로 묶고 있는 의식은 알지도 못했을 것이다. 내 육체에 대해서도 생명에 대해서도 알지 못했을 것이다. 물론 타인의 인생에 대해서도 전혀 알지 못했을 것임에 틀림없다. 따라서 육체와 의식이 사라진다 할지라도 그것은 세계에 대한 나의 특정한 관계 — 지금의 생활 속에서 시작된 것도 아니고 일어난 것도 아닌 이 특별한 관계까지 사라질 것이라는 말의 증거가 될 수 없는 것이다.

죽음의 공포는

●○●

사람들이 잘못된 인생관에 사로잡혀서 인생의 아주 작은
일부분을 인생이라고 생각하는 데서 일어난다

우리의 육체와, 차례차례로 나타났다가 사라지는 한 묶음의 의식은 전부 하나로 연결되어 있는 우리의 특수하고 근본적인 자아가 육체의 죽음에 의해서 사라지는 것을 두려워하고 있다. 그러나 우리의 이 근본적인 자아는, 우리의 탄생과 함께 시작된 것이 아니기 때문에 시간의 지배를 받고 있는 한정된 의식이 끊어져 버렸다고 해도 그와 함께, 이 시간에 얽매인 조각조각의 의식을 전부 하나로 묶고 있는 것까지 사라져 버릴 리는 없는 것이다.

육체의 죽음은 틀림없이 육체를 하나로 묶어서 파악하고 있던 것 — 짧은 기간의 생활에 대한 의식을 사라지게는 한다. 그러나 이와 같은 일은 잠을 잘 때마다 매일 실제로 일어나고 있지 않은가? 따라서 문제가 되는 것은 육체의 죽음이 차례차례로 일어나는 의식을 전부 하나로 묶고 있는 것, 즉 세계에 대한 나의 특정한 관계까지 사라져 버리게 하는가 하는 점에 있다. 그리고 그러한 관계까지 사라지게 한다고 단정하려면, 이 차례차례로 일어나는 의식을 하나로 묶고 있는 것 — 세계에 대한 나의 특정한 관계가 내 육체의 존재와 함께 태어난 것이라는 사실, 따라서 그것과 함께 죽을 것이라는 사실을 우선 증명해야만 한다. 하지만 그것은 전혀 사실이 아니다.

내가 내 의식에 근거해서 생각해 보고 알아낸 바에 의하면, 내 수많은 의식을 전부 하나로 묶고 있는 것은, 다시 말하자면 어떤 것에는 마음을 움직이지만 어떤 것에는 아무런 관심도 보이지 않아, 마음에 남는 인상과 남지 않고 그대로 사라져 버리는 인상을 구분 짓게 하는 좋고 싫음, 행복을 사랑하고 불행을 미워하는 기분과 통하는 것으로, 이와 같은 나와 세계와의 관계 — 다름 아닌 바로 나를 형성하고 있는 특별한 관계는 어떤 외부의 것이 원인이 되어 만들어진 것이 아닐 뿐만 아니라, 오히려 내 인생의 다른 모든 현상의 근본 원인이 되는 것이다.

얼핏 생각해 보면 나도, 내 자아의 특수성이란 것은 우리 부모님의 특수성과 그리고 나와 부모님에게 영향을 준 조건의 특수성에 의한 것 같다고 여겨지기도 하지만, 이 생각을 조금 더 밀고 나가 보면 여러 가지 의식을 전부 하나로 묶고 있는 나의 특수하고 근본적인 자아라는 것은 공간과 시간을 초월한 곳에서 태어난 것, 즉 내가 내 의식을 통해서 알게 된 것과 조금도 다를 바 없는 것이라는 사실을 인정하지 않을 수 없게 된다. 왜냐하면 내 자아가 우리 부모님의 특수성과 부모님에게 영향을 준 조건의 특수성에 의한 것이라고 한다면, 당연히 나의 모든 조상들의 특수성과도, 그들의 생존 조건과도 관계를 맺게 되기 때문에 어디까지 거슬러 올라간다 할지라도 더욱 근본을 거슬러 올라가야 할 것이니 시간과 공간을 초월한 곳에서 자아의 특수성의 원인을 찾을 수밖에 없게 되기 때문이다.

우리가 육체의 죽음과 함께 사라질까 두려워하고 있는 특수한 자아는 다름 아니라 바로 여기, 이 시간과 공간을 초월한 곳에 뿌리를 내리고 있는 것이다. 다시 말하자면 태어나서 지금까지 기억에 남아 있는 모든 의식은 물론 그보다 앞선 의식(플라톤이 말했을 뿐만 아니라 우리도 모두 마음속으로는 느끼고 있는 의식)까지도 전부 하나로 묶고 있는 나와 세계와의 특별한 관계 — 세계에 대한 나의 이 특정한 관계 속에 기초를 두고 있는 것이다.

그런데 모든 의식을 하나로 묶는 것, 인간의 이 특수한 자아라는 것이 시간을 넘어서 언제나 존재한다는 사실, 끊어지기도 하고 끊기기도 하는 것은 시간에 얽매여 있는 한 묶음의 의식에 지나지 않는다는 사실을 참으로 이해하기만 한다면 육체가 죽어도 시간에 얽매인 의식이 완전히 사라져 버린다 할지라도 그것은 나날의 잠과 마찬가지로 인간의 참된 자아를 사라지게 할 수는 없다는 사실을 분명하게 깨닫게 될 것임에 틀림없다. 실제로 잠에는 죽음과 완전히 똑같은 현상 — 시간에 얽매인 의식이 끊어지는 현상이 늘 따라다니기 마련인데, 잠을 두려워하는 사람은 한 사람도 없지 않은가? 의식이 사라진다는 점에서 잠은 죽음과 다를 바가 없음에도 불구하고 사람들은 잠드는 것을 두려워하지 않는다. 그것은 언제나 잠에 들었다가도 눈을 뜨게 되니, 이번에도 눈을 뜰 것이라고 생각하고 있기 때문이 아니다(이런 사고방식은 옳은 것이라 할 수 없다. 사람이 천 번 눈을 떴다고 해서 그 다음에도 눈을 뜰 것이라고는 장담할 수 없다). 그 누구도 결코 그렇게는 생각지 않을 것이다. 게다가 그런 생각은 아무런 위안도 되지 않는다. 그것이 아니라 사람은 이 참된 자아가 시간을 넘어서 살아 있다는 사실을 알고 있기 때문에 시간에 얽매여 있는 의식이 끊긴다 할지라도 그의 생명은 결코 사라지지 않는다는 사실을 납득할 수 있기 때문이다.

옛날 얘기에서 흔히 볼 수 있는 것처럼 사람이 만약 천 년 동안이나 잠을 잔다 할지라도 2시간 잘 때와 마찬가지로 아주 편안하게 잠을 잘 것이다. 일시적인 것이 아닌 참된 생명의 의식이 보기에는 백만 년 동안 사이를 두든, 8시간 동안 사이를 두든 결국은 완전히 똑같은 것이리라. 왜냐하면 참된 생명에게 있어서 시간은 하등 문제될 것이 없기 때문이다.

육체는 사라진다. 그리고 한순간에 불과한 의식도 사라진다. 그렇다면 이제는 인간도 자신의 육체나 의식의 변화에 적당히 적응을 해도 좋을 때가 아닐까? 왜냐하면 이런 변화는 사람이 철들 무렵부터 시작해서 쉬지 않고, 끊임없이 일어나고 있는 일이기 때문이다. 사람은 자기 육체에서 일어나는 변화를 특별히 두려워하지 않지 않았는가? 아니 두려워하지 않을 뿐만 아니라 이러한 변화가 빨리 일어났으면 좋겠다고 바라는 경우도 흔히 있지 않은가? 빨리 자랐으면 좋겠다, 어른이 됐으면 좋겠다, 병이 완전히 나았으면 좋겠다고 바라곤 하지 않는가? 실제로 인간은 원래 조그맣고 새빨간 고깃덩어리로 그 의식이라고는 위장의 요구밖에 없었는데, 지금은 턱수염을 기른 분별 있는 신사가 되어 있거나, 훌륭하게 자란 아이들에게 사랑을 쏟아 붓는 부인이 되어 있고, 육체라는 점에서나 의식이라는 점에서나 옛날을 떠오르게 하는 부분은 조금도 남아 있지 않지만 그래도 사람은 자신을 지금 볼 수 있는 것으로 만든 변화를 조금도 두려워하지 않고 오히려 환영하고 있을 정도다. 그런데 어째서 눈앞에 있는 다음 변화를 두려워하는 것일까? 무엇이 두려운 것일까? 완전히 소멸해 버리는 것이 두려운 것일까? 하지만 이와 같은 모든 변화의 근본, 참된 생명에 대한 의식의 기초인 우리의 이 세계에 대한 특정한 관계라는 것은 육체의 탄생과 함께 시작된 것이 아니며 육체와 시간을 초월한 것이다. 그렇다면 공간과 시간의 변화가 제아무리 격렬하다 할지라도 두려워할 필요가 어디에 있겠는가? 공간, 시간의 변화가 공간과 시간을 뛰어넘은 곳에 있는 것을 사라지게 할 수 있을 리 없다. 그럼에도 불구하고 사람은 인생 전체를 보려 하지 않고 그것의 극히 일부분에만 신경을 쓰고 있는 것이다. 사랑스러워서 견딜 수가 없는 이 조그만 일부분이 보이지 않게 되어 버리지나 않을지, 늘 안절부절 걱정만 하고 있는 것이다. 자신은 유리로 만들어졌다고 생각하고 있던 미치광이가 밀려 넘어진 순간, 쨍그랑 하는 목소리를 내는가 싶더니 그대로 숨을 거둬 버렸다는 얘기가 있는데, 이와 조금도 다를 바 없는 것이다. 참된 생명으로 살아가려면 공간과 시간에 얽매인 그 일부분이 아니라 생명 전체를 붙들어야만 한다. 생명 전체를 붙잡은 자에게는 보다 더 많은 것들이 약속되어 있지만, 그 일부분만을 붙들려 하는 자는 지금 가지고 있는 것까지도 빼앗기게 될 것이다.

생명의 본질은
이 세계에 대한 관계다

●○○

그리고 생명은 끊임없이 움직이며 더욱 높은 새로운 관계를 만들어 간다. 따라서 죽음도 결국은 새로운 관계로 옮겨 가는 하나의 계기에 지나지 않는다

　　　우리는 생명을 이 세계에 대한 일정한 관계라고밖에는 달리 이해할 길이 없다. 우리는 자신 속의 생명을 이렇게 이해하고 있을 뿐만 아니라 다른 모든 생물들의 생명도 역시 이런 식으로 이해하고 있다. 그러나 우리는 자신 속에 있는 생명을 이 세계에 대한 그저 있는 그대로의 관계로써만 이해하고 있는 것은 아니다. 더 나아가서 동물적인 자아를 이성의 고삐로 더욱 단단하게 묶어서 사랑의 빛을 더욱 밝혀 빛나게 하면서 세계에 대한 새로운 관계를 구축해 나아가는 행위라고 생각하고 있는 것이다. 실제로 지금 보고 있는 것과 같은 우리와 세계의 관계가 평소에도 계속되는 것은 아니라는 점, 따라서 새로운 다른 관계를 세우지 않으면 안 된다는 점을, 우리가 절실하게 느끼고 있는 육체에 의해 지탱되고 있는 존

재의 어쩔 수 없는 파멸이라는 사실이 분명하게 가르쳐 주고 있지 않은가? 이 새로운 관계의 수립 — 다시 말해서 생명의 끊임없는 운동을 참으로 이해하기만 한다면 죽음에 대한 관념 따위는 단번에 날아가 버리고 말 것이다. 사람이 죽음에 사로잡히는 것도 자신의 생명을 성장해 가는 사랑 속에서 실현시키는 새로운 관계 — 이 세계에 대한 이성적인 관계를 만들어 나가는 행위에 있다고 인정하지 않고, 언제나 원래의 관계, 즉 자신이 가지고 태어난 좋고 싫음 — 낮은 사랑의 단계에 매달려 있기 때문이다.

생명은 끊임없는 운동이다. 그렇기 때문에 사람은 이 세계에 대한 원래의 낡은 관계, 선천적으로 가지고 태어난 최초의 낮은 사랑의 단계에 머물러 있는 한 생명의 정체를 느끼지 않을 수 없으며, 그 결과 죽음을 눈앞에서 볼 수밖에 없는 것이다.

이러한 인간에게는 죽음이 분명하게 보인다. 눈에 보이기 때문에 두렵다. 이런 사람의 입장에서 보자면 인간의 생존은 하나에서부터 열까지, 한시도 그칠 새 없이 끊임없는 죽음에 다름 아니다. 이 사람들에게 있어서 죽음은 단지 미래의 것만은 아니다. 현재에도 끊임없이 불길한 모습을 드러낸다. 어렸을 때부터 나이를 먹을 때까지, 동물적인 생명이 쇠약해졌다는 징표가 나타날 때마다 언제나 여러 가지 형태로 눈에 보여 무서운 생각이 들게 만드는 것이다. 왜냐하면 어렸을 때부터 어른이 되기까지, 성장기의 활기에 넘친 생생한 기운조차도 결국은 아주 짧은 한순간에만 볼 수 있는 것에 지나지 않으며, 본질적으로는 태어나서 죽을 때까지 끊임없이 계속되는 그 육체기관의 경화, 유연성의 감소, 생명력의 쇠약이라는 현상의 일부에 지나지 않기 때문이다. 그렇기 때문에 이와 같은 사람은 언제나 자기 눈앞의 죽음을 본다. 하지만 죽음에서 구원해줄 만한 것은 아무것도 없다. 하루하루, 아니 시시각각으로 그런 사람의 처지는 더욱 나빠져만 갈 뿐, 좋아질 만한 조짐은 전혀 보이지 않는다. 그런 사람의 눈에는 세계에 대한 자신의 특별한 관계, 그 특정한 좋고 싫음이라는 것은 단지 자기 생존의 조건 중 하나 정도로밖에 보이지 않으며, 인생에 있어서 유일하고도 중요한 문제, 즉 세계에 대한 새로운 관계의 수립, 사랑의 확대라는 문제는 아예 안중에도 없는 것이다. 이와 같은 사람의 인생은 전부, 아무리 원해도 소용이 없는 것 — 도저히 피할 길 없는 생명의 위축, 쇠퇴, 경화, 즉 노쇠와 죽음에서 벗어나는 것에만 헛되이 쓰이고 있다.

하지만 인생을 참으로 이해하고 있는 사람의 경우는 그렇지가 않다. 이와 같은 사람은 세계에 대한 자신의 특별한 관계, 그 특정한 좋고 싫음이라는 것이, 지금은 볼 수 없는 과거 세계에서 이 현재의 생활 속으로, 태어나면서 몸에 지닌 채 자신이 가지고 나온 것이라는 사실을 알고 있다. 그리고 가지고 태어난 특정한 좋고 싫음이라는 것이 자기 생명의 본질을 이루는 것이라는 사실, 즉 그것이 우연히 나타난 생명의 특징이 아니라 끊임없이 운동하는 생명의 발로에 다름 아니라는 사실을 알고 있다. 그리고 그 생명의 운동, 사랑의 증대 속에서 자신의 인생을 분명하게 본다.

이와 같은 사람은 자신의 과거를 현재의 생활에 비춰볼 때, 기억에 남아 있는 그 의식의 변화를 더듬어 보고 세계에 대한 자신의 관계가 변화해 왔다는 사실, 이성의 법칙의 권위가 강해졌다는 사실, 그리고 개인적인 생존의 쇠약과는 아무런 관계도 없으며, 때로는 그 쇠약이라는 사실과 반비례하여 사랑의 힘과 범위가 더욱 커다란 행복을 내 몸에 가져다주면서 끊임없이 증대되어 왔다는 사실을 깨닫게 된다.

이와 같은 사람들은 눈에는 분명하게 보이지 않는 과거에서 받은 자기 생명의 성장을 언제나 의식하면서 조용히, 아니 오히려 한껏 기뻐하며 역시 눈에 분명히 보이지 않는 미래를 향해 나아간다.

일반적으로 사람이 병에 걸려 쇠약해지거나 나이를 먹어 비칠비칠하며 다시 어린아이로 돌아가면 그와 함께 의식과 생명력도 완전히 쇠해서 끝나 버리는 것이라 여겨지고 있다. 하지만 그것은 대체 어떤 사람을 두고 하는 말일까? 나는 지금 나이를 먹어 다시 어린아이가 되어 버렸다고 전해지는 사도 요한에 대해서 생각한다. 전하는 말에 의하면, 그는 단지 '형제여, 서로를 사랑하라!'라고 되풀이 했을 뿐이라고 한다. 거의 몸도 움직이지 못하는 백 살 노인이 그렁그렁 눈물 맺힌 눈으로 언제나 '서로 사랑하라!'는 한마디 말만을 되풀이해서 중얼거렸다는 것이다. 이와 같은 인간 속에서, 동물적인 생존은 이미 거의 모습을 감췄다. 그런 것은 이 세계에 대한 새로운 관계 — 육체에 얽매인 인간의 생존 속에는 더 이상 담아 놓을 수가 없는 새로운 생명에 의해서 철저하게 떠밀려 버린 것이다.

인생을 참으로 있는 그대로, 본래의 모습대로 이해하고 있는 사람에게 있어서 자신의 생명이 병이나 나이 때문에 쇠약해졌다며 한탄하고 슬퍼한다는 것은 마치 빛을 향해 걸어가고 있는 사람이 빛에 가까이 다가감에 따라서 자신의 그림자가 작아져 가는 것을 슬퍼하는 것처럼 어리석은 일이다. 육체가 쇠약해져 간다고 해서 자신의 생명도 쇠약해져 가는 것이라고 믿는 것은, 사방팔방에서 일제히 비추는 빛 속으로 들어가면 사물의 그림자가 단번에 사라져 버리는 것을 사물 자체가 사라져 버린 징표라고 믿는 것과 조금도 다를 바가 없는 것이다. 이러한 결론을 아무렇지도 않게 내릴 수 있는 것은, 너무 오랫동안 그림자만을 바라봐서 결국에는 그림자가 사물의 본체라고 착각하게 된 사람들뿐일 것이다.

자기 자신을 공간과 시간에 좌우되는 생존 조건에 의해서 아는 것이 아니라 이 세계에 대한 자신의 성장하는 사랑의 관계에 의해서 인식하고 있는 사람들에게 있어서 공간과 시간이라는 이 생존의 조건, 즉 그림자의 소멸은 빛의 반짝임이 더욱 강해진 것에 대한 징표에 다름 아니다.

인생을 이 세계에 대해 자신이 가지고 태어난 특수한 관계 — 사랑을 널리 펼침으로 해서 지금까지의 생활 속에서 점점 성장시키고 발전시켜 온 어떤 특별한 관계라고 이해하고 있는 사람에게 자기 자신의 소멸을 믿으라고 말하는 것은, 눈에 보이지 않는 이 세계의 물리적인 법칙을 알고 있는 사람에게, 너희 어머니가 너를 다리 밑에서 주워 왔다거나, 곧 너의 몸이 어디론가 날아가 버려 형체도 없이 사라져 버릴 것이라는 등의 말을 믿게 하려는 것과 조금도 바를 바 없는 어리석은 짓이다.

죽은 사람들의 생명은 이 세상에서
사라져 버리는 것이 아니다

하지만 죽음과 관련된 미신은 여기서 굳이 설명할 필요도 없이 우리가 의식하고 있는 생명 그 자체의 본질에 대해서 살펴보면 저절로 명확해질 것이다. 예를 들어 나와 친했던 형제 중 한 명은 나와 똑같이 살아 있었지만, 지금은 나와는 달리 더 이상 이렇게 살아 있지 않다. 그의 생명이라는 것은 곧 그의 의식인데, 그 육체적인 생존 조건 속에서 나타났던 것이지만 그의 의식을 담아 둘 공간과 시간의 조건이 사라진 이상, 내게 있어서 그는 존재하지 않는 것이다. 내 형제는 살아 있었다. 나는 그와 친하게 교제하고 있었다. 하지만 이제 그는 사라져 어디에 있는 것인지 나는 알 길이 없다.

"그와 우리 사이에 있던 모든 관계가 끊어져 버린 것이다. 우리에게 있어서 그는 존재하지 않는다. 그리고 우리도 역시 머지않아 뒤에 남은 사람들에게는 전혀 존재하지 않는 자가 될 것이다. 바로 그것이 죽음 아니고 무엇이겠는가?"

인생을 이해하지 못한 사람들은 이런 말들을 한다.

이런 사람들은 형태로 나타나는 교제가 불가능해진 상태가 죽음의 실제성에 대한 무엇보다도 명확한 증거라 생각하고 있는 것이다. 하지만 자신과 가까웠던 사람이 이렇게 육체적인 생존을 그만두게 된 것만큼 죽음에 대한 관념이 환상에 지나지 않는 것이라는 사실을 분명하게 가르쳐 주는 것도 없다. 나의 형제가 죽었다. 그래서 어떻게 되었는가 하면 이 세계에 대한 그의 관계 — 그것도 공간과 시간 속에서 내가 인정하고 있던 그 관계의 표출이라는 것이 내 눈에서 사라졌으며, 흔적도 남지 않게 되었을 뿐이다.

"흔적도 없이 사라져 버렸다."

아직 나비가 되지 못해 고치인 채로 있는 번데기는 그 옆에 있던 고치가 비어 버린 것을 보고 틀림없이 이렇게 말할 것이다. 만약 번데기가 생각하고 말을 할 수 있다면 틀림없이 이렇게 말을 했을지도 모른다. 왜냐하면 틀림없이 번데기는 그 옆의 친구가 사라지면 사라진 대로 더 이상은 아무것도 생각하지도 느끼지도 못할 것이기 때문이다. 하지만 인간의 경우는 그렇지가 않다. 내 형제가 죽었다. 고치는 텅 비어 버렸다. 지금까지 볼 수 있었던 그 모습을 이제는 더 이상 볼 수가 없다. 하지만 그의 모습이 내 눈앞에서 사라졌다는 사실이, 나와 그의 관계까지 사라지게 하지는 못한다. 내게는, 우리가 흔히 말하는 추억, 그에 대한 추억이 남아 있기 때문이다.

추억 — 그의 손이나 얼굴처럼 눈에 보이는 추억이 아니라 그의 정신의 모습에 대한 추억이다.

이 추억이라는 것은 과연 무엇일까? 아주 간단하고 이해하기 쉬운 것처럼 보이는 이 말은 대체 무엇일까? 결정체나 동물의 형체가 사라진다 할지라도 결정체나 동물 사이에는 추억이라는 것이 남지 않는다. 하지만 나는 친했던 내 형제에 대한 추억을 갖고 있다. 그런데 이 추억이라는 것은 내 형제의 생전의 생활이 이성의 법칙과 일치한 것일수록, 사랑의 마음으로 가득 찬 것일수록 더욱 생생해지는 것이다. 추억은 단순한 관념이 아닌 것이다. 내 형제가 이 세상에 살아 있을 때 그 생명이 내게 작용했던 것과 마찬가지로 지금도 내게 작용하고 있는 그 무엇인 것이다. 다시 말하자면 내 형제가 이 세상에 육체를 가지고 생존해 있던 동안 그 몸 주위를 에워싸고 나나 다른 사람들에게 작용했을 뿐만 아니라 죽고 없는 지금까지도 변함없이 이렇게 내게 작용하고 있는 그 사람의, 물질과는 달리 눈에 보이지 않는 분위기라는 것이 다름 아닌 추억이라는 것이다. 이 추억이 그는 죽고 없는 지금도 살아 있을 때 요구했던 것과 같은 것을 역시 내게 요구한다. 그런데 그가 살아 있을 때보다 죽은 뒤가 훨씬, 훨씬 더 나를 강하게 묶는다. 내 형제의 몸속에서 불타오르고 있던 생명의 힘은 사라진 것이 아니다. 쇠하지도 않았다. 전과 똑같이 남아 있는 것도 아니다. 오히려 전보다 더 커다란 것이 되어 훨씬 더 힘 있게 내게 작용한다.

그의 생명의 힘은 그 육체의 죽음 후에도 생전과 마찬가지로, 아니 그 이상으로 강력하게 이처럼 작용하고 있다. 살아 있는 모든 것들과 조금도 다를 바 없이 작용하고 있다. 그런데 대체 무엇을 근거로 내 죽은 형제가 더 이상 생명을 가지고 있지 않다고 단언할 수 있단 말인가? 내 형제가 이 세상에 육체를 가지고 생존해 있을 때와 완전히 똑같이 그 생명의 힘을 느끼고 있는데, 다시 말하자면 이 세계에 대한 나의 관계에 내 눈을 뜨게 해 주는 실마리가 되어 준 그와 세계와의 관계라는 것을 느끼고 있는데 어찌 그런 말을 할 수 있겠는가? 나는 여기서 분명하게 말할 수 있다. 다름 아니라 그는 세계에 대한 아주 낮은 관계 — 동물로서 그가 예전에 머물고 있던, 그리고 실제로 내가 아직 머물고 있는 낮은 관계에서 벗어나 버린 것이다. 결국은 그것뿐이다. 미리 말해 두겠는데 물론 내게도 그의 세계에 대한 지금의 새로운 관계를 형성하고 있는 것이 보이는 것은 아니다. 하지만 그의 생명만은 절대로 부정할 수가 없다. 왜냐하면 나는 내 몸으로 그 힘을 분명하게 느끼고 있기 때문이다.

마치 누군가가 자신을 붙들고 있는 것을 거울을 통해서 보고 있었는데 그 거울이 갑자기 흐려져 버린 것과 같은 것이다. 어떻게 해서 붙들고 있는 것인지 내게는 더 이상 보이지 않지만, 그래도 역시 누군가가 나를 붙들고 있으며 전과 마찬가지로 분명히 거기에 있다는 사실은 전신으로 분명하게 느낄 수 있다.

그리고 그것뿐만이 아니다. 내 눈에는 보이지 않는 이 죽은 형제의 생명은 내게 작용할 뿐만 아니라 내 속으로까지 파고 들어온다. 그 특유의 살아 있는 자아, 세계에 대한 그 관계가 그대로 이 세계에 대한 나의 관계가 되어 가는 것이다. 세계에 대한 자신의 새로운 관계를 만들어 나가는 데 있어서, 그는 자신이 도달한 그 단계까지 어떻게 해서든 나를 끌어 올리려고 손을 내밀고 있는 듯하다. 이제 내 눈에는 보이지 않게 되었지만, 그래도 그는 자기 쪽으로 나를 강하게 끌어당기고 있다. 그렇기 때문에 나 — 내 특유의 살아 있는 자아는, 한발 앞서 그가 들어선 다음 단계를 더 잘 이해할 수 있게 되는 것이다. 이처럼 나는 육체의 죽음에 의해서 모습이 사라져 버린 형제의 그 생명을 내 속에서 의식할 수 있으니 그의 생명에 대한 불멸을 조금도 의심할 수가 없다. 게다가 나의 눈에서 사라진 그 생명이 세계에 작용하는 것을 뚜렷하게 관찰하면, 나는 내 눈에서 사라진 생명의 실재성을 한층 더 굳게 믿지 않을 수 없게 된다. 그 사람은 죽었지만 세계에 대한 그의 관계는 사라지지 않았을 뿐만 아니라 생전보다 훨씬 더 강력하게 사람들에게 작용하고 있다. 게다가 그 작용은 이성과 사랑의 깊이에 의해서 마치 살아 있는 것처럼 끊임없이 증대하고 성장하며 그치지도 사라지지도 않는 것이다.

그리스도는 아주 먼 옛날에 죽었다. 이 세상에서 그의 생명은 짧았다. 우리는, 육체를 가진 개인으로서의 그리스도에 대해서는 분명한 관념을 하나도 가지고 있지 않다. 하지만 그의 이성과 사랑에 넘치는 생명의 힘, 다시 말해서 세계에 대한 그의 관계 — 다른 누구도 아닌 그 자신과의 관계는, 오늘날에 이르기까지 세계에 대한 그의 관계를 자신 속에 받아들이고 그에 따라서 살아가고 있는 수백만의 사람들에게 강력하게 작용하고 있다. 이처럼 작용하고 있는 것은 과연 무엇일까? 원래는 그리스도의 육체적인 생존과 연결되어 있었지만, 아직까지도 이렇게 그 생명을 계속해서 확대시키고 있는 이 작용을 대체 무엇이라 부르면 좋단 말인가? 보통 우리는 그것을 그리스도의 생명이 아니라 그 결과라고 말한다. 그리고 이처럼 아무런 의미도 없는 말을 하면서, 우리는 자신들이 그 힘은 살아 있는 그리스도 그 자체에 다름 아니라고 말하는 것보다 훨씬, 훨씬 더 확실하고 분명하게 말한 것이라고 착각을 해 버리고 만다. 이는 도토리가 싹이 터서 떡갈나무가 된 그 옆에 집을 지은 개미나 할 만한 소리다. 도토리의 싹은 쑥쑥 자라 떡갈나무가 되어 흙 속

깊이 뿌리를 뻗고, 가지를 늘어뜨리고, 새로운 도토리 열매를 맺고, 햇빛과 빗물을 막아 그 주변에 살아 있는 모든 것들을 변화하게 한다. "이것은 더 이상 도토리의 생명이 아니다."라며 개미는 말할 것이다.

"이건 도토리의 생명의 결과에 지나지 않는다. 우리가 이 도토리를 끌어다 구멍에 떨어뜨렸을 때 그 생명은 끝이나 버렸으니."

내 형제가 어제 죽었다 할지라도, 혹은 천 년 전에 죽었다 할지라도 육체를 가지고 살아 있는 동안 작용했던 그의 그 생명력은 죽은 뒤에도 내 속에서 그리고 수백, 수천, 수백만 명의 사람들 속에서 더욱 강력하게 작용한다. 내가 볼 수 있던 생명력의 한 표출 — 육체에 얽매여 있던 그의 짧은 동안의 생존의 모습은 내 눈에서 사라져 버렸지만. 이 사실은 대체 무엇을 의미하는 걸까? 마치 눈앞에서 불타오르고 있는 풀이 피워 올리고 있는 불꽃의 빛을 보고 있는 것과 같은 것이리라. 풀은 전부 타 버렸는데 빛은 더더욱 강해져만 갈 뿐이다. 이 빛의 근원이 되었던 풀은 더 이상 볼 수가 없다. 지금 무엇이 불타오르고 있는 것인지도 알 수가 없다. 하지만 이 풀을 전부 태워 버린 그 불이 지금은 그 건너편의 숲이나 내게는 보이지 않는 다른 어떤 것에 옮겨 붙었다는 정도의 상상은 할 수 있다. 나를 인도하는 생명의 빛은 점점 번져 가며 반짝임을 더해 가고 있는 이 불꽃의 빛에 비유할 수 있을 것이다. 생명의 빛 — 나는 그 빛에 의해서 살아가고 있다. 내가 어찌 그것을 부정할 수 있겠는가? 이 생명의 빛 — 생명의 힘은 지금, 내게는 보이지 않는 다른 중심으로 옮겨가서 전과는 다른 방법으로 나타나고 있는 것이다. 이렇게 생각되어진다는 것만으로도 그것을 도저히 부정할 수 없게 된다. 왜냐하면 나는 그 힘을 느끼고 그것에 의해 움직이며 살아가고 있기 때문이다. 단 그 중심이 되는 것이 어떤 것인지, 생명의 본질이란 무엇인지 내가 알지 못하는 것일 뿐이다. 물론 그것도 적당히 추측해 보는 정도라면 못할 것도 없지만, 그렇게 해 봐야 어차피 문제를 더욱 복잡하게만 할 뿐일 것이다. 만약 인생을 이성에 비추어 봐서 납득할 수 있도록 이해하려고 한다면, 나는 명료하고 확실한 사실을 그대로 순순하게 받아들여야 할 것이다. 애매하고 자의적인 추측을 가해서, 명료하고 확실한 것까지 일부러 알기 어려운 것으로 만들고 싶지는 않다. 죽음에 대한 무지하고 무시무시한 미신에 더 이상 시달리지 않도록 하기 위해서는, 내 생활의 근본을 이루고 있는 모든 것이 나보다 먼저 이 세상에서 살았고 이미 먼 옛날에 죽어 버린 사람들의 생명으로 이루어진 것이라는 사실, 따라서 생명의 법칙에 따라서 자신의 동물적인 자아를 이성에 종속시키고 사랑의 힘을 발휘하기만 한다면 모든 사람들이 육체의 생존이 끝난 후에도 다른 사람들 속에서 계속 살아갈 수 있다는 사실을 알기만 한다면, 그것만으로도 충분한 것이다.

죽은 뒤에도 이처럼 활발하게 작용하는 힘을 잃지 않은 사람들을 보고 있으면, 그런 사람들이 자아를 이성에 종속시키고 생명을 사랑에 바치면서 생명이 사라질 것이라고는 조금도 생각지 않았던, 그런 것은 생각할 수도 없었던 이유까지도 우리는 자연스럽게 이해할 수 있게 될 것임에 틀림없다.

 우리는 이런 사람들의 생활 속에서 생명의 영원을 의심하지 않는, 그들 신념의 근본이 되는 것을 발견해 낼 수 있다. 그리고 거기서 한 걸음 더 나아가, 자기 인생을 가만히 살펴서 생각해 본다면, 자기 자신 속에서도 역시 그와 같은 근본이 되는 것을 발견하게 될 것이다.

 그리스도는 자신이, 생명의 환영이 사라진 후에 살 것이라고 말했다. 그리스도가 이렇게 말한 것은, 그가 육체를 가지고 이 세상에 살아 있을 때 이미 끊기지 않는 영원하고 참된 생명 속에서 살아가기 시작했기 때문이다. 육체에 얽매인 생존을 계속하고 있는 동안부터 이미, 그는 생명의 다른 중심에서 비춰 오는 빛의 반짝임을 자신의 몸으로 가득 받으며 살아가고 있었던 것이다. 빛 속을 걸어가는 동안에 그는, 그 빛의 반짝임이 자기 주위 사람들에게도 퍼져 나가는 모습을 본 것이다. 자아를 부정하고 이성과 사랑의 생활로 살아가는 사람들은 누구나 이와 같은 것을 보게 되는 것이다.

 설령 그 사람의 활동 범위가 제아무리 좁다 할지라도, 그리고 그 사람이 그리스도든, 소크라테스든, 기꺼이 자신을 희생하는 선량하고 이름도 없는 노인이나, 청년이나, 부인이든 그 사람이 만약 타인의 행복을 위해서 자아를 버리는 생활을 한다면, 그 사람은 현재 이 지상에서의 생활을 그대로 유지한 채 세계에 대한 새로운 관계 — 이 세상에 살아 있는 모든 사람들이 끊임없이 추구하고 있는, 죽음이 없는 새로운 관계로 이미 들어간 것이다.

사람은 이성의 법칙에 따라서 사랑의 마음을 발휘하며 살아갈 때 이미, 이 지상의 생활 속에서 그처럼 지금 자신이 목표로 삼아 나아가고 있는 생명의 새로운 중심에서 비추는 반짝이는 빛을 분명하게 볼 수 있을 뿐만 아니라 그 빛의 반짝임이 자신을 통해서 주위 사람들에게도 퍼져 가는 모습을 볼 수 있게 되는 것이다. 그리고 그것이 생명의 영원한 힘, 불멸의 힘에 대한 움직일 수 없는 강한 신념을 부여하는 것이다. 이 생명의 불멸이라는 신념을 그대로 어떤 다른 사람에게서 받을 수는 없으며, 스스로가 제아무리 생명은 멸하지 않는 것이라고 생각하려 해도, 그렇게 할 수는 없는 법이다. 생명의 불멸이라는 신념이 형성되기 위해서는 실제로 생명의 불멸이라는 사실이 존재한다는 것을 잘 인식해야만 하며, 그런 사실이 존재한다는 것을 인식하기 위해서는 자신의 인생을 그 불멸이라는 점에서 보고 분명하게 이해해야만 한다. 미래의 생명을 정말로 믿을 수 있는 것은 결국, 이 인생에서 자신의 의무를 다하고 거기서 세계에 대한 새로운 관계 — 이 세상이라는 틀에는 더 이상 들어갈 수 없는 새로운 관계를 만들어 낸 사람들뿐이다.

죽음에 대한 미신은 사람이 세계에 대한 그 다양한 관계를 혼동하는 데서 일어난다

그렇다. 인생을 참으로 올바른 의미에서 보게 된다면, 죽음이라는 그 기묘한 미신이 대체 무엇인지 대충 짐작할 수 있게 될 것임에 틀림없다.

어둠 속에서 문득 보게 된 무서운 것도, 마음을 가만히 진정시키고 나서 환상이었다는 사실을 알게 되면 더 이상 무섭지 않게 되는 것과 같은 것이다.

오직 하나밖에 없는 것을 잃게 되는 것이라는 이와 같은 공포는 사람이 분명히 알고 있기는 하지만 눈에는 보이지 않는 특별한 하나의 관계 — 세계에 대한 이성의 의식의 관계 속에서 이 인생을 인정할 뿐만 아니라, 눈에는 보이지만 잘 알지 못하는 관계 — 세계에 대한 그 동물적인 의식이나 육체의 관계 속에서까지 참된 인생을 찾아보려는 데서 일어나는 것이다. 인간에게 있어서 존재하는 것은 전부 다음의 세 가지 관계로 인식된다. 즉, (1)세계와 인간의 이성의 의식과의 관계, (2)세계와 인간의 동물적인 의식과의 관계, (3)세계와 인간의 육체를 형성하는 물질과의 관계가 그것이다.

사람은 세계와 자기 이성의 의식과의 관계 속에 무엇과도 바꿀 수 없는 참된 인생이 있다는 사실을 이해하지 못하고 세계와 동물적인 의식 및 물질과의, 눈에 보이는 관계 속에 자신의 인생이 있다고 생각하기 때문에 자기 자신 속에서 그 육체를 형성하는 물질이나 동물적인 자아와 세계와의 전에부터 있던 관계가 깨져 버리면 자신의 이성의 의식과 세계와의 특별한 관계까지도 잃게 되는 것이라는 불안을 느끼게 되는 것이다.

이런 사람들을 보고 있으면 자신이라는 것이, 독특한 동물적인 의식의 단계에 달한 물질의 운동으로 이루어져 있는 것처럼 보인다. 즉, 이 동물적인 의식이 이성의 의식으로까지 성장하지만, 곧 그 이성의 의식은 약해지고 다시 동물적인 의식으로 거꾸로 되돌아가고, 결국에는 그것조차도 쇠해서 의식이 일어나는 가장 근본이 되었던 죽은 물질로 되돌아가는 것이라고 그런 사람들은 생각하고 있는 것이다. 이런 식으로 생각하기 때문에 세계에 대한 그 이성의 의식이라는 것이 결국에는 사라져 버리는 쓸데없는 것, 어떤 우연한 것처럼 여겨지는 것이다. 이 견해에 의하면 세계에 대한 인간의 동물적인 의식의 관계는 동물이 그 종족 속에서 자신을 보존해 나아가는 한 사라질 리가 없으며, 또한 세계에 대한 물질의 관계는 영원히 사라질 리가 없지만 그보다 더 귀중한 것 — 인간의 이성의 의식은 영원히 계속되는 것이 아닐 뿐만 아니라 전혀 쓸모도 없고 필요하지도 않은 것이 한순간 반짝 나타나는 것이 되어 버리고 만다.

게다가 사람들은, 이런 일은 있을 수 없다고 느낀다. 바로 여기에 죽음에 대한 공포가 있는 것이다. 그렇기 때문에 이 공포에서 벗어나기 위해서 어떤 사람은, 동물적인 의식이란 다시 말하자면 이성의 의식으로 동물적인 인간의 불사, 즉 그 종족, 자손의 존속이 자신 속에 감춰져 있는 이성의 의식의 불사에 대한 요구를 채워 주는 것이라고 믿으려 하는 것이다. 그리고 어떤 사람은, 전에는 존재하지도 않았던 생명이 갑자기 육체의 형태로 나타났다가 그것이 육체에서 사라져 버렸으니 언젠가는 육체에 부활하여 다시 살게 되는 경우도 있을 것이라고 자꾸만 믿으려 한다. 하지만 생명을 세계에 대한 이성의 의식 관계로 인식하려 하지 않는 사람들은 어차피, 그처럼 눈 가리고 아웅 하는 것과 다를 바 없는 일을 믿을 수가 없는 법이다. 인류가 어디까지고 끊임없이 계속된다 할지라도 그런 사람들이 끊임없이 추구하는 요구 — 자신이라는 이 특별한 자아가 언제까지고 영원히 계속되기를 바란다는 요구가 채워질 리 없으며, 또 새롭게 시작되는 생명이라는 관념에는 생명의 중단이라는 관념이 포함되어 있으며, 만약 생명이 전에 존재하지 않았다고 한다면, 언제나 존재하고 있던 것이 아니라고 한다면 앞으로도 계속 존재할 것이라는 보장은 어디에도 없으니, 그런 것은 참으로 뻔한 이치라 할 수 있기 때문이다.

어느 쪽 생각을 취한다 할지라도 지상의 생명은 파도와 같은 것이 되어 버리고 만다. 죽은 물질에서 자아가 태어나고 자아에서 파도의 정상에 해당하는 이성의 의식이 태어난다. 정상에까지 도달하면 파도, 즉 이성의 의식과 자아는 쇠하기 시작해서 원래 있던 곳으로까지 내려가서 사라져 버린다. 양쪽 모두 인간의 생명을 눈에 보이는 것이라고 생각하는 것이다. 인간은 성장하고 완전히 성숙했다가 죽는다. 그리고 죽으면 더 이상 아무것도 기대할 수 없게 된다. 죽은 뒤에 남는 것 — 자손도, 일도 전부 아무런 위안도 되지 못한다. 자기 스스로가 가여워서 견딜 수 없게 된다. 자기 생명이 끊기는 것이 무서워서 견딜 수 없게 된다. 이 지상에서 시작해서 이 지상에서 끝나 버린 자신의 생명 — 육체에 깃들어 있는 자기 자신의 생명이 다시 되살아나게 될 것이라는 사실을 도무지 믿지 못한다. 만약 자신이 원래 존재하지 않았으며 무에서 갑자기 나타났다가 죽어 가는 것이라고 한다면 자신 — 이 특별하고 무엇과도 바꿀 수 없는 자신이라는 것은 두 번 다시 존재하지 않을 것이며 계속 존재할 수 있을 리도 없다는 사실을 사람은 알고 있는 것이다. 사람은 자신이 우연히 태어난 것이 아니라 지금까지 언제나 존재해 왔으며, 지금도, 그리고 앞으로도 계속 존재할 것이라는 사실을 인정할 때 비로소 자신이 죽지 않을 것이라는 사실을 알게 되는 것이다. 다시 말해서 자신의 생명이 파도와 같은 것이 아니라 이 인생에서 파도와 같은 형태로 나타나는 것일 뿐인 영원한 운동이라는 사실을 이해하게 될 때 비로소 자신의 불사를 믿을 수 있게 되는 것이다.

나는 죽는다, 내 인생은 끝나 버린다고 생각하는 것은 무엇보다도 평범한 생각이다. 그리고 자신에게 있어서 그 생각은 견딜 수 없는, 싫어서 견딜 수가 없는 것이다. 무엇보다도 자신이 사랑스러워서 견딜 수 없기 때문이다. 하지만 조금만 더 생각해 보면 의문이 일어난다. 죽어 간다는 것은 대체 무엇을 의미하는 것일까? 내가 사랑스러워하는 것은 과연 무엇일까? 조금 더 평범하게 생각해 본다면, 나란 대체 무엇이란 말인가? 무엇보다도 먼저, 나는 육체다. 그렇다면 어떤가? 그렇기 때문에 나는 죽음이 무서운 것일까? 그것이 사랑스러워서 견딜 수 없는 것일까? 물론 그렇지는 않다. 육체, 즉 물질은 아주 작은 일부라 할지라도 상실되지 않는다. 따라서 그 점에 있어서 나는 안전하다. 그런 점에서 두려워할 필요는 어디에도 없다. 마음을 푹 놓고 있어도 상관없다. '아니, 아니다.'

라고 모든 사람들이 여기서 말할 것이다.

"내가 사랑스럽다. 레프 니콜라예비치라는, 이반 세묘노비치라는 내 자신이 사랑스러운 것이다."라고. 하지만 어떤가? 모든 사람들이 20년 전의 자신과는 완전히 바뀌어 있지 않은가. 매일 밤, 매일 낮 끊임없이 변하고 있지 않은가? 그렇다면 대체 사랑스러워할 것이 대체 어디에 있단 말인가? '아니'라고 여기서 다시 모든 사람들은 말할 것이다.

"그렇지 않다. 사랑스러운 것은 그런 것이 아니라 자신의 의식이다. 자아다. 그것이 사랑스러운 것이다."라고.

하지만 그 의식이라는 것도 언제나 똑같은 하나로 존재해 왔던 것이 아니라 여러 가지로 변해 오지 않았는가? 1년 전에는 지금과 달랐다. 10년 전에는 훨씬 더 달랐다. 그보다 더 전에는 전혀 다른 것이지 않았는가? 기억을 대충 훑어보기만 해도 의식은 끊임없이 변해 왔다는 사실을 알 수 있다. 그런데 어째서 지금의 의식에 그처럼 미련을 갖고 집착할 필요가 있는가? 만약 그것이 언제나 똑같은 것이라고 한다면 그러는 이유도 이해할 수 있겠지만, 그렇지 않고 끊임없이 변화하는 것이다. 그 처음은 알 수도 없으며 찾아볼 수도 없는데, 이 의식에 끝이 오지 않았으면 좋겠다, 내 속에 있는 의식이 영원히 계속되었으면 좋겠다고 새삼스레 황급히 생각하니 우습지 않을 수 없다. 철이 들면서부터 언제나 이렇게 살아오지 않앉는가? 어떻게 해서 이 세상에 오게 되었는지 자신은 알지 못한 채 이 세상에서 생명을 받았지만, 그러한 특별한 자아를 가지고 태어났다는 사실은 잘 알고 있지 않은가? 그런데 벌써 인생의 절반을 보냈는데 뭐가 뭔지 알지도 못한 채, 갑자기 멈춰 힘껏 버티고 서서는 앞길에 대해서 전혀 짐작도 하지 못하겠다며, 지금부터는 한 발짝도 떼지 않겠다 하고 있는 것이다. 하지만 이 세상에 나오기 전에도 역시, 전혀 짐작도 하지 못했지만 그래도 이렇게 태어나지 않았는가? 입구는 잘도 지나왔으면서, 출구로는 나가려 하지 않는 것이다.

인생은 전부 육체의 생존이라는 형태를 취해 나아가는 것으로, 태어나서 분주히 걸어가다 결국에는 이전까지 자신이 끊임없이 해왔던 일이 완전히 행해지게 되어 육체의 생존을 마치게 되는 것인데, 그 도중에 인생이 이처럼 완성되어 가는 것이 갑자기 서글프다는 생각이 들기 시작하는 것이다. 육체의 죽음에 수반되는 커다란 상황의 변화가 두려워지는 것이다. 그러나 그러한 커다란 변화는 자신이 태어날 때도 이미 일어났던 변화인 것이다.

그런데 그 결과는, 지금의 상태에 집착하는 걸 보니 나쁜 것이 아니라 굉장히 좋은 것인 듯하다.

두려워할 필요 어디에 있단 말인가? 지금과 같은 감정, 사상, 세계관을 가지고 있는 자기 자신 — 세계에 대한 지금과 같은 관계를 가지고 있는 자기 자신이 사랑스럽기라도 하단 말인가?

세계에 대한 이와 같은 자신의 관계를 잃는 것이 두렵다고 하지만, 그것은 대체 어떤 관계란 말인가? 어떤 상태란 말인가?

만약 그것이 먹고 마시고 아이를 만들고 집을 세우는 것과 같이 타인이나 동물과의 여러 가지 교섭에 의해서 만들어지는 것이라고 한다면, 그와 같은 것은 전부 생각하는 동물인 인간이라면 누구나 갖지 않을 수 없는 이 인생에 대한 관계이니 그와 같은 관계는 결코 소멸될 리가 없다. 과거에서부터 지금에 이르기까지 수백만 명이나 되는 사람들이 그렇게 생활해 왔으며 앞으로도 그렇게 생활해 나갈 것이다. 그 종족은 물질의 분자와 마찬가지로 틀림없이 유지되어 나갈 것이다. 종의 보존이라는 것은 온갖 동물 속에 깊이 뿌리 내리고 있는 본능이기 때문에 무슨 일이 있어도 꿈쩍도 하지 않을 정도로 강력한 것이다. 당신이 만약 동물이라고 한다면 두려워할 필요는 어디에도 없다. 물질의 존재는 영원히 보장되어 있기 때문이다.

그런데 만약 동물적이지 않은 것을 잃는 것이 두려운 것이라고 한다면, 다시 말해서 그것은 이 세상에 대한 자신의 특별한 관계 — 태어나면서부터 몸에 지니고 있던 관계를 잃는 것이 두려운 것이다. 하지만 그 관계가 출생과 함께 생겨난 것이 아니라는 사실은 이미 분명해지지 않았는가? 그것은 동물적인 자아의 탄생과는 아무런 관계도 없이 존재하고 있는 것이니, 따라서 죽음이라는 것과도 관계가 있을 리 없다.

우리 눈에 보이는 이 인생은,
생명의 무한한 운동의 일부분에 지나지 않는다

　　　　내게는, 지상에서의 내 생활, 다른 모든 사람들의 지상에서의 생활이 다음과 같이 보인다.
　나를 비롯한 살아 있는 모든 사람들은, 이 세상에 존재하고 있는 자신이라는 것이 세계에 대한 어떤 일정한 관계를 갖고 있으며, 어떤 일정한 정도의 사랑을 가지고 있다는 사실을 깨닫고 있다. 처음 우리는 세계에 대한 이 관계와 함께 우리의 생명이 시작된 것이라고 생각하게 되지만, 자신이나 타인을 보는 동안 세계에 대한 그러한 관계와 각각의 사랑의 정도가 결코 이 인생에서 시작된 것이 아니라, 육체의 탄생과 함께 이미 우리의 기억 속에서 사라져 버린 먼 과거에서 우리가 가지고 태어난 것이라는 사실을 점점 알아 가게 되는 것이다. 뿐만 아니라 우리 생명의 흐름은, 우리의 사랑이 끊임없이 증대하고 강해져 가는 과정에 다름 아니기 때문에 원래는 결코 끊기지 않는 것인데, 우리 눈에는 이 흐름의 행방이 육체의 죽음을 경계로 전혀 보이지 않게 되는 것일 뿐이라는 사실도 자연스럽게 납득할 수 있게 되는 것이다.

우리의 눈에 보이는 인생은, 위와 아래를 잘린 원추형의 물체와 같은 것이라고 말할 수 있을 것이다. 한정된 우리의 눈으로는 원추형 물체의 정점과 바닥 부분을 볼 수가 없는 것이다. 이 불완전한 원추형 물체의 가장 좁은 부분은 나 자신이라는 것을 의식한 그 첫 번째 날의 나와 세계와의 관계에 해당한다. 가장 넓은 부분은 지금 드디어 내가 거기까지 도달한 관계 — 인생에 대한 더욱 높은 관계에 해당한다. 이 원추형 물체의 시작 — 그 정점은 내가 태어난 순간 이미 내 눈에는 보이지 않게 되어 버렸다. 원추형 물체의 끝 부분은, 내가 죽은 뒤는 물론 육체가 생존해 있는 동안도 전부, 조금도 짐작해 볼 수 없는 미래에 의해서 격리되어 있고 숨겨져 있다. 나는 원추형 물체의 정점도 바닥도 보고 있지 않지만, 내 기억에 남아 있는 지나 버린 인생, 즉 원추형 물체의 중간에 해당하는 부분에 비춰 봐서 본질을 분명하게 알 수 있는 것이다. 처음 내게는 이 원추형 물체의 일부분이 내 인생 전체라고 생각했었다. 하지만 내가 진실한 생명에 점차 눈떠 감에 따라서 내 생활의 근본을 형성하는 것이 이 인생 바깥에 있다는 사실을 깨닫게 됐다. 다시 말해서 생명의 행위가 깊어져 감에 따라서, 나는 눈에 보이지 않는 과거와 나와의 관계를 생생히 느끼기 시작하게 된 것이다. 아니, 뿐만 아니라 이 생활의 뿌리가 미래에까지도 퍼져 있다는 사실을 알고, 나는 눈에 보이지 않는 미래와 나와의 관계도 한층 더 분명히 느끼기 시작하게 되었다. 이렇게 해서 눈에 보이는 지상의 내 생활은, 내 생활 전체 — 인생의 한계를 뛰어넘어서 현재 내 의식으로는 포착할 수 없지만 의심할 여지도 없이 존재하고 있는 생전, 사후까지도 포함한 생활 전체의 극히 일부분에 지나지 않는다는 결론에 도달하게 된 것이다. 따라서 육체의 죽음에 의해서 눈에 보이는 생활이 끊긴다는 사실은, 사후 생명의 존재를 의심할 근거가 전혀 되지 못하는 것이다. 태어나기 전의 모습이 눈에 보이지 않았다고 해서, 그것을 이유로 출생 전의 생명의 존재를 부정할 수는 없는 것과 같은 것이라 할 수 있다. 내가 이 세상에 가지고 태어난 것, 나의 첫 번째 본성은 나의 외부 세계에 대한 일정한 사랑인 것이다. 육체에 묶인 나의 생존은 — 그것이 길든 짧든 —, 내가 가지고 태어난 이 사랑이 점차 커져 가고 강해져 가는 과정인 것이다. 그렇기 때문에 나는 내가 이 세상에 태어나기 전에도 살아 있었던 것이라고 주저함 없이 결론 내릴 수 있다. 지금 내가 여기서 이렇게 생각하고 있는 이 순간은 물론, 육체가 죽기 이전, 이후의 어느 순간을 놓고 보더라도 역시 나는 앞으로도 계속 살아 있을 것임에 틀림없다고 분명하게 결론 내릴 수 있다. 자신 이외의 다른 사람들(생물 일반이라고 해도 좋은데)을 관찰해 보고 그 육체에 얽매인 생활의 처음과 끝을 살펴보면, 생존 기간에 길고 짧은 차이가 있다는 사실을 누구나 쉽게 깨달을 수 있을 것이다. 어떤 것은 빨리 나타나서 오랫동안 내 눈에 보이지만, 어떤 것은 늦게 나타나서 순식간에 내 눈에서 모습을 감춰 버리고 만다. 하지만 나는 어떤 경우에나, 거기에 똑같은 하나의 법칙 — 진실한 생명의 법칙이 나타나 있는 것을 본다. 즉, 생명의 빛의 아름다운 반짝임 — 증대하는 사랑을 보게 되는 것이다. 그리고 언제가 됐든 사람들의 이 세상에서 생명의 흐름을 끊고, 내 눈을 가리고 있던 검은 장막은 걷히게 되어 있다. 다시 말해서 결국 모든 사람들의 생명에 다른 점은 조금도 없는 것이다. 모든 생명에는 시작도 없고 끝도 없는 것이다. 사람이 나의 눈에 보이는 이 생존의 조건 속에서 오래 살았다거나, 짧게 살았다거나 하는 차이는 그 사람의 참된 생명과는 아무런 관계도 없는, 아무런 가치도 없는 것에 불과하다. 내 시야 속을, 어떤 것은 천천히 가로질러 가고, 어떤 것은 순식간에 지나갔다고 해서 전자가 후자보다 더 참된 생명을 많이 가진 것이라고는 단정할 수 없다. 쉽게 말해서 창밖을 지나는 사람들을 바라보고 있는 경우, 그 사람이 서둘러 지나가든 천천히 지나가든 내 눈에 보이기 전에도 또 내 눈에서 사라져 버린 후에도 역시 분명하게 존재하고 있는 것으로, 그 사실은 누구도 의심하려 들지 않을 것이다.

그렇다면 어째서 이 인생의 행로를 어떤 자는 빨리, 또 다른 어떤 자는 천천히 지나가는 것일까? 한편으로는 이제 완전히 쇠약해지고 머리도 굳어서 아무리 봐도 사랑의 발전·완성이라는 생명의 법칙을 실행에 옮길 수 있을 것 같지 않은 노인이 살아 있는데, 대체 왜 또 다른 한편으로는 아이나, 청년이나, 젊은 아가씨나, 정신 활동의 힘이 넘쳐 나고 있는 사람들이 인생에 대한 올바른 관계를 자기 내부에 구축하기도 전에 이 육체라는 생존의 조건에서 떠나, 죽음을 맞이하게 되는 것일까?

파스칼이나 고골리의 죽음은 그나마 납득할 수 있는 것이리라. 하지만 세니에나 레르몬토프 등과 같이 장래의 원숙한 완성이 기대되는 뛰어난 정신 활동을 이제 막 시작한 사람들, 그와 같은 사람들의 헤아릴 수도 없이 많은 죽음은 대체 어떻게 이해하면 된단 말인가?

그러나 이것은 옆에서 보기에 그렇게 보이는 것일 뿐이다. 타인이 선천적으로 타고 난 생명의 근본이나, 그 내부에서 행해지고 있는 생명의 운동이나, 생명의 활동을 방해하는 장애나, 그중에서도 특히 눈에 보이지 않는 곳에 그저 가능성인 채 감춰져 있는 그 생명의 다른 조건, 경우에 따라서는 그 사람에게 전혀 다른 삶을 살게 했을지도 모를 조건 등에 대해서는 그 누구도 무엇 하나 알 수 없기 때문이다.

　대장장이가 일하는 모습을 지켜보고 있자면, 우리의 눈에는 만들고 있는 편자가 거의 다 완성되어 이제 한두 번만 더 두드리면 될 것처럼 보이지만, 대장장이는 아직도 덜 달구어졌다는 사실을 알고 있기에 더욱 두드리기도 하고 불 속에 넣기도 하는 경우가 있다. 한 인간 속의 참된 생활에 대한 사업이 완성되어 있는지 어떤지 우리는 알 수가 없다. 우리가 그것을 알 수 있는 것은 오직 자기 자신의 경우뿐이다. 우리에게는 사람이 죽지 않아도 될 때에 죽는 것 같다는 생각이 들어 견딜 수 없는 것이지만 그런 말도 안 되는 일이 일어날 리 없다. 사람은 자신의 행복을 위해서 죽음이 꼭 필요할 때에 비로소 죽는 것이다. 그것은 인간이 성장하여 어른이 되는 것과 같은 이치인 것이다.

　게다가 실제로 우리가 만약 생명이라는 말로 생명 같은 것, 생명에 가까운 것, 생명과 비슷한 것이 아니라 생명 그 자체를 의미하는 것이라고 한다면, 그리고 만약 참된 생명이 모든 것의 근본이라고 한다면, 그 근본이 거기서 태어나는 것에 의해 좌우될 리가 없다. 원인이 결과에서 나올 리가 없기 때문이다. 참된 생명의 흐름이 그 현상면의 변화 때문에 손상을 받을 리 없기 때문이다. 이 세계에서 이렇게 계속되고 있는 인간의 생명 운동이 종기가 났다거나, 세균이 들러붙었다거나, 권총에 맞았다고 해서 그 정도로 끊길

리 없는 것이다. 사람이 죽는 것은 이 세상에서는 더 이상 참된 생활의 행복을 증진시킬 수 없기 때문이지 폐가 나빠졌다거나, 암이 생겼다거나, 권총에 맞았다거나, 폭탄에 맞았다거나 하는 일이 원인이 되어 일어나는 것은 결코 아니다. 우리는 보통 육체에 얽매인 생활을 이렇게 영위하는 것은 매우 자연스러운 일이며 불이나, 물이나, 추위나, 번개나, 병이나, 권총이나, 폭탄 때문에 죽는 것은 매우 부자연스러운 일이라 생각하고 있지만, 조금 더 냉정하게 다른 입장에서 인간의 생활을 생각해 볼 필요가 있을 것이다. 그렇게 하면 인간이라는 것이 그 생명에까지도 영향을 줄지도 모를, 곳곳에서 바글바글 들끓고 있는 수많은 세균을 비롯하여 살아가는 데 있어서 불리한 조건들만 가득한 이와 같은 무시무시한 환경 속에서 육체에 얽매인 생활을 영위하는 것이 오히려 더 부자연스러운 것이라고 여기게 되지 않을까?

사람이 죽는다는 것은 자연스러운 일이다. 따라서 이 무시무시한 조건 속에 던져진 육체의 생활은 물질적인 의미에서 보자면 매우 부자연스럽고 불안정한 것이다. 만약 우리가 살아 있다고 한다면 그것은 결코 우리가 자신의 몸을 잘 지키고 있기 때문이 아니라, 이와 같은 모든 조건을 극복하는 참된 생명의 활동이 우리 속에서 행해지고 있기 때문인 것이다. 이렇게 우리가 살아 있는 것은, 자기 자신을 지키고 있기 때문이 아니라 우리가 진실한 생명의 행위를 수행하고 있기 때문인 것이다. 이 진실한 생명의 행위가 이 세상에서 완성될 수 있는 데까지 완성되면 끊임없이 소모되어 가는 인간의 동물적인 생명은 그 이상 절대로 존속할 수 없게 된다. 그 순간 육체의 활동은 죽음에 의해서 끝을 맞게 되는 것이다. 이와 같은 육체의 죽음을 설명할 때 우리는 인간을 언제나 둘러싸고 있는 죽음의 원인 중, 그저 가까이에 있어 눈에 쉽게 띄는 것 중 하나를 적용해서 설명하고 있는 것일 뿐이다.

우리의 진실한 생명은 존재한다. 우리는 그것을 알고 있으며, 동물적인 생명은 그것의 표출이라고 이해하고 있다. 그러니 동물적인 생명과 그것을 낳은 진실한 생명이 어찌 동일한 영원의 법칙에 의해 연결되어 있지 않다고 할 수 있겠는가?

하지만 우리는 자신의 참된 생명의 원인이나 작용을, 외면적인 형상의 원인이나 작용을 보는 것처럼 이해할 수는 없다. 거기서 불안과 혼동이 일어난다. 인간은 왜 한 사람 한 사람 각자 독특한 자아를 가지고 이 인생을 시작하는 것인지, 왜 어떤 자의 생명은 끊어지고 어떤 자의 생명은 계속되는 것인지 우리는 누구도 알지 못한다. 우리는 자기 자신에게 묻는다. — 지금과 같은 내 자신이 생겨난 것은, 대체 태어나기까지 어떤 원인이 있었기 때문일까? 그리고 내가 어쨌든 이 세상에서의 생을 마감한 뒤에는 대체 무엇이 기다리고 있는 것일까? 그리고 우리는 이러한 물음에 답하지 못해 슬퍼한다.

그러나 자신이 태어나기 전에 무엇이 있었는지, 죽은 뒤에 무슨 일이 일어날지 지금 당장 알 수가 없다며 슬퍼한다는 것은 마치 자신의 시력이 미치지 못해 앞이 보이지 않는다며 슬퍼하는 것과 같은 것이라 할 수 있다. 만약 내가 시력이 미치지 않는 저 멀리까지 볼 수 있었다면 정작 중요한 내 시야 속의 것들은 아무것도 보이지 않아서 어려움을 겪었을 것이다. 실제로 내 동물적인 자아의 행복을 위해서는 무엇보다도 내 주위에 있는 것을 볼 필요가 있다.

내가 사물을 아는 데 없어서는 안 될 이성에 대해서도 같은 말을 할 수 있을 것이다. 만약 내가 이성의 한계 바깥에 있는 것까지 인식할 수 있었다면, 이번에는 그 영역 속에 있는 것을 인식하지 못했을 것이다. 하지만 나의 참된 생활의 행복을 위해서는 무엇보다도 먼저 지금 여기서 내가 자신의 동물적인 자아를 무엇에 종속시켜야 하는지를 분명하게 알 필요가 있다.

그리고 이성은 내게 그것을 가르쳐 준다. 이 인생에 단 하나밖에 없는 진실한 길 — 마르지 않는 행복에 이르는 길을 제시해 준다.

이성은 우리의 생명이 태어날 때 시작된 것이 아니라 그 전에도 존재했으며 지금도, 앞으로도 존재할 것이라는 사실을 분명하게 가르쳐 준다. 이성이 보여 주는 바에 의하면, 우리 생명의 행복은 이 세상에서 성장하고 증대되어 가다가 결국 이 세상의 틀 속에 더 이상 머물 수 없게 되면, 그때 비로소 성장에 방해가 되는 그 조건에서 벗어나 다른 형태를 취하게 되는 것이다.

  이성은 인간을 유일한 진실의 길로 들어서게 해 준다. 이 길은 튼튼하게 주위를 다진 벽 너머에서 원추형 입을 벌리고 있는 터널처럼, 그 길을 가는 사람에게 분명하게 영원한 생명과 행복을 보여 주고 있다.

지상의 생활에서 맛보는 고통의

●○○

달리 설명할 길 없는 불합리성이야말로, 생명이라는 것이 결코 한 인간의 탄생에서부터 시작되어 죽음으로 끝나는 것이 아니라는 사실을 무엇보다도 잘 증명해 주는 것이다.

하지만 설사 인간이 죽음을 두려워하지 않고 그것에 대해서 아무것도 생각하지 않을 수 있다 할지라도, 이 세상에서 사람이 맛보지 않을 수 없는 무시무시한 고통 — 의미가 없으며 아무래도 이해할 수 없는 불합리한 고통이라는 것을 생각해 본다면 틀림없이 그것만으로도 곧 인생에 주어진 모든 합리적인 의미는 파괴되어 버리고 말 것이다.

실제로 나는 타인에게 도움이 되는 유익한 일을 열심히 하고 있다. 그런데 갑자기 병이 나를 덮쳐 일을 하지 못하도록 방해하며 아무런 의미도 이유도 없이 나를 한없이 괴롭힌다. 레일의 나사가 완전히 녹슬어서 썩어 떨어져 버린 바로 그날, 마침 그곳을 지나가던 열차에 선량한 어머니 한 분이 타고 있었는데, 데리고 있던 아이가 깔리는 것을 두 눈으로 본다. 리스본이나 베르누이와 같은 도회의 어떤 장소가 지진으로 함몰되어 죄 없는 수많은 사람들이 생매장당해 무시무시한 고통에 시달리다 죽어 간다. 이와 같은 일에는 대체 어떤 의미가 있는 것일까? 갑자기 찾아와서 아무런 의미도 없이 사람들에게 고통을 주는 무시무시한 사건은 왜 이렇게 헤아릴 수도 없이 일어나는 것일까?

이론적으로 그럴 듯한 설명은 그 무엇도 제대로 설명해 주지 못한다. 이와 같은 현상에 대한 이론적인 설명은 언제나 문제의 핵심이 되는 부분을 간과하기 마련이니 문제의 애매함을 더욱 분명하게 해 주는 것 외에는 아무런 도움도 되지 않는다. 내가 병에 걸린 것은 어떤 세균이 들어왔기 때문이라거나, 아이가 어머니의 눈앞에서 기차에 깔린 것은 공기 중의 습기가 철에 작용한 결과라거나, 또 베르누이가 함몰한 것은 어떤 지질학상의 법칙이 거기에 작용했기 때문이라거나, 이러한 설명밖에는 하지 않는다. 문제는 그런 데 있는 게 아니다. 이 사람들이 왜 그런 무시무시한 고통을 받아야만 했던 것인지, 그처럼 무시무시한 뜻밖의 사건을 당하지 않으려면 나는 대체 어떻게 해야 하는가 하는 점이 중요한 것이다.

하지만 거기에는 답을 해 주지 않는다. 반대로 이성은 이처럼 우연한 일, 어떤 사람은 지배를 받고 어떤 사람은 지배를 받지 않는 것에 법칙 따위는 조금도 작용하고 있지 않으며, 또한 작용할 리도 없다는 사실, 이와 같은 종류의 일은 헤아릴 수도 없이 많기 때문에 어떤 방법을 강구하든 내 생명은 끊임없이 무시무시한 고통을 수반하는 위험에 노출되어 있다는 사실을 분명하게 보여 주고 있다.

만약 사람들이 자신의 세계관에서 논리적으로 도출해 낸 결론에만 충실하게 따른다면, 자신의 인생을 개인적인 생존으로서 이해하고 있는 사람들은 단 한순간도 살아갈 수 없을 것이다. 쉽게 말해서 사람을 고용할 때, 지금부터 고용하려는 사람을 앞에 두고 그때까지 데리고 있던 하인을 붙잡아 데려와 그의 껍데기를 벗기고, 힘줄을 뽑고, 산 채로 숯불에 지지고, 그 외에도 그와 같은 종류의 무시무시한 짓을 아무런 원인도 이유도 없이 여러 가지로 해 보인 다음, 자신에게는 그때의 기분에 따라서 이런 일을 할 권리가 있다고 거침없이 단언하는 사람이 있다고 한다면 그런 주인의 집에서 일할 하인은 아무도 없을 것이 뻔하다. 만약 사람들이 이 인생을 전부터 이렇게 이야기하고 있는 그 인생관대로, 정말로 이해하고 있다고 한다면 신변에서 언제나 볼 수 있을 뿐만 아니라 자신에게도 언제 닥칠지 모르는, 그 설명할 길 없는 불합리한 수많은 고통에 대한 공포를 느낀 것만으로도 더 이상 이 세상에서 살아가려 하는 사람은 아무도 없을 것이다.

그런데 사람들은 이처럼 무의미하고 잔혹하고 고통에 넘치는 인생에서 벗어나는 방법 — 여러 가지 손쉽고 간단한 자살 방법을 잘 알고 있으면서도 역시 그대로 살아가고 있다. 고통을 당할 때마다 우는 소리를 해 대고 불평을 토로하기도 하지만 여전히 살아간다.

이런 일이 일어나는 것은, 인생에 고통보다 쾌락이 훨씬 더 많기 때문이라고는 말할 수 없다. 왜냐하면 첫 번째로는, 단순한 추측이 아니라 인생의 철학적 연구가 이 지상에서의 생활은 전부 쾌락 따위로는 도저히 보상할 수 없을 정도로 고통의 연속에 다름 아니라고 분명하게 가르치고 있기 때문이다. 두 번째로, 죽을 때까지 끊임없이 더해만 갈 뿐, 가벼워질 리 없는 고통의 연속이라고밖에는 달리 생각되지 않는 이런 상태에 놓인 사람들이 그래도 자살하지 않고 생명에 집착하고 있는 사실을 자신이나 타인의 예에 비춰 봐서 우리 모두가 잘 알고 있기 때문이다.

이처럼 기괴한 모순을 납득할 수 있도록 설명해 주는 말은 오직 하나, 모든 사람들이 자기들 인생의 행복을 위해서 모든 고통은 언제나 필요한 것, 없어서는 안 될 것이라고 진심으로 깨닫고 있다고 생각한다는 것밖에는 없다. 바로 그렇기 때문에, 그런 고통의 위험을 알면서도, 또 실제로 고통에 노출되어 있으면서도 사람은 살아가고 있는 것이다. 그런데 보통 사람들은 자기 혼자만의 행복만을 추구하는 잘못된 인생관에 사로잡혀 있어 눈에 보이는 행복을 가져다주기는커녕 파괴해 버리는 것에는 당연히 불안과 불쾌함을 느끼기 때문에 표면적으로는 고통을 싫어하고 고통에 반발하는 현상을 볼 수 있는 것이다.

이렇게 해서 사람들은 고통을 두려워하며 고통을 만나면 어떤 전혀 뜻밖의, 전혀 이해할 수 없는 것을 만난 것처럼 깜짝 놀라지만, 사실 사람은 모두 이와 같은 고통의 품속에서 성장하는 법이다. 사람의 생애는 고통의 연속이니, 고통이라면 자신도 신물이 날 정도로 맛을 봤으며 다른 사람들도 맛을 보고 있을 것이다. 그러니 이쯤에서 고통에도 익숙해져서 고통을 두려워하거나, 왜 무엇 때문에 고통이 있는 것인지 묻는 등의 일은 하지 않아도 좋지 않을까? 누구라도 조금만 생각해 보면 쉽게 알 수 있는 일인데, 자신의 쾌락이란 전부 타인의 고통에 의해서 얻어지는 것이다. 자신의 고통이라는 것은 다름 아니라 전부 자신의 쾌락을 위해서 필요한 것이다. 고통이 없으면 쾌락도 없다. 다시 말해서 조금 생각해 보기만 하면 고통과 쾌락은 따로따로 떼어놓고는 생각할 수 없을 정도로 서로 밀접한 관계를 가진 정반대의 상태라는 사실을 쉽게 알 수 있는 것이다. 그렇다면 이성을 가진 사람이 자문하는 문제 — 왜, 무엇 때문에 고통이 있는 것일까 하는 문제는 대체 어떤 의미를 가진 것일까? 고통이 쾌락과 하나로 연결되어 있다는 사실을 아는 사람이 어째서 고통은 왜, 무엇 때문에 있는 것일까 하고 물으면서 쾌락은 왜, 무엇 때문에 있는 것일까 하고는 묻지 않는 것일까?

동물이나 동물로서의 인간 생활은 전부 끊임없는 고통의 연속이다. 동물의 활동, 동물로서의 인간의 활동은 전부 고통에 의해서 불러일으켜진 것에 지나지 않는다. 고통은 싫다는 감각의 병적인 상태라 할 수 있는데, 그것이 오히려 활동력을 불러일으켜 그 병적인 감각을 없애고 기분 좋은 상태를 낳는 것이다. 동물의 생활과 동물로서의 인간의 생활도 모두 고통에 의해서 파괴되기는커녕 오히려 고통이 있기 때문에 간신히 유지하고 있는 것이다. 따라서 고통은 인생을 전진케 하는 원동력에 다름 아니기 때문에 결코 없어서는 안 될 것이다. 그러니 고통은 왜, 무엇 때문에 있는 것일까를 물을 때 그 사람은 대체 무엇을 묻고 싶은 것일까?

동물은 그런 것을 묻지 않는다.

굶주린 농어가 황어를 괴롭히거나 거미가 파리를 괴롭히거나 승냥이가 양을 괴롭히는 경우, 그런 동물들은 틀림없이 모두 각자 당연히 해야만 하는 일을 하고 있는 것일 뿐이라고 생각하고 있을 것이다. 따라서 이번에는 반대로 농어나, 거미나, 승냥이가 더 강한 동물들에 의해 더욱 커다란 고통을 받게 된다 할지라도, 농어나 거미나 승냥이는 도망치거나, 반항하거나, 몸을 보호하기는 하겠지만 특별히 지금 자신에게 일어나고 있는 일이 부당하다거나 부자연스럽다고 생각하고 있는 것이 아니라 어쩔 수 없이 하고 있는 일이니 전부가 일어날 만한 일이라서 일어나는 것이라며 포기하고 의심조차 하지 않을 것이다. 그런데 전장에서 다른 사람의 다리를 자른 대신 자신도 다리를 잘려 그 치료에 전념하고 있는 사람이나, 직접적으로든 간접적으로든 사람을 감옥에 가둬 괴롭힌 적이 있으면서도 막상 자신이 독방에 갇히게 되면 가능한 한 손을 써서 그동안 편하게 지내려 하는 사람이나, 지금까지 헤아릴 수도 없이 많은 동물을 자신의 손으로 죽여 배가 터지도록 먹어 왔으면서도 자신이 승냥이에게 물릴 처지에 놓이게 되면 어떻게 해서든 그 이빨에서 몸을 지켜 도망쳐야겠다고밖에는 생각지 않는 사람이나, ─ 그런 종류의 인간들은 자신에게 닥친 이와 같은 모든 일이 당연히 일어나야만 하는 일이라고는 도저히 인정하지 못하는 것이다. 어째서 당연히 일어나야만 하는 일을 인정하지 못하는가 하면, 그처럼 괴로운 일을 당해도 그런 사람들은 여전히 자신들이 해야만 했던 일을 무엇 하나 하려 들지 않고 지나치려 하기 때문이다. 당연히 해야만 할 일을 그 무엇도 전혀 하지 않기 때문에 자신에게 일어나는 일이 참으로 부당하고 부자연스러운 것이라고 여기게 되는 것이다.

하지만 승냥이에게 물어뜯기게 된 인간이 승냥이에게서 도망쳐 몸을 지키는 것 외에 대체 무엇을 해야만 한다는 것일까? 적어도 이성적 존재인 인간의 이름에 어울리는 정도의 일은 해야 할 것이다. 즉, 고통을 부른 근원이 되는 죄를 인정하고 참회하여 진리를 분명하게 붙들어야만 하는 것이다.

동물은 단지 현재의 이 순간에만 고통을 받을 뿐이니 고통에 의해서 일어나는 활동은 현재의 자기 자신에게만 향해지면 그것으로 충분하다. 하지만 인간은 현재에서 고통을 받을 뿐만 아니라 과거에서도 미래에서도 괴로워하는 법이니 고통에 의해서 일어나는 인간의 활동이 만약 동물로서의 인간의 현재 요구에만 향해진다면, 인간은 도저히 만족을 느끼지 못할 것이다. 고통의 원인과 결과로 향한, 과거와 미래로 향한 활동만이 괴로움에 빠진 인간을 만족시킬 수 있는 법이다.

동물은 갇히면 우리를 부수고 도망치려 하며, 발에 상처를 입으면 아픈 곳을 핥고, 또 다른 동물에게 잡아먹힐 것 같으면 어떻게 해서든 도망치려 한다. 그 생활의 법칙이 외부로부터 침범받기 때문에 동물의 활동은 오로지 그것의 회복에만 집중되어 당연히 해야만 할 일을 실현하는 것이다. 하지만 인간은, 나도 그렇고 내 주위 사람들도 그렇고 감옥에 갇히거나, 전장에서 다리를 잘리거나, 승냥이에게 물릴 것 같이 된 경우, 그때의 나의 활동이 감옥을 부수거나, 다리를 치료하거나, 승냥이에게서 도망치거나 하는 것만으로는 결코 만족을 얻을 수 없다. 왜냐하면 감옥에 갇히거나, 다리를 다치거나, 승냥이에게 물릴 것처럼 되어 버린 것은 내 고통의 극히 작은 일부에 지나지 않으며 내 고통의 참된 원인은 과거 속에, 나나 타인의 과오 속에 있기 때문이다. 따라서 만약 나의 활동이 고통의 원인 — 과오 그 자체로 향하지 않는다면, 다시 말해서 내가 과오에서 벗어나기 위해 노력하지 않고, 당연히 해야만 할 일을 하지 않고, 그 고통을 부당한 것이라고 생각한다면 현실뿐만 아니라 상상 속에서도 고통은 무시무시한 크기로 부풀어 올라 더 이상 살아갈 수조차 없을 정도가 되어 버릴 것임에 틀림없다.

동물의 고통의 원인은 그 생활의 법칙을 침범 당한다는 데 있다. 거기서부터 아픔에 대한 의식이 일어나고, 그 아픔을 제거하기 위한 활동이 일어난다. 그러나 이성의 의식을 가진 인간에게 있어서 고통의 원인은 이성의 의식에 지배받고 있던 생활의 법칙이 침범 당한다는 데 있는 것이다. 거기서부터 과오에 대한 의식과 죄의 의식이 태어나며 그 과오와 죄를 제거하기 위해서 활동이 일어나는 것이다. 다시 말하자면, 동물의 고통이 단지 그 아픔을 달래는 활동만을 불러일으켜, 그것에 의해서 괴로운 고통을 극복해 나가는 것과 마찬가지로 이성을 가진 인간의 고통은 오로지 그 과오를 바로잡는 활동을 불러일으켜 그에 의해서 괴로운 고통을 극복하는 것이다.

고통을 맛보거나, 맛보지 않는다 할지라도 마음에 그려 봤을 때, 사람은 곧잘 '왜, 무엇 때문에'라는 의문을 품게 되는데, 그것은 결국 그 사람이 고통에 의해서 일어나는 활동, 즉 그와 같이 괴로운 고통을 없애는 활동에 대해서 아무런 인식도 갖고 있지 않기 때문이다. 그리고 실제로 동물적인 생존을 인생이라 인정하고 있는 사람에게는, 고통을 극복하는 이와 같은 인간다운 활동이 일어날 리가 없다. 자신의 인생에 대해서 이처럼 좁은 범위만을 이해하고 있는 한, 고통에 대한 반응 방법도 더욱 단순하고 동물적인 것이 될 수밖에 없는 것이다.

인생을 개인적인 생존이라 여기고 있는 사람이 자기 고통의 원인은 자기 혼자만의 과오에 있다고 인정할 때, 다시 말해서 병에 걸린 것은 독이 되는 것을 자신이 먹었기 때문이라거나, 남에게 맞은 것은 자신이 먼저 싸움을 걸었기 때문이라거나, 굶주림에 괴로워하는 것은 자신에게 일할 마음이 없었기 때문이라는 등 스스로 자신을 잘 납득하게 된 경우, 그 사람은 해서는 안 될 일을 해서 괴로움을 겪는 것이라는 사실을 분명하게 알고 있기 때문에 앞으로는 그와 같은 실수를 두 번 다시 하지 않기 위해 자신의 활동을, 근본적인 과오를 없애는 한 가지 목적에 집중시켜 고통에 저항하거나, 혹은 조용한 마음으로, 아니 때로는 기꺼이 고통을 견딜 것이다. 그러나 이와 같은 사람이라 할지라도, 과오와의 관계를 쉽게 찾을 수 없는 고통에 휩싸였을 경우, 예를 들어서 언제나 자신의 활동과는 아무런 관계도 없었던 원인에 의해서 고통을 받게 되거나, 그 고통의 결과가 자신에게 있어서나 또 다른 사람에게나 아무런 도움도 되지 않을 것 같은 경우에는 참으로 부당하기 짝이 없는 고통을 받고 있는 것 같다는 느낌이 들어, '왜?' 라거나 '무엇 때문에?' 라고 자문하게 되는 것이다. 그리고 자신의 활동을 집중시킬 대상이 발견되기 전에 고통에 반발하기 때문에 그 고통은 더욱 두려운 것이 되어 버리는 것이다. 게다가 인간의 고통이라는 것은 그 대부분이 언제나 이와 같은 종류의 것으로, 유전적인 병이나 비참한 돌발사건이나 흉작이나 교통사고나 화재나 지진이나 그 외에도 역시 마찬가지로 죽음을 약속하는 여러 가지 불행을 언급할 필요도 없이, 그 원인이나 결과는(때로는 양쪽 모두가) 공간·시간에 얽매인 우리의 눈에는 보이지 않는 것이다.

이와 같은 종류의 고통이 후세 사람들을 위한 훈계로써, 즉 자손에게 병을 남길 위험이 있는 혐오스러운 정욕에 져서는 안 된다거나, 좀 더 훌륭한 기차를 만들어야만 한다거나, 불을 다룰 때는 조심해야 한다는 교훈으로써 없어서는 안 되는 것이라는 설명은 이 문제에 대한 아무런 해답도 되지 않는다. 나는 내 인생의 의의가 타인의 부주의한 점을 손수 해명해 보이는 데 있다고는 도저히 인정할 수가 없다. 내 인생은 내 나름대로 끊임없이 행복을 추구하는 내 자신의 생활이지, 타인의 인생을 위한 살아 있는 표본도 그 무엇도 아닌 것이다. 이와 같은 설명은, 그야말로 이야깃거리 정도는 될 수 있을지 몰라도, 나를 위협하며 살아갈 힘까지도 빼앗아 버리는 고통의 무의미함, 불합리함에 대한 공포를 가볍게 해 주지는 않는다.

하지만 내가 자신의 과오로 인해서 타인을 괴롭히는 한편, 나도 타인의 과오로 인해서 괴로움을 당한다는 사실을 어떻게 해서 이해할 수 있게 되었다 할지라도, 또 우리 인생에 있어서 모든 고통이 사람들이 고쳐야 할 과오를 나타내는 것이라는 사실을 희미하게나마 이해할 수 있게 되었다 할지라도, 그래도 역시 무수한 고통은 도저히 설명되지 않은 채 남아 있을 것임에 틀림없다. 예를 들어서 어떤 사람이 숲 속에서 승냥이에게 물어뜯기거나, 물에 빠지거나, 얼어 죽거나, 불에 타 죽거나 혹은 혼자서 병에 걸려 죽어 가는 등의 무시무시한 고통을 맛보고 있지만 그런 것은 누구 하나도 알지 못한 채 그대로 진행되어 버린다. 이와 비슷한 일은 얼마든지 있을 것이다. 실제로 이와 같은 일이 누군가를 위해서 조금이라도 도움이 되는 것일까?

자신의 인생을 동물적인 생존이라 보고 있는 사람은 이와 같은 문제에 대해서 아무런 설명도 할 수 없으며, 또 설명이 가능할 리도 없다. 왜냐하면 이와 같은 사람에게 있어서 고통과 과오는 단지 눈에 보이는 현상 속에서만 연결되어 있는 것이기 때문에, 임종의 고통을 견뎌야만 하는 경우가 오면 그 마음의 눈에는 그와 같은 연결이 전혀 보이지 않게 되기 때문이다.

인간이 살아가는 길에는 두 가지 종류가 있다. 즉, 고통과 자기 생활 사이의 관계를 인정하지 않고 자신이 받는 고통의 대부분을 아무런 의미도 없는 고통이라 생각하고 견뎌 나가거나, 혹은 어차피 죄를 부르는 결과밖에는 초래하지 않는 자신의 행위와 과오가 자신의 모든 고통의 원인이라고 인정하고, 그와 같은 고통도 결국은 자신과 타인이 저지른 여러 가지 죄에 대한 구원이 되기도 하고 보상이 되기도 한다는 사실을 인정하거나 하는 것이다.

고통에 대해서는 다음과 같은 두 가지 태도만이 가능할 뿐이다. 하나는 외면적인 의의를 인정할 수 없으니 고통은 부당한 것이라고 보는 태도, 또 다른 하나는 참된 생활의 실현에 도움이 되는 외면적인 의의를 거기서 인정하고 고통을 당연한 것으로 받아들이는 태도. 첫 번째 태도는 자기 혼자만의 생활의 행복을 행복이라고 인정하는 데서 태어난다. 또 다른 하나의 태도는 자신 이외의 모든 것의 행복과 긴밀하게 연결되어 있는 자신의 생활 — 그것도 과거에서 미래에 걸친 자신의 생활 전체의 행복을 행복이라고 생각하는 데서 태어난다. 앞의 견해에 의하면 고통은 아무래도 설명할 수 없는 것으로, 끊임없이 팽창하여 진정시킬 방법이 없는 절망과 울분 외에는 아무런 활동도 불러일으키지 않는다. 또 하나의 견해에 의하면 고통은 참된 생명의 운동 — 죄를 의식하고 그 과오를 극복하여 이성의 법칙에 따르는 참된 생명의 활동을 불러일으킨다.

인간은 가령 이성을 갖고 있지 않다 할지라도 그 고통의 괴로움을 실감하는 것만으로도 자신의 생활이 자기 혼자만의 개인적인 틀에 담길 수 있을 만한 것이 아니라는 사실, 그와 같은 개인적인 것은 자신의 생활 전체의 눈에 보이는 일부에 지나지 않는다는 사실, 자기 개인적인 생활에 나타나는 행위와 원인의 외면적인 눈에 띄기 쉬운 관계는 이성의 의식에 의해서 인간에게 끊임없이 제시하고 있는 그 내면적인 관계와는 일치하지 않는다는 사실을 인정하지 않을 수 없게 되는 것이다.

　동물의 경우에는 공간과 시간이라는 조건 속에서만 비로소 인식할 수 있는 과오와 고통과의 관계도, 인간의 경우에는 언제라도, 가령 공간과 시간의 조건 밖에 있는 경우라 할지라도 분명하게 의식되는 것이다. 그 어떤 고통이라 할지라도 인간은 언제나 그것을 자신의 죄의 결과로 보고 그 죄를 회개하는 것이 곧 고통을 없애고 행복을 손에 넣을 수 있는 길이라 인정하고 있는 것이다.

　인간의 생활은 아주 어렸을 때부터, 이처럼 오로지 고통을 통해서 죄를 의식하고 그 과오를 바로잡음으로 해서 성립되어 온 것이다. 나는 내가 진리에 대한 지식을 몸에 지니고 이 세상에 태어났다는 사실을 알고 있다. 또 내 속에 과오가 많으면 많을수록 나나 다른 사람들의 고통도 많아진다는 사실, 내가 자신의 과오를 바로잡으면 바로잡을수록 나나 다른 사람들의 고통이 적어지며 내 손에 들어오는 행복은 커진다는 사실을 알고 있다. 따라서 나는 내가 이 세상에서 가져갈 진리에 대한 지식, 설사 그것이 임종의 마지막 고통을 내게 건네주는 것이라 할지라도, 그 진리에 대한 지식이 크면 클수록 내 손에 들어오는 행복도 더욱 커진다는 사실을 잘 알고 있다.

반대로 고통의 괴로움을 경험하는 것은, 자기 자신을 세계 전체의 생활에서 떼어낸 다음 이 세계의 고통의 근원이 되는 자신의 죄를 인정하지 않고 자신을 죄가 없는 자라고 생각하고 있는 인간, 또한 이 세계의 죄 때문에 자신이 견뎌 내야만 하는 고통에도 언제나 반항하기만 하는 인간들뿐이다.

게다가 더 놀라운 것은, 이성에 의해서 이렇게 분명히 인식되고 있는 것이 인생의 유일한 진실의 활동 — 사랑에 의해서도 뒷받침되고 있다는 사실이다. 이성은 자신의 죄나 고통과 이 세상의 죄나 고통 사이에 있는 관계를 인정하기만 하면 괴로운 고통에서 벗어날 수 있다고 말하고 있는데, 사랑은 그것이 옳음을 실제로 증명하고 있다.

인간 생활의 절반은 대부분 고통 속에서 지나 버리지만, 사람은 그 고통을 고통으로 여기지 않고 오히려 행복이라고 느끼는 경우가 더 많다. 왜냐하면 그와 같은 고통은 과오에 대한 결과임과 동시에 사랑하는 사람들의 고통을 가볍게 하는 수단이기도 하기 때문이다. 따라서 사랑이 적으면 적을수록 사람이 받는 고통은 커지며, 사랑이 많으면 많을수록 고통은 작아지는 법이다. 따라서 모든 활동이 사랑으로 넘쳐 나는, 이성에 완전히 합당한 생활의 고통은 조금도 존재할 수 없는 법이다. 고통의 괴로움이라는 것은 다름 아니라 조상이나 자손이나 동시대 사람들에게 보내는 사랑 — 한 인간의 생명을 전 세계의 생명과 연결시키는 사랑, 이 사랑의 고리를 끊으려 할 때 사람들이 맛보지 않을 수 없는 아픔인 것이다.

육체의 고통은 사람들의 생활과
행복을 위해서 없어서는 안 될 하나의 조건이다

"하지만 어쨌든 아프다. 이런 아픔, 육체의 아픔은 대체 무엇 때문에 존재하는 것일까?"라고 사람들은 묻는다.

"무엇 때문이냐고? 우리에게 그것이 필요하기 때문이다. 아니, 그뿐만 아니라 그런 아픔이 없으면 우리는 도저히 살아갈 수 없기 때문이다."

우리에게 아픔을 느끼게는 했지만 가능한 한 아픔을 적게 하고 이 '아픔'에서 태어나는 행복을 가능한 한 크게 한 사람이라면, 틀림없이 이렇게 대답할 것이다.

실제로 이제 와서 새삼스럽게 말할 필요도 없는 일이지만, 아픔에 대한 우리의 민감함이라는 것은, 자신의 육체를 보존하고 동물적인 생활을 계속해 나아가는 데 있어서 무엇보다도 중요한 하나의 수단으로, 만약 그것이 없었다면 우리는 모두 어렸을 때 재미삼아 자신의 몸을 불태우거나 난도질을 했을 것이다. 육체의 아픔은 동물로서의 각각의 인간을 보호하는 것이다. 이처럼 아픔이 인간을 보호하는 데 도움이 되는 동안에는, 마치 어린아이가 그런 것처럼 이 아픔은 결코 무시무시한 고통이 되지는 않는다. 아픔은 인간의 이성의 의식이 성숙해져서 아픔을 어떤 부당한 것이라 생각하고 그에 저항하게 되면서부터 비로소 우리가 느끼는 것처럼 굉장히 무시무시한 고통으로 다가오기 시작하는 것이다. 동물의 경우든, 아기의 경우든 아픔은 극히 작고 한정된 것이기 때문에 이성의 의식을 갖춘 자가 느끼는 그런 고통은 결코 느끼지 못한다. 우리가 흔히 볼 수 있는 일인데, 아기는 때로 벼룩에게 물린 정도 가지고 마치 내장이 터지기라도 한 것처럼 아주 측은하게 우는 경우가 있다. 그래도 이성을 갖고 있지 않은 생물의 아픔은 그 기억에 흔적 하나 남기지 않는 법이다. 어떤 사람이라 할지라도 어렸을 적 아픔의 괴로움, 고통스러움은 아무리 생각해 내려 해도 생각해 내지 못할 것이다. 아니, 뿐만 아니라 그 아픔을 상상해 보는 것조차 불가능하다는 사실을 깨닫게 될 것이다. 그런데 아기나 동물이 괴로워하는 모습을 직접 눈으로 봤을 때의 인상은 너무나도 생생하고 측은하기 때문에 그 아기나 동물의 고통보다도 그것을 보는 우리 자신의 고통이 오히려 더 크다고 할 수 있을 정도다. 이성을 갖고 있지 않은 생물의 겉으로 드러나는 괴로움은 그 실제의 고통보다도 훨씬 더 커다랗게 보이기 때문에 평소보다도 훨씬 더 우리의 동정을 사게 되는 법이다. 이는 뇌의 병이나, 열병이나, 티푸스나, 온갖 임종의 고통의 경우에도 마찬가지다.

이성의 의식이 아직 눈뜨지 않아 아픔이 오로지 개인의 존재를 보호하는 데에만 도움이 되는 시기에 아픔은 조금도 고통이 되지 않지만, 이성의 의식이 인간 속에서 작용하는 시기가 되면 그것은 동물적인 자아를 이성에 종속시키는 수단이 되기 때문에 아픔에서 오는 무시무시한 괴로움도 이 의식이 성장해 감에 따라서 점차 고통스럽지 않은 것이 되는 것이다.

실제로 우리는 이성의 의식을 몸에 완전히 지니고 난 후에야 비로소 고통에 대해 이야기할 수 있게 되는 것이다. 왜냐하면 그때야 비로소 생활이 — 고통이라 우리가 부르는 생활의 상태가 시작되기 때문이다. 이러한 상황하에서 아픔에 대한 감각은 얼마든지 크게 할 수도 있고 작게 할 수도 있다. 실제로 감각에는 한계가 있기 때문에 아픔이 거의 한계 가까이까지 오게 되면 감각의 작용이 멈춰 버려 기절하거나, 지각이 없어지거나, 열에 들뜬 것처럼 되어 버리거나 혹은 죽음이 찾아오니 이런 것은 생리학을 연구하지 않은 사람이라 할지라도 누구나 알고 있는 일일 것이다. 따라서 아픔의 증대라는 것에는 분명하게 정해진 일정한 틀이 있어서 그 한계를 넘어서는 일은 결코 없는 법이다. 하지만 아픔의 감각이라는 것은 거기에 대한 우리의 관계에 따라서 얼마든지 커다랗게 할 수도 있고 또 얼마든지 작게 할 수도 있다.

우리는 모두 인간이 아픔에 견디고 아픔을 당연한 것이라 인정함으로 해서 아픔을 전혀 느끼지 않게 될 뿐만 아니라 그것을 견디는 것에서 오히려 기쁨조차 느끼게 된다는 사실을 알고 있다. 순교자들이나 화형에 처해져서도 노래를 불렀다고 하는 후스까지 들 필요도 없이 아주 평범한 보통 사람들이 용기를 내보이고 싶어서 소리 한번 내지 않고, 눈 하나 꿈쩍하지도 않고 가장 괴로운 수술을 견뎌 내고 있지 않은가? 아픔의 증대에는 한계가 있지만 그 감각의 축소에는 한계가 없다.

자신의 인생을 육체적인 생존이라 생각하고 있는 사람들에게 아픔에 대한 고통은 틀림없이 두려운 것이다. 실제로 고통에서 오는 괴로움을 없애기 위해서 인간에게 주어진 이성의 힘이 고통을 더하는 일에만 발휘된다면, 아픔이 어찌 두려운 것이 되지 않겠는가?

신은 처음 인간의 수명을 칠십 세로 정했다가 그것이 인간에게는 오히려 좋지 않았기 때문에 지금처럼 다시 죽음의 순간을 알지 못하도록 한 것이라는 신화가 플라톤에 있는데, 이와 마찬가지로 인간은 처음 아픔에 대한 감각이 없는 상태로 만들어졌지만 그 후,

인간의 행복을 위해서 지금과 같은 상태로 변한 것이라는 신화가 있다 해도 조금도 이상하지 않을 것이다.

만약 신이 아픔에 대한 감각이 없도록 인간을 만들었다면 인간은 곧 그러한 아픔에 대한 감각을 달라고 바랐을 것임에 틀림없다. 산통産痛이 없었다면 여자가 아기를 아무리 많이 낳는다 할지라도 무사히 살아서 태어나는 아기는 틀림없이 얼마 되지 않았을 것이다. 아이나 젊은이는 자신의 몸을 철저하게 망쳐 놓았을 것이며, 어른은 어른대로 예전에 살아 있던 것, 지금 살아 있는 자기 이외의 것들의 과오는 물론 가장 중요한 자기 자신의 과오조차도 알지 못했을 것이다. 뿐만 아니라 이 인생에서 무엇을 해야 하는 것인지 짐작조차 하지 못하고, 이성에 비춰 봐서 납득할 수 있는 행동의 목적도 갖지 못한 채 눈앞을 가로막고 있는 육체의 죽음이라는 관념과는 끝내 융화하지 못할 것이니, 자연스럽게 사랑의 마음도 갖지 못하게 될 것이다.

자신의 인생을 이성의 법칙에 대한 자아의 종속이라고 이해하고 있는 사람에게 있어서, 아픔은 나쁜 것이 아니라 오히려 자신의 동물적인 자아에게 있어서도, 그리고 이성에 합당한 생활에 있어서도 없어서는 안 될 조건 중 하나인 것이다. 만약 아픔이 없었다면 동물적인 자아는 그 법칙에서 벗어났을 때의 지침을 갖지 못했을 것이며, 또한 이성의 의식이 만약 고통을 경험하지 못한다면 인간은 틀림없이 진리를 알지 못하고, 자기 생활의 법칙도 알지 못한 채 생을 마치게 될 것이다.

그런데 여기서 반대의 목소리가 일지도 모르겠다. 그렇게 말하며 문제로 삼는다는 것은 결국 자기 자신의 고통만 생각하는 것일 뿐, 타인의 고통은 외면한 채 모르는 척하는 것과 다를 바 없지 않은가? '사람이 괴로워하는 모습을 보는 것만큼 슬프고 괴로운 일도 없는데'라고 그런 사람들은 약간 불성실한 태도로 말할 것이다.

타인의 고통? 하지만 당신들이 고통이라 말하고 있는 것, 즉 타인의 고통은 지금까지 언제나 계속되어 왔으며 지금도 계속되고 있다. 인간이나 동물의 세계는 전부 고통으로 넘쳐 나고 있었으며 그 고통은 그칠 날이 없었다. 그런 사실을 우리가 오늘 처음 듣기라도 했단 말인가? 부상이나, 육체의 장해나, 굶주림이나, 추위나, 병이나 모든 불행하고 우연한 일들이나, 특히 우리를 이 세상에 나오게 하는 계기가 되는 출산은 전부 생존을 위해서 없어서는 안 될 조건들이다. 이와 같은 일은 결국 사람의 고통을 줄이고 사람을 도와주는 이성에 합당한 인간 생활의 내용이 되는 것이기 때문에 인생의 참된 활동이 전부 거기에 집중되는 것이다. 개인의 고통이나 타인의 과오를 이해하고 그것을 적게 하기 위해 활동하는 것이야말로 인생의 유일한 생활에 다름 아니다. 실제로 나, 다시 말해서 한 인간이 개인적인 존재라는 사실은 자신 이외의 다른 개인적인 존재의 고통을 이해하기 위해서이며, 이성의 의식을 지니고 있다는 것은 한 사람 한 사람 개개인의 고통 속에서 고통, 즉 과오의 일반적인 원인을 인식하여 그것을 자신이나 타인 속에서 없애기 위해서인 것이다. 노동자에게 있어서 일의 재료가 고통이 되는 경우가 과연 있기나 할까? 그것은 마치 농부가 경작되지 않은 땅이 고통스러워서 견딜 수 없다고 말하는 것과 같은 것이다. 경작되지 않은 땅이 고통이 되는 것은, 잘 경작된 땅을 보는 것은 좋아하지만 그것을 경작하는 것은 자신의 일이 아니라고 생각하는 사람의 경우뿐이다.

괴로워하고 있는 자에 대한 직접적인 사랑의 봉사와 고통, 즉 과오의 일반적인 원인을 없애는 일에 집중하는 활동은 사람이 바로 시작해야만 하는 유일한 일 — 인생을 충실한 것으로 만들어 주는 불멸의 행복을 사람에게 부여하는 즐거운 일이다.

인간에게 있어서 고통이 되는 것은 오직 한 가지밖에 없다. 그것은 행복으로 가는 길을 유일하게 약속하고 있는 생활에 어쩔 수 없이 몸을 내맡겨야 한다는 것이다.

이 고통은 자기 자신과 세계 전체의 깊은 죄를 의식하는 마음과 자신의 생활과 세계 전체의 생활 속에서 진리를, 다른 누구도 아닌 자기 자신의 손으로 실현할 수 있는 가능성이 있을 뿐만 아니라 그래야 할 의무가 있다고 의식하는 마음이 서로 상극으로 모순된다는 점에서 발생한다. 이 고통을 달래는 일은, 세계의 죄에 가담하여 자신의 죄를 제아무리 보지 않으려 한다 해도 도저히 가능한 일이 아니며, 또 자기 자신의 손으로 자신의 생활은 물론 세계 전체의 생활에 진리를 실현해야 한다는 의무와 가능성을 조금도 믿지 않으려 해 본다 한들 도저히 가능한 일이 아니다.

앞의 생존 방식은 단지 고통을 더하게 해 줄 뿐이며, 또 다른 생존 방식은 살아가는 힘을 완전히 앗아가 버리고 만다. 이와 같은 고통을 없애 주는 것은 사람이 제대로 인식하고 있는 목적과 개인적인 생활 사이에 존재하는, 부적절함을 없애 주는 진실한 생활에 대한 의식과 활동뿐이다. 사람은 자신의 생활이라는 것이 태어났다가 죽어 가는 이 육체를 가진 자기 혼자만의 좁다란 자아 속에만 머무는 것이 아니라는 사실을 인정하지 않을 수 없는 것이다. 그리고 자신의 마음에 담고 있는 목적을 실현하려는 노력과, 자신의 죄가 깊다는 사실을 절실하게 의식하는 것과, 자신과 세계의 생활을 비추는 모든 진리의 빛을 더욱 빛나게 하는 것과, 세계 전체의 생활과 분리할 수 없는 자신의 인생의 사업에, 지금도 그렇고 지금까지도 그렇고 또 앞으로도 언제나 달려 있는 것이라는 사실을 인정하지 않을 수 없는 것이다.

인간은 이성의 의식에 의하지 않는다 할지라도, 인생의 의미를 둘러싼 방황에서 오는 고통에 시달리는 것만으로도 이 인생에서 유일하게 약속되어 있는, 아무런 장애도 없으며 불행도 없는 진실의 길 — 무엇에 의해서도 손상되지 않고 시작도 없고 끝도 결코 없으며 끊임없이 커져 가는 행복만이 기다리고 있는 진실의 길로 결국은 몰려갈 수밖에 없는 것이다.

맺음말

　　인간의 생활은 끊임없이 행복을 추구하는 강한 욕구로 일관되는 것인데, 이처럼 인간이 강하게 추구하는 것은 결국 주어지게 되어 있다.

　죽음이나 고통이라는 형태로 나타나는 불행도 사람이 육체에 얽매인 동물적인 생존의 법칙을 자기 생명의 법칙이라고 잘못 생각할 때에만 사람의 눈에 비치는 것에 불과하다.

　죽음이나 고통은, 사람이 인간임을 잊고 동물 수준으로까지 몸을 떨어뜨렸을 때에만 그의 눈앞에 나타나는 것이다. 그리고 죽음이나 고통은 무시무시한 모습으로 사방팔방에서 사람을 내몰아 인생에서 유일하게 열려 있는 진실의 길 — 이성의 법칙에 합당한 사랑의 길로 몰아가는 것이다. 죽음이나 고통은 인간이 그 생명의 법칙을 외면하고 있다는 사실의 반증에 다름 아니다. 이 법칙에 따라서 사는 사람에게는 죽음도 없으며 고통도 없다.

'수고하고 무거운 짐 진 자들아, 다 내게로 오라. 내가 너희를 쉬게 하리라. 나는 마음이 온유하고 겸손하니 나의 멍에를 메고 내게 배우라. 그리하면 너희 마음이 쉼을 얻으리니, 이는 내 멍에는 쉽고 내 짐은 가벼움이라.'

인간의 생활은 끊임없이 행복을 추구하는 강한 욕구로 일관되어 있을 뿐만 아니라 그처럼 사람이 구하는 것은 반드시 주어지게 되어 있는 법이다. 결코 죽음으로 끝나는 법이 없는 생명과, 불행으로 끝나지 않는 행복이 바로 그것이다.

북토끼

부록 1

　　평소 흔히 들을 수 있는 말인데, 우리는 생명을 연구할 때 자기 자신의 생명의 의식을 근거로 하지 않고 일반적으로는 자기 밖에 있는 것을 근거로 삼아 연구를 진행한다고 한다. 그런데 이는, 마치 우리는 사물을 눈으로 보는 것이 아니라 자기 바깥에 있는 것으로 보는 것이라고 주장하는 것과 같은 일 아니겠는가?

　우리가 자기 바깥에 있는 것으로 사물을 본다는 것은, 우리가 사물을 자기 눈 속에서 보고 있기 때문이다. 그와 마찬가지로 우리는 생명을 자기 속에서 보고 있기 때문에 그것을 자신의 밖에서도 보게 되는 것이다. 우리는 자신의 눈에 보이는 그대로밖에는 사물을 볼 수가 없다. 우리는 자신 속에서 알고 있는 것처럼밖에는 생명을 정의할 수가 없다. 우리는 자기 자신 속의 생명을 행복에 대한 강한 욕구라 알고 있기 때문에 그것을 행복에 대한 욕구라고 정의하지 않는 한, 생명에 대해서는 알 수 없을 뿐만 아니라 관찰조차도 할 수 없다.

우리가 생물을 인식함에 있어서 가장 중요한 것은 하나의 생물이라는 관념 속에 여러 가지 수많은 것을 포함시켜 그 하나의 생물을 다른 모든 생물과 구별한다는 점이다. 이와 같은 인식의 작용법은 전부 우리의 인생관에 바탕을 두고 있다. 다시 말해서 세계 전체에서 독립된 자기 자신의 행복을 추구하는 욕구라고 우리가 의식하고 있는 생명의 정의에 바탕을 두고 있는 것이다.

  말에 타고 있는 사람이 다수의 생물도 아니며 하나의 생물도 아니라고 우리가 알고 있는 것은, 우리가 사람과 말로 구성되어 있는 모든 부분을 하나하나 관찰하기 때문이 아니라 말과 사람의 머리나 다리 등과 같은 각 부분에서 우리가 자신 속에서 잘 알고 있는 것과 같은 행복을 추구하는 각각의 독자적인 욕구를 보지 않기 때문이다. 그리고 이 행복을 끊임없이 추구하는 독자적인 욕구가 우리 속에는 단 하나밖에 없는데, 거기에는 두 개가 있다고 인정하고 있기 때문에 말을 타고 있는 사람은 하나의 생물이 아니라 두 개의 서로 다른 생물이라는 사실을 아는 것이다.

  우리는 이와 같은 방법을 취해야만 비로소 말과 기수 사이에 서로 다른 생명이 있다는 사실, 말 떼 속에도 제각각 생명이 있다는 사실, 새들 속에도, 곤충들 속에도, 나무들 속에도, 풀들 속에도 각자 서로 다른 생명이 있다는 사실을 알게 되는 것이다. 만약 우리가 이 방법을 알지 못했다면, 다시 말해서 말은 말의 행복을 바라며 인간은 인간에 합당한 행복을 바라고 있을 뿐만 아니라, 말 떼 속에서도 한 마리 한 마리가 각자 자신에게 어울리는 행복을 바라고 있다는 사실, 아니 새나 무당벌레나 나무나 풀에 이르기까지 각각 독자적인 행복을 바라고 있다는 사실을 만약 알지 못했다면 우리는 그러한 생물을 전혀 구별하지 않았을 것이며 또 구별할 수도 없었을 것이기에 생물에 대해서도 전혀 이해하지 못했을 것이다. 그랬다면 기병의 연대도, 가축 떼도, 새도, 곤충도, 식물도, 모든 것이 바다의 파도와 같은 것이 되어 버려, 우리가 보기에는 세계 전체가 마치 생명 따위는 판별해 낼 수도 없는 단조로운 하나의 운동 속으로 녹아 버리게 될 것이다.

만약 내가 말이나 개나 개에 들러붙는 벼룩이 생물이라는 사실을 알고 있으며 그 각각을 관찰할 수 있다고 한다면 그것은 결국 말이나 개나 벼룩이 각각 자신에게 합당한 행복을 추구한다는 서로 다른 목적을 가지고 있기 때문이다. 다시 말해서 이와 같은 사실을 내가 알고 있다는 것은, 나 자신이 내게 어울리는 행복을 그처럼 열심히 추구하고 있다는 사실을 잘 자각하고 있기 때문인 것이다.

생명에 관한 모든 인식의 기초가 되는 것은 이처럼 끊임없이 행복을 추구하는 욕구다. 인간이 자기 자신 속에서 느끼는 행복에 대한 욕구가 생명이자, 생명의 표출이라는 인식이 없으면 생명에 대한 연구는 완전히 불가능해지며, 생명에 대한 관찰도 완전히 불가능해진다. 따라서 생명의 관찰은 생명에 대한 분명한 관념을 틀림없이 가지고 있어야만 비로소 행해질 수 있는 것이다. 생명 현상만을 제아무리 관찰한다 할지라도 잘못된 과학이 생각하고 있는 것처럼 생명 그 자체에 대한 정의를 내린다는 것은 절대 불가능한 일이다.

사람들은 자신의 의식 속에서 분명하게 찾아볼 수 있는 행복에 대한 욕구로서의 생명을 정의하려 들지 않고 벼룩 속에서 이와 같은 욕구를 찾아내어, 벼룩의 욕구라는, 그저 추측에 지나지 않는 아무런 근거도 없는 지식을 근거로 생명 그 자체의 본질에 접근하여 결론을 내리려 하고 있는 것이다.

내 밖의 생명에 관한 나의 지식은 전부, 행복을 추구하는 내 자신의 욕구의 의식에 바탕을 두고 있는 것이다. 따라서 우리는 자신의 행복과 생명에 대해서 앎으로 해서 비로소 다른 생물의 행복과 생명에 대해서도 이해할 수 있게 되는 것이다. 자기 자신에 대해서 알지 못하면 다른 생물의 행복과 생명에 대해서도 알 길이 없는 것이다.

내 몸 속에서 느끼고 있는 행복에 대한 욕구와 비슷하기는 하지만 그것과는 또 다른 생활의 목적 — 나로서는 잘 알 수 없는 독자적인 목적을 가지고 살아가는 다른 생물을 분명한 근거도 없이 아무리 관찰한다 할지라도, 거기서는 아무것도 얻지 못할 뿐만 아니라 오히려 내 눈을 흐리게 하여 생명에 대한 진실한 지식을 왜곡하는 역할밖에는 하지 않게 될 것이다.

  자기 자신의 생명을 정의하지 못했으면서 다른 생물 속에 있는 생명을 연구하려 한다는 것은, 중심도 잡지 않고 원을 그리려 하는 것과 다를 바 없는 행동인 것이다. 한 점에 중심을 두어야만 원을 그릴 수 있다. 다른 도형은 모르겠지만 원만은 중심이 없으면 그릴 수 없지 않은가.

부록 2

　　잘못된 과학은 생명에 수반되는 현상을 연구하고 있으면서 참된 생명 자체를 연구하고 있는 것이라 생각하고 있기 때문에 생명이라는 관념을 굉장히 왜곡시켜 버렸다. 따라서 이 생명이라는 것, 사실은 생명의 현상이지만, 그것을 시간을 들여 연구하면 할수록 잘못된 과학은 자신들이 밝혀내려는 가장 중요한 생명에 대한 관념에서 더욱 멀어져만 갈 뿐이다.

　처음에는 포유류가 연구되었고 뒤이어 다른 척추동물, 어류, 식물, 산호충, 세포, 미생물로 연구가 진행되었으며 결국에는 생물과 무생물의 구별, 유기물과 무기물의 구분, 하나의 유기체와 다른 유기체의 차이마저도 애매해질 정도로까지 이러한 연구는 세분화되어 간다. 심지어는 연구와 관찰의 가장 중요한 대상으로 도저히 관찰할 수도 없는 것까지 등장하게 되었다. 생명의 비밀과 모든 것에 대한 해명은, 어제 발견되었는가 싶으면 내일은 벌써 잊혀져 버리고 마는 극히 조그만 미생물 — 눈에는 전혀 보이지 않기 때문에 추측으로 짐작해 볼 수밖에 없는 미생물에 달려 있다고 여겨지고 있는 것이다. 이처럼 현미경적인 미생물 속에 포함되어 있는 미생물, 또 그 미생물 속에 포함되어 있는 미생물이라는 식으로 세밀하게 구분해서 끝까지 거슬러 올라가면 모든 것이 밝혀질 것이라고 사람들은 믿고 있는 것이다. 커다란 것을 따라 끝까지 거슬러 올라가는 것과는 달리, 사물을 세밀하게 구분해 나아가는 것에는 끝이 있다고 사람들은 믿고 있는 것이리라. 작은 것의 끝이 철저하게 밝혀지는 순간 신비가 완전히 풀릴 것이라고 말하고 있는 것인데, 이는 곧 그런 날은 결코 오지 않을 것이라고 말하는 것과 다를 바 없는 것이다. 사람들은 사물을 무한하게 구분해서 문제를 해결하겠다는 이 관념이 올바르지 못한 문제 제기법의 가장 커다란 증거라는 사실을 전혀 깨닫지 못하고 있다. 연구의 의미 같은 것은 완전히 상실되어 버린 이 어리석기 짝이 없고 앞길이 막혀 버린 단계가 다름 아닌 과학의 승리라 여겨지고 있는 형편이다. 이는 마치 맹목의 극치가 시력의 최고 단계라 여겨지고 있는 것과 같은 것으로, 사람들은 막다른 골목으로 들어서 버린 것이다. 따라서 자신들이 진척시켜 온 길이 잘못된 것이었다는 사실을 분명히 깨달을 만도 한데, 그에 대해서 더욱 열중하며 현미경을 조금만 더 강화하면, 무기물의 유기체로의 전화, 유기체의 정신적인 것으로의 전화 등이 밝혀져 생명의 신비도 남김없이 밝혀질 것이라 주장하고 있는 형편이다.

 사람들은 물체 대신에 그림자를 연구하는 동안 그 그림자의 근본이 되는 물체에 대해서는 완전히 잊어버리고 말았다. 그리고 그림자 속으로 더욱 깊이 들어가서 새까만 어둠 속을 파헤치며 그림자가 짙어졌다고 기뻐하고 있는 것과 같은 꼴이다.

 생명의 의미는 인간의 의식 속에서 끊임없이 행복을 추구하는 욕구로 설명할 수 있는 것이다. 이 생명의 의미를 분명히 하여 한층 더 정확하게 정의하는 것이 인류 전체에게 부과된 인생의 중요한 사업이자 목적이다. 그런데 이 일이 쉬운 것이 아니기 때문에, 즉 놀이가 아니라 괴로운 노동이기 때문에 사람들은 이 행복에 대한 정의를, 그것이 분명하게 제시하고 있는 신변의 이성의 의식 속에서는 찾을 수 없는 것이라 지레짐작하고 그 이외의 온갖 장소에서 찾아 헤매고 있는 것이다.

 이는 자신에게 필요한 물건을 자세히 적어 놓은 종이를 받았으면서도 그것을 읽지 못해 그 종이는 내던져 버리고, 사람마다 자신에게 필요한 물건이 무엇인지 아느냐고 묻는 것과 다를 바 없는 것이다. 사람들은 자기 마음속에 지워지지 않는 글자처럼 분명하게 새겨져 있는 인생의 정의를, 정작 중요한 그 사람의 의식 속만은 그대로 지나친 채, 엉뚱한 곳에서 찾고 있는 것이다. 인류는 '너 자신을 알라.'는 그리스의 격언 이후 가장 현명한 대표자들을 통해서 이와 같은 어리석은 일과는 정반대가 되는 것을 이야기해 왔으며, 또 지금도 계속해서 이야기하고 있는데, 아직도 그런 일이 일어나고 있다니 참으로 신기할 따름이다. 종교에서 말하는 가르침이라는 것은 전부, 이 거짓 없는 실제의 행복 — 인간에게 가장 어울리는 행복을 끊임없이 추구하는 욕구라고 인생을 정의한 것에 다름 아니다.

부록 3

인간에게는 이성의 목소리가 더욱 분명하게 들려오게 될 것이며, 사람이 그 목소리에 귀를 기울이는 경우도 점차 많아지게 될 것이다. 그리고 결국에는 개인적인 행복이나 잘못된 의무로 사람을 불러들이는 목소리를 억누르고 이성의 목소리가 힘차게 울려 퍼지는 날이 올 것이다. 아니, 그런 때가 이미 도래했다. 한편으로는 자칫 인간의 마음을 유혹하기 쉬운 개인적인 생활도 결코 행복을 가져다주는 것은 아니라는 사실이 더욱 명확해져 가고 있으며, 또 다른 한편으로는 사람들이 정한 여러 가지 의무를 지키는 것도 인간이 태어난 근원 — 이성과 선의 근본에 대한 그 유일한 의무를 실행하지 못하게 하는 단순한 기만에 지나지 않는다는 사실이 더욱 분명하게 밝혀져 가고 있다. 이성적인 설명은 없다고 사람에게 믿게 하려는 낡은 기만은 이제 너덜너덜 누더기처럼 되어 버려 더 이상 사람들 앞에 내 놓을 수 없게 되어 버렸다.

예전에는 이런 말을 흔히 들을 수 있었다.

"생각하지 마라. 그저 우리가 명령하는 의무를 믿기만 하면 된다. 이성은 사람을 걸핏하면 속인다. 신앙만이 참된 인생의 행복을 말할 것이다."

그래서 사람은 열심히 믿으려 노력했으며 믿어 왔다. 그런데 여러 사람들과 사귀면서 다른 사람들이 전혀 다른 것을 믿고 있는 것을 보게 됐을 뿐만 아니라 그 신앙이 더 커다란 행복을 가져다준다는 사실을 깨닫게 됐다. 이렇게 되면 사람은 수많은 신앙 중에서 어떤 것이 더 진실에 가까운가 하는 문제를 해결하지 않을 수 없게 된다. 이것을 해결할 수 있는 것은 오직 이성밖에 없다.

사람은 언제나 모든 것을 이성을 통해서 이해하는 것이지 신앙을 통해서 이해하는 것은 아니다. 처음 한동안은, 사물을 아는 것은 이성에 의한 것이 아니라 신앙에 의한 것이라며 확신에 넘친 어조로 사람들을 속일 수도 있지만, 사람이 두 가지 신앙을 알고 다른 사람이 자신과 다른 신앙을 자신처럼 진심으로 믿고 있는 것을 보면, 그때부터는 이성으로 사물의 시비를 판단하지 않을 수 없게 된다.

마호메트교를 안 불교도가 그래도 역시 예전처럼 불교도로 남는다면, 그것은 이미 신앙에 의한 것이 아니라 이성으로 결정한 일이다. 또 다른 하나의 신앙을 알게 되어 자신이 지금까지 믿어 왔던 신앙과 그 새로이 알게 된 신앙 중 어떤 것을 버려야 하는가 하는 문제에 부딪치게 되면, 그와 같은 문제는 아무래도 이성으로 해결할 수밖에 없게 된다. 그리고 만약 마호메트교를 알게 된 뒤에도 불교도가 여전히 예전의 자기 신앙을 버리지 않았다면, 부처에 대한 이전까지의 그 맹목적인 신앙은 당연히 이성에 바탕을 둔 신앙으로 바뀌게 되는 것이다.

오늘날과 같은 시대에 이성에 의하지 않고 신앙을 통해서 어떤 정신적인 것을 사람들 마음에 심어야겠다고 생각했다면, 그것은 입을 통하지 않고 사람을 먹여 살려 보려는 시험을 해보겠다는 것과 조금도 다를 바 없는 일이다.

이처럼 사람들 사이의 교류가 모든 사람들에게 공통되는 인식의 근본을 모두에게 분명히 제시했기 때문에 이제 사람은 두 번 다시 예전의 잘못된 생각으로 돌아갈 수 없게 되었다. 죽은 자가 신의 아들의 목소리를 들을 때가, 듣고 되살아날 때가 다가온 것이다. 아니, 이미 찾아온 것이다.

그 목소리를 지울 수는 없다. 왜냐하면 그 목소리는 어떤 한 사람의 목소리가 아니라 전 인류의 이성의 의식의 목소리이기 때문이다. 그 목소리는 한 사람 한 사람의 인간 속에서, 인류의 가장 뛰어난 대표자 속에서, 아니 지금은 인류 대부분의 사람들 속에서 높이 울려 퍼지고 있다.

1887년

톨스토이 연보

1828 8월 28일 러시아의 명문 톨스토이 백작 가의 넷째 아들로 야스나야 폴랴나의 영지에서 출생. 퇴역 육군 중령, 어머니 마리아는 명문 공작 가 출신.

1830 어머니 마리아, 딸 출산 후 곧 돌아가심.

1837 1월에 전 가족이 모스크바로 이전. 6월에 아버지 니콜라이가 뇌일혈로 노상에서 급사. 큰 고모 댁에서 부양.

1841 큰 고모가 돌아가시자 작은 고모 댁으로 옮김.

1844 9월 카잔 대학교 동양어학과에 입학.

1845 5월 진급시험에 떨어짐. 8월, 법학과로 전과. 이때부터 루소를 접하기 시작.

1847 4월 카잔 대학교 중퇴. 고향으로 돌아가 농민생활의 개선을 위해 힘썼으나 실패.

1848 10월 모스크바로 옮겨 혈기를 이기지 못하고 방탕한 생활을 함.

1849 다시 야스나야 폴랴나로 돌아와 지주생활을 시작, 가을에는 농민 자제를 위한 학교를 설립.

1851 형을 따라 카프카스로 떠남. 육군 사관 후보생 합격.

1852 1월, 사관후보생으로 산지 토벌전에 참가. 7월 장편 『유년 시절』 탈고. 9월 『유년 시절』을 페테스부르크의 『현대인』에 발표. 12월 『습격』 탈고.

1853 3월 『현대인』에 『습격』을 발표. 9월 『당구 기록원의 수기』 집필. 10월 크리미아 전쟁 발발.

1854 군사 잡지 『병사소식』의 발행을 계획. 『소년 시절』 진중에서 집필.

1855 1월 『현대인』 1월호에 『당구 기록원의 수기』 발표. 6월 『1854년 12월의 세바스토폴』을 『현대인』에 발표. 9월 『숲을 치다』를 『현대인』에 발표. 11월 전장에서 페테스부르크로 돌아옴.

1856 1월 『1855년 8월의 세바스토폴리』를 『현대인』에 발표. 11월에 제대. 『눈보라』, 『두 경기병』, 『지주의 아침』, 『모스크바의 한 친지와 진중에서 만남』 등을 발표.

1857 1월 첫 유럽 여행을 떠남. 『루체른』, 『청년 시절』 발표.

1858 『알리베트』 발표.

1859 농민의 아들에게 야학 교육. 단편 『세 죽음』, 『결혼의 행복』 발표.

1860 국민 보통교육 초안 기초. 7월 두 번째 서유럽 여행. 「국민교육론」 기초. 『목가』, 『치혼과 말라니야(미완성)』 집필.

1861 파리에서 투르게네프와 만남. 단편 『폴리쿠시카』 집필. 야스나야 폴랴나 농민학교 세움. 교육잡지 『야스나야 폴랴나』 발행.

1862 「국민교육론」, 「훈육과 교육」 등의 논문들을 발표. 9월 모스크바의 의사 베르스씨네의 둘째딸 소피야 안드레예브나와 결혼.

1863 「진보와 교육의 정의」, 『코사크 사람들』, 『폴리쿠시카』 발표.

1864 9월 『전쟁과 평화』 집필 시작. '첫 톨스토이 작품집' 제1, 2권이 나옴.

1865 『전쟁과 평화』의 첫 부분을 『러시아 통보』에 발표.

1866 『전쟁과 평화』 제2권 발표.

1867 『전쟁과 평화』 단행본으로 간행(3권).

1869 『전쟁과 평화』 완성, 발표.

1872 『카프카즈의 포로』, 『신은 진리를 알고 있지만 곧 말하지는 않는다』 발표.

1873 3월 『안나 카레니나』 집필 시작. 『러시아어 독본』. 11월 톨스토이 작품집 출간.

1875 1월 『안나 카레니나』를 『러시아 통보』에 발표.

1878 『나의 고백』 집필. 『안나 카레니나』를 단행본으로 출간(제2판).

1879 『나의 고백』 첫 부분을 발표하나 판금 당함. 『전쟁과 평화』 프랑스어 번역본 출간.

1881 『사람은 무엇으로 사는가』, 『4개 복음서의 합일과 번역』, 『요약 복음서』 발표.

1882 『나의 고백』 탈고 『러시아 사상』에 발표하나 판금 당함. 『모스크바 민세 조사에 대하여』, 『악을 악으로 갚지 말라』, 『교회와 국가』 등 발표.

1883 『내 신앙의 귀결』 발표.

1884 6월 첫 가출. 11월 출판기관 「중재인」을 세움. 『나의 신앙은 무엇에 있는가』를 발표하나 발행 금지.

1885 「중재인」에서 처음으로 그의 저작 『사람은 무엇으로 사는가』, 『신은 진리를 알고 있지만 곧 말하지는 않는다』, 『카프카즈의 포로』 출간. 『우리 무엇을 해야 하나』 발표 시작. 소피야 부인이 『톨스토이 작품집』 전12권 간행. 민화 『두 형제와 황금』, 『사랑이 있는 곳에 신도 있다』, 『양초』, 『두 노인』, 『바보 이반』 등을 창작.

1886 『우리 무엇을 해야 하나』 탈고. 희곡 『어둠의 힘』 발행 및 상연이 금지. 『이반 일리이치의 죽음』 발표. 『부인론에 대한 반박』, 『국민 독본과 과학서에 대하여』, 『달걀만 한 씨앗』, 『사람에게는 많은 땅이 필요한가?』, 『세 은사』, 『대자(代子)』, 『회개한 죄인』 등 발표.

1887 중편 『빛이 있는 동안에 빛 속을 걸어라』 집필. 12월 『인생에 대하여』를 집필하나 판금 당함. 『최초의 양조자』, 『머슴 에멜리얀과 빈 북』, 『세 아들』 등을 발표.

1888 『어둠의 힘』이 파리의 자유극장에서 상연됨.

1889 『악마』 집필. 『크로이체르 소나타』 탈고. 『각성할 때이다』, 『손의 노동과 지적 노동』 등을 집필.

1890 『어째서 사람은 제 스스로를 마비시키는가?』 집필.

1891 『문명의 열매』가 모스크바에서 초연. 7월 『첫발』을 집필. 『굶주림에 우는 농민의 구제 방법에 대하여』를 집필. '톨스토이 전집' 간행.

1893 『신의 나라는 너희 안에 있다』를 탈고. 『무위』 집필. 8-10월 『종교와 국가』 집필. 『신의 나라는 너희들 안에 있다』 발표.

1894 『이성과 종교』, 『종교와 도덕』 탈고. 『신에 대한 고찰』 발표.

1895 『주인과 하인』 탈고. 『부끄러워하라』 발표. 『열 두 사도에 의해서 전해진 주의 가르침』 등을 집필.

1896 『그리스도의 가르침』, 『복음서는 어떻게 읽을 것인가?』, 『현대의 사회 조직에 대하여』, 『애국심과 평화』 등 집필.

1897 『예술이란 무엇인가?』 탈고.

1899 『부활』 발표.

1900 희곡 『산송장』을 집필. 『애국심과 정부』, 『죽이지 말라』 집필.

1901 폐렴을 앓아 중태에 빠짐.

1902 『나의 종교』 탈고. 『노동 대중에게』 집필.

1903 단편 『무도회가 끝나고 나서』 탈고. 『셰익스피어와 희곡에 대하여』 집필. 『노동과 죽음과 병』, 『세 가지 의문』, 『그것은 너다』, 『정신적 본원의 의의』, 『인생의 의의에 대하여』, 『사회개혁자들에게』, 『노동 대중에 대한 후언』을 발표.

1904 『회개하라』 발표. 『유년시절의 추억』 탈고.

1905 체호프의 단편 『귀여운 여인』의 발문 집필. 『러시아의 사회운동』, 『푸른 지팡이』, 『코르네이 바실리예프』, 『알리시아 코르시카』, 『딸기』, 『표도르 쿠즈미치옹의 사후의 수기』, 『기도』, 『부처』, 『대죄악』, 『세기의 종말』

등을 씀.

1906 10월 『위대한 인생』 간행. 『꿈을 꾸었던 일』 집필. 『유년시절의 추억』, 『신의 행위와 사람의 행위』, 『라므네』, 『파스칼』, 『러시아 혁명의 의의』, 『국민에게』, 『병역의무에 대하여』, 『러시아인에게 부치는 공개장』, 『죽이지 말라』, 『이루어진 것이 무엇인가』, 『서로 사랑하라』 등을 발표.

1907 『너희 자신을 믿어라』, 『진정한 자유를 인정하라』, 『우리들의 인생관』 발표.

1908 3월 『폭력의 법칙과 사랑의 법칙』 집필. 『침묵할 수 없다』 집필. 『어린이들을 위하여 쓰인 그리스도의 가르침』, 『보스니아와 헤르체고비나의 병합에 대하여』 발표.

1909 『불가피한 혁명』 집필. 『세상에 죄인은 없다』 집필. 『사형과 기독교』, 『유일한 계율』, 『누가 살인자냐』, 『고골리론』, 『나그네와의 대화』, 『마을의 노래』, 『돌』, 『큰곰좌』, 『나그네와 농부』, 『오를로프의 앨범』 등 집필.

1910 희곡 『모든 것의 근원』 탈고. 단편 『모르는 사이에』, 『마을의 나흘 동안』, 『뜻밖에』 탈고. 『세상에 죄인은 없다』 개작. 10월 28일, 아내에게 마지막 쪽지를 적어 놓고 가출. 10월 『유효한 수단』을 탈고. 11월 20일 오전 6시 5분 영면. 11월 9일 폴랴나에 묻힘.